李源 ——著
个人发展学会 出品

你要懂的世界史

大英帝国的逆袭之路

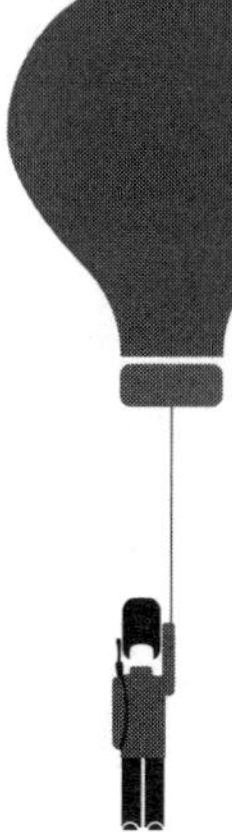

The Logic of the Counterattack

中国友谊出版公司

图书在版编目（CIP）数据

你要懂的世界史 / 李源著 .—北京：中国友谊出版公司，2018.6

ISBN 978-7-5057-4407-3

Ⅰ．①你… Ⅱ．①李… Ⅲ．①英国—历史 Ⅳ．①K561.0

中国版本图书馆 CIP 数据核字（2018）第 134373 号

书名 你要懂的世界史
著者 李　源
出版 中国友谊出版公司
发行 中国友谊出版公司
经销 新华书店
印刷 河北鹏润印刷有限公司
规格 700×990 毫米　16 开
18.5 印张　217 千字
版次 2018 年 8 月第 1 版
印次 2018 年 8 月第 1 次印刷
书号 ISBN 978-7-5057-4407-3
定价 45.00 元
地址 北京市朝阳区西坝河南里 17 号楼
邮编 100028
电话 （010）64668676

如发现图书质量问题，可联系调换。质量投诉电话：010-82069336

序

Preface

你可以将此书看作一本历史书，也可以将其看作一篇思想提纲，但我更希望你能将此书看作一本有关认知升级的书。

这是本书的三种功能。

1

如果你碰巧是一位世界历史的爱好者，那么这本书会满足你的需要，因为此书介绍的国家——大英帝国，曾经是这个世界上幅员最辽阔的国家，统治着全世界四分之一的土地。

因此，你在这本书里面除了可以读到英伦三岛的历史之外，还可以读到美国、加拿大、南非、印度、澳大利亚、新西兰等昔日英国殖民地的历史。

也正是人类历史上有这样一个国家的存在，所以今天我们的第一外语、计算机的基础语言都是英语，而不是俄语、法语、德语或西班牙语。

这本书是我在过去 10 年里研究大英帝国的一些总结，它的雏形并不是现在的模样，而是一篇篇学术论文和研究计划。为了避免枯燥和乏味，这一段段历史现在都以故事的形式呈现，因此你可以获得研究的精华，又不必看那么多烦琐的注释和枯燥的学术语言。

大英帝国为世界贡献的许多制度与思想的遗产，今天我们依然受用，比如说宪政制度、国际公法、普通法、多民族治理的经验、专利制度、现代经济学等。

这些你应该了解的内容，我都在书中深入地讨论过。因此耐心读完此书之后，你尽可以和一个英国绅士侃侃而谈，他定会惊讶于你的见识。

2

如果你碰巧喜欢思考人类社会的规律，热衷研究时下热门的认知概念，那么这本书也将是你很好的选择。

本书选择的多是今天创投圈里大家都在热议的话题，比如说生物学思维、扩展秩序、升维思考、财务自由、裂变式创新等。

21 世纪的人类面临着科技带来的重大挑战，每个企业也都在面临转型危机。即使始终引领创新的诺基亚、摩托罗拉、雅虎，也会在一场突如其来的变革之下轰然倒塌。

我始终相信，我们这代人应该从机械思维转向生物思维。换句话说，我们必须从有机体的角度去思考国家、企业和一切组织的命运。

人的寿命因为医学的进步变长了，企业的寿命却在变短。想要让企业始终立于不败之地，我们要从国家的历史去思考，除此之外，似乎没有更好的案例可供我们研究。

从大英帝国崛起到最终转型成今天的英联邦这段历史中，我们能够获得一个有机体生长、逆袭，最终称霸全球的底层逻辑。

这个底层逻辑就是：人类协作关系的扩展秩序，或者叫保守主义。

扩展秩序原本是个别经济学家对于资本主义的定义，但我觉得，扩展秩序不仅局限于经济学，而且是一种组织方法，也包含政治组织和企业组织。

从 18 世纪中期开始，一直到英国人称霸全球，他们在国内也完成了一场双元革命：宪政代议制与工业革命。这两场革命追根溯源就是得益于扩展秩序思想和保守主义。

大英帝国其实是这一认知模式的某种延续，它至少包括如下几点：不控制，不折腾，不设计蓝图，不执着理想，不迷信人性本善，不追求宏大的制度框架，而是小步快跑，拥抱不确定，在试错中不断修改，快速迭代，缝缝补补，在混乱中制造有序，在分散中保持高效。

扩展秩序与保守主义是中国人不熟悉的一个概念。但这却是改革开放40年中国崛起的秘密，是中国两代人在实践中摸索出来的一套方法论。

我当然不是说中国人抄袭了英国人的方法，而是我认为，人类社会中那些摆脱贫困、逐步强大的国家或者地区，基本上都是出于各种原因选择了这种思维方式，最终以弱胜强，完成逆袭。

在未来的岁月里，我会在我的书中反复讲这一思维方式，我相信这是我们这一代人实现富强的“核武器”。

3

历史是人生的慢动作。

这本书也写给生活在互联网时代的你和我。

本书选取的话题里面蕴含着大英帝国崛起的秘密，也深刻地彰显了一个小家伙由弱变强，终至不可战胜的底层逻辑。

正是因为这一点，书中的每个章节都会提炼一个心法，用于指导我们自己的人生。

如果你来自普通家庭，但是不甘于平庸的命运，想要突破自己，不对自己失望，那么本书提供的心法总结也可以成为你阅读的重点。

所谓逆袭，未必就是一举击败比自己强大的对手，也可以是让自己当下的处境比之前更好一些，进而一步步实现人生进阶。

这是本书讲述大英帝国历史的真正目的。

你姑且可以将书中的历史部分当作案例，专注于书中提到的心法，对于实现逆袭也会大有裨益。

在我看来，逆袭的逻辑在于拥抱不确定性。

这句话听起来不足为奇，但其实是我们这一代人缺少的思维方式。

我们太容易让自己过上拥抱确定性的人生了。

我们会因为缺少安全感而选择稳定：为了户口选择一份低收入而且无聊的工作，为了害怕自己无家可归回到三四线城市的老家过着绝望的生活。

我们也会因为太不缺少安全感而选择成为一个白日梦想家，每天想着环游世界，或者指望靠自己的一份计划书成为亿万富翁。

我们会因为对自己的智力不自信，成了中产焦虑症患者，每天追热点、刷微博、看新闻，生怕自己被时代落下。

我们也会因为对自己的智力太过自信从此成了知识瘫痪症患者，不停地报班学习，把应该交朋友和旅行的大好时光都用在了学些没用的知识上。

这些都是我们实现逆袭路上的陷阱，甚至是万丈深渊，一旦跳进去，就会万劫不复。

这些大坑都有一个共同的名称：确定性。

无论是你拥抱稳定还是拥抱梦想，拥抱趋势还是拥抱知识，这些确定的、可以看得见的、你熟悉的、能让你大脑分泌多巴胺的东西都成了你的拐杖和避风港。紧紧抱住这些“确定性”，就等于是告别了“不确定性”，也和实现逆袭之路永远擦身而过了。

拥抱不确定性并不是折腾和冒险（这也是一种确定性），而是把机会分散，在小规模试错的过程中等待每一次尝试开花结果。

请把你眼前拥有的每一个机会和可能性都当作家里种植的一盆花，你每天浇水施肥，终有一天会发现，你的花园已经万物生长。

很多思想家把这个过程叫作“升维思考”。

拥抱不确定性最大的敌人是专注。你可能未必喜欢，但是我觉得贾跃亭有句话说得有道理：这代人注定死于专注！

这未免让你产生怀疑，所有成功人士都在讲专注，为什么你却在讲拥抱不确定性？那是因为无论是成功人士的言行还是他们的传记，都是典型的成功学和心灵鸡汤体，他们需要描述一种态度和情怀，而他们进阶之路上最关键的一步他们都不会告诉你，或者告诉你，你也学不会。

拥抱确定性——专注——执迷——疯狂——幻灭——寻找新的确定性，这是绝大多数失败的人（和国家）走向悲剧的死循环。

托尔斯泰说："幸福的家庭都是相似的，不幸的家庭各有各的不幸。"那么，逆袭的人生都一样，悲剧的人生都在拥抱着各自的确定性。

如果你想获得逆袭的人生，那么请耐心阅读本书中的案例和心法，认真思考一下自己的思维里还有多少确定性，想办法把它们踢出你的人生清单。

4

正因为本书的三重属性，它也可以被看作一个尝试集，或者一种新历史的写法：历史、理论、心法。

我相信有朝一日，会有人发现这种写法的价值。

这本书能成为今天这个样子，得感谢一些人。

首先是我的导师。

我记得读硕士的那一年，他老人家对我说了句语重心长的话：小鸟要学会保护自己的羽毛。

后来我才知道，某位教授因为出版了一本没有注释的书，身为院长的他果断和人家绝交了。

因为这句话，我会终生感激他。

原本我也想拥抱确定性，在大学这个安乐窝里给他们打一辈子工，为此我在本科期间在一个核心期刊发表了一篇文章，还写过上百万字的论文和研究计划（本书中的很多文章的雏形也是源自那时）。但是因为这句话，我在硕士期间几乎一篇像样的文章都没写出来。

如果不是治学之路就此卡死，我也不会知道自己的天资也不是完全愚钝，除了学术之外，还能写出这些脱离了低级趣味的东西。

硕士那几年翻遍了各个学科的好书，准备随时开溜。

在北京的学术圈里有很多不一样的人，他们是一群“学术公知”。他们虽然来自不同学科，但是都关心一些共同的话题，他们只不过是用自己的学科语言和经验来解释这些话题。

这些人的书帮我开了不少窍，学了不少经典理论，你在本书中都看得到。

当然，这句感激是发自内心的。

当然了，最需要感谢的人是前老板“罗胖”——罗振宇。

就在临毕业那一年，他给了我一个顺利开溜的机会——做知识策划。这一做就是 3 年，一共 40 多期节目，从卖会员到卖货。

这段时光给了我一个很小的变化。

3 年前，很多人知道一个“李源同学”，3 年之后，大概还能有人想起曾经有那么个家伙，但是叫什么来着？不好意思，忘了！

这段时光也给了我一个很大的变化。

3 年前写东西想的还是那些象牙塔里的宝贝，现在我想的是用户究竟需要什么。

这些都要感谢“罗胖”，是他让我完成了一次脱胎换骨。

因此，这本书理应向他致敬。

2018 年春，于北京芍药居

目　录

Contents

PART 01

开源系统与认知升维：假如你处在社会底层

PART

03

引爆与精进：实现跨越式发展

第五章　引爆的逻辑：用不解决的方式，解决不可能解决的问题

第六章　精进的逻辑：适应比变强更重要

PART 05

不确定时代的成长心法

第九章　逆袭的逻辑：从不确定中获益

PART

01

开源系统与认知升维：假如你处在社会底层

第一章

开源的逻辑：逆袭的根本

怎样让自己立于不败之地

我们这个时代面临最多的焦虑其实不是来自我们不够努力，而是我们即使用尽洪荒之力，可能追赶的是别人的起点。

阻挡在我们面前的是一座搬不动的大山，除了改变自我，似乎也没有什么快速法门。于是我们中一部分人选择了面对，他们报班，频繁换工作，刷新闻，没日没夜地加班，却发现工资不见涨，身体却渐渐不行了；另一部分人选择了逃避，去大理，去西藏，听摇滚，到头来，人到而立之年，却发现房无一间，地无一垄，房租也快要交不起了。

在这一点上，我们要跳脱应试教育的固化思维。因为确定性的考试和确定性的进身之阶决定了人群自小就分成了两类：努力考得好的和反正也考不好、干脆放弃治疗的。

难道人生就没有第三条路了吗？

想要打破思维框架，我们先要找到本质。如果追求确定性是注定的不归之路，这世上是不是存在一种可以反其道而行之的思维方式：追求不确定性的思维呢？

这世上确实有这样一种思维方式，而且这种思维方式不仅曾成功帮助一个小国完成逆袭，还创造了今天的世界格局。

这种思维方式是人类社会绽放的一朵奇葩，它孵化于一小撮人，盛开在一个大国不屑于关注的小国，最后盛放在全世界，奠定了今天世界的基本规则和主要格局。

历史是人生的慢动作，用几百年时间浓缩在人生的几十年依然奏效。接下来，请耐心跟着这一幕幕大戏，从中悟出在这个世界上成功逆袭的逻辑。作为全书的开篇，请允许我先从大英帝国的崛起开始。

盎格鲁-撒克逊民族少有败绩

今天我们对于大英帝国差不多已经遗忘了。

英国直接控制的领土只剩下英伦三岛 24 万多平方千米加上一些小岛，和湖南省的面积差不多。但我们不能忘了，在巅峰时期，大英帝国的国土面积有 3000 多万平方千米，相当于苏联加上今天中国领土面积的总和，是一个异常庞大的帝国，英国人引以为豪。在第一次世界大战前后的英国课堂上，老师都会对大家讲："同学们，你们一定要背下来，大英帝国占有世界领土面积的四分之一，这个领土之上有人类各个种族。在大英帝国的领土之上，太阳永远不会落下。这是我们最自豪的地方！"

除了领土面积大之外，大英帝国还是财富的象征。今天世界上很多富裕国家都是从大英帝国传承过来的，比如加拿大、澳大利亚、南非、新西兰等。在移民美国变得越来越困难之后，这些英联邦地区特别受那些想要移民的富人的垂青和追逐。现在全世界学者也都认可，大英帝国还是现代制度文明的发源地。其他国家都是向英国学的。

大英帝国如此庞大、如此广袤，它统治的地区又各式各样，这么多年来，大英帝国有很多非常重要的管理智慧留存了下来，值得今天我们每个人从中提取，为己所用。

大英帝国真正的厉害之处还不止于此，它有一个特别神奇的地方：到现在为止，它还从来没有被其他国家彻底击败过。

大英帝国的崛起大概是在 17 世纪前后，此后它经历过西班牙、荷兰、法国、德国、苏联、日本的崛起和挑战，这些都是当时世界上的一流强国，但最后都被英国打败了。

关于这一点，很多书都在讲，但是我很少看到哪本书真的把这一点分析清楚，到底英国为什么难以被打败？

比如有人分析说，大英帝国之所以如此不可战胜，是因为它有商业文明、民主社会和民主制度。但是如果认真思考一下，这种说法非常背离史实。在人类历史上，民主社会和商业文明都是捆绑在一起的，也就是说，商业文明的社会一般都会采用民主形态，或者至少是一个贵族掌握实权的寡头半民主社会。因为这种制度很容易适应商业文明的发展。可这些商业文明的社会真的不可战胜吗？我们看几个例子。

比如说腓尼基，它横跨亚非，把整个地中海的贸易都垄断了，是盛极一时的商业帝国。但是这样的国家军事实力其实并不强。当腓尼基遭遇强大的军事帝国波斯和巴比伦崛起的时候，几次战役就被打败，甚至灭族了。且看《圣经·旧约》里面的先知以西结等人都在谴责腓尼基的推罗和西顿两座城市是堕落之城，里面的人拜异教，还很富有，所以他们奢侈腐朽，必遭天谴。以西结还预言推罗必将毁灭。在尼布甲尼撒王真的毁灭了推罗和西顿的时候，犹太先知们还在那里幸灾乐祸。

在强大的军事压迫之下，腓尼基人不得不离开今天西亚一代，跑到了现在的北非，建立了迦太基帝国。这也是一个典型的商业帝国，是一种寡头贵族统治的商业文明。很快，迦太基又重新控制了地中海的贸易。但是不久之后，罗马崛起了。罗马人当时没有什么先进文化，也并不是一个商业民族，但是他们尤其擅长组织和作战。当迦太基人遭遇了罗马人的时候，最初还能有个汉尼拔与之抗衡，但很快就被罗马帝国一点一点地削弱，直到最后罗马攻陷了北非，杀光迦太基所有的男性，阉割所有的小孩，在地上撒满了盐。他们这么残暴就是希望让迦太基永世不得翻身。迦太基就这样被灭亡了。

后来在意大利附近又崛起了一个商业帝国叫威尼斯。威尼斯也很强大，曾几次打败当时不可一世的奥斯曼土耳其。然而，威尼斯虽有强大的海军，可是抵挡不住从陆上来犯的敌人。由于当时的法兰西王国一直想要染指意大利，意欲把四分五裂的意大利控制在自己的手下，就不停地在意大利搞一些事件，甚至直接出兵意大利。等到拿破仑时期，一支大军打到威尼斯城下，威尼斯的商业文明也就被消灭了。这就是一个商业帝国的结局。

再比如说荷兰，在十六七世纪被称为海上马车夫，整个东方贸易都被荷兰人垄断。说老实话，荷兰的军事实力不算弱，但是他们只擅长海战，不擅长陆战。荷兰在陆上有一个很强大的邻居：法国。当时太阳王路易十四想要吞并荷兰，所以不停地和荷兰开战。最后，法国甚至掘开堤坝水淹荷兰。荷兰一片泽国，抵抗不住的荷兰人最终不得不把国家并入英国，换得英国和法国抗衡。其实大部分商业帝国在面对强大的军事文明时，往往是经不起消耗的。

因此，在人类历史上，英国跟美国这两个商业国家非常奇怪，它们没有摔倒在强大的军事文明前。

当然前面举的例子都是陆路国家遭遇强大的陆上敌人。有人就因此说，英国的强大不就是以为自己孤悬海外吗？英吉利海峡造成了英国的不可战胜，因为无论是法国人还是德国人，都无法跨越英吉利海峡这道天堑。希特勒跟拿破仑确实也曾因为被困在海峡上，最后没有征服英国。英国在古罗马时代就曾被罗马征服过，后来也曾被法国征服过，就是所谓的“诺曼征服”。如果你有考过 GRE 单词，会注意到这些英文高级词汇里面有很多和法国是一样的，只是读音不太一样。比如：议会 parliament 这个词，在法语里是 parlement。这就是当年诺曼征服时一些法国贵族跨越英吉利海峡带到英国去的。

光荣革命只是一场不流血的政变？

英国的不可战胜看来真的需要一个不一样的角度，那些浮于表面的解释未必能够解释清楚。

今天史学界公认的大英帝国崛起，是在 17 世纪末和 18 世纪初的这个节点上。1688 年光荣革命之后，大英帝国忽然爆发出强大的力量，成为在国际舞台上扮演重要角色的大国。英国在那几年里确立了君主立宪制度，用一套法律把权力装进了笼子里面。

光荣革命是不是能够解释大英帝国的崛起呢？我们先看光荣革命到底是怎么发生的。

当时的英国国王詹姆斯二世想要在英国推行天主教，这件事在英国激起了全国上下的一致反对。尤其是当时的贵族，反对得最厉害。他们特别希望把詹姆斯二世赶走，于是就制造了一场假的宫廷政变来吓唬他。

英国在当时已经经历过一次内战，所以国王这次很机灵，一看大事不好，掉头就跑。贵族们就把詹姆斯二世的女儿和女婿从荷兰接来。这个女婿叫威廉，是荷兰的执政官（荷兰当时是民主制度，没有君主，只有一个执政官）。于是詹姆斯二世的女儿和女婿就做了双国王。同时，贵族们还强迫玛丽和威廉接受了英国一套新的法律——《嗣位法》。这个《嗣位法》规定，任何一代英国国王都不准信仰天主教，并且由议会来决定国王继承人是否有资格做国王。

很多人都说，光荣革命很伟大，让英国人学会了不流血发动政变。国王如果不得人心那就换，换了还不行就继续换。这个事件对英国整体上有什么影响呢？很难说。

我想说的是，光荣革命毋庸置疑确实使英国发生了重大的改变，但它并不是一个起点，而恰恰相反，光荣革命代表了一个时代的结束。作为英国漫长历史中的一个重要节点，正是它宣告了过去 140 多年宗教内战的结束。因此，如果我们换个角度，从“终点”的角度来理解光荣革命，或许对于理解大英帝国的崛起可以找到一个新的角度。

一场离婚引发的血案

有结束就肯定有开始。这个开始从哪儿开始呢？这就不得不说到一个人——亨利八世。

英国作家希拉里·曼特尔的热销历史小说《狼厅》（*Wolf Hall*）和第二部《提堂》（*Bring Up the Bodies*），还有前两年热播的英剧《都铎王朝》，都使亨利八世的故事在中国火了起来。

《都铎王朝》这部剧特别像中国的宫斗剧，受到很多英剧迷的追捧。亨利八世一生娶了六任王后，到处都是关于他的传记八卦和野史。如果你有机会去英国旅行，随便走进一家书店，向最显眼的架子上望去，上面肯定有一本是关于亨利八世的。要是赶上《都铎王朝》这部电视剧正在热映的时候，书架上基本会铺满关于亨利八世的野史。

抛开这些野史不谈，亨利八世在位期间对英国的整体社会结构带来了可能是英国历史上最重要的一次转折。虽然他之前没有想到自己会彻底改变英国的社会结构，但他确实有意无意地放出了一个魔鬼，这个魔鬼把英国拖进了另一条历史轨道。

亨利八世的原配王后是位西班牙公主——阿拉贡的凯瑟琳。凯瑟琳为亨利八世生育的几个儿子都没有活下来，很早就夭折了，最后只剩一个公主玛丽，就是后来著名的血腥玛丽。

亨利八世还是特别想要一个儿子传位的，虽然他也有女儿玛丽可以继承王位，但玛丽去世之后，都铎家族就得被迫让位给其他家族。这种事如果发生在古代中国就很好地解决了，皇帝后宫佳丽三千，总有能生出儿子的。但是在英国这样的天主教国家，国王要奉行严格的一夫一妻制，如果他跟一个不是原配王后的女人生了孩子，只能作为私生子，那个孩子是没有继承权的。

不仅如此，在天主教势力里面，离婚也不行。其实直到今天，很多天主教下属的小教派依旧不许信徒离婚。美剧《傲骨贤妻》有一个情节挺有意思的。有一集女主角 Alicia 遇到了一个竞选对手，离婚很多年都没结婚。很多赞助人都怀疑这个人是同性恋，不愿意给他钱。后来 Alicia 才明白，这个人是耶稣会士，耶稣会是天主教下的一支，严格奉行天主教的教规。耶稣会有规定，一辈子只能娶一个妻子，如果离了婚之后再娶就属于通奸。可见几百年前，亨利八世想和凯瑟琳离婚是行不通的。

就算行得通，他也不能随便休了凯瑟琳，因为她的娘家背景太厉害了。凯瑟琳是谁，中国人可能不太知道，但说起她的父母，就比较有名了。1492 年发现新大陆的哥伦布出海就是西班牙赞助的。当时的西班牙女王伊莎贝拉很强悍，刚刚统一了整个西班牙半岛，又因为常年和伊斯兰地区战斗，军事力量非常强大。凯瑟琳就是她的女儿，所以亨利八世也不敢和王后娘家明着撕破脸。

其实非要离婚也不是没有办法，可以请教皇亲自写一封休书，宣称这个婚姻从一开始就不被上帝认可。其实亨利八世心里也知道，教皇凭什么答应呢？西班牙当时是一个非常强大的天主教国家，对教皇非常忠诚，教皇犯不着为了一个英国和西班牙撕破脸，所以，教皇肯定不会答应。

当时的欧洲有一个制度，叫红衣主教制度。小说《三个火枪手》里面，有一个红衣主教黎塞留。红衣主教是什么？在那个时代，每一个国王的行政权都只有一半，另一半被教皇享有。首先，国王想要登基，必须由教皇加冕；教皇不加冕，国王就是不合法的。其次，教皇会给每一个国家派几个红衣主教，这些红衣主教其实是双料间谍，既是教皇的信使，也是国王的人。有一天，某位红衣主教如果工作干得好，可以到罗马来，有机会去选下一任教皇。红衣主教被派遣到各个国家，国王一般都会给教皇面子，把红衣主教任命为枢机大臣，相当于首相。

亨利八世手底下也有这么一个红衣主教：托马斯·沃尔西。亨利八世为离婚大事忧心，就去找沃尔西商量："如果都铎王朝以后绝嗣了怎么办？"沃尔西想了个办法："您不能直接跟教皇去说，您跟教皇这么一说，教皇他老人家一不同意，这事咱就扳不回来了。我给您支一着儿，咱先把生米煮成熟饭。我在国内，给您张罗，号召英国上上下下的这些教士开一大会投票。大家都认为这个婚姻不合法，生米就煮成熟饭了。到时候再跟教皇说，教皇应该勉强就认可了。”

这就只剩下一个问题了：怎么论证这桩婚姻不合法。

沃尔西确实对亨利八世异常忠心，他回去之后就开始冥思苦想，翻遍了《圣经》，终于找到了几个证据。凯瑟琳王后在嫁给亨利八世之前，跟亨利八世的哥哥亚瑟·都铎订过一次婚。但在还没有见到亚瑟的时候，亚瑟就死了。这段故事后面我们还会讲到。简言之，当时的老国王亨利七世是都铎王朝的创始人，王位不稳，特别想与西班牙结盟，那么肥水不流外人田，既然亚瑟和凯瑟琳没圆房，凯瑟琳也还是处女之身，就让凯瑟琳嫁给了亨利八世，所以才有了今天这个婚姻。

沃尔西翻遍了《圣经》发现，里面有一句话的意思是，如果弟弟娶了哥哥的未婚妻，也就是娶了嫂子，很有可能会没有后代。沃尔西一看，这个借口不错。于是亨利八世紧急召集全国上下有决策权的教士，组织宗教会议。几番磋商，大部分的教士都觉得没必要为这么点儿事得罪国王，而且这都是沃尔西操办的，很愉快地表决顺利通过。

但是亨利八世万万没想到，这个消息到了教皇那儿，教皇他老人家看了之后呵呵一笑：“不行！在我这儿不管用。”

教皇本来就跟沃尔西关系没那么好。而且当时西班牙还发生了一些大事。凯瑟琳王后的父亲西班牙国王斐迪南二世、母亲卡斯蒂利亚女王伊莎贝拉一世去世了，她的外甥查理五世继承了西班牙的王位。查理五世是个很会玩手段的人，他通过各种办法，硬是让德国人选他做了神圣罗马帝国的皇帝。神圣罗马帝国的统治辖区主要是今天的德国，虽然这个国家没有什么军事实力，内部权力分散，但是神圣罗马帝国的面积很大，比今天德国的面积还要大很多，还包括奥地利、瑞士等中欧国家。事实上，西班牙加上神圣罗马帝国已经占了欧洲的天主教势力的绝大部分，所以教皇怎么会得罪神圣罗马帝国和西班牙的联合体呢？于是两边相互示好，在当时就进入了“蜜月期”。教皇回信告诉亨利八世和沃尔西：想休了西班牙的公主，这事绝对不行。

亨利八世一看，这回可郁闷了。他又找沃尔西想办法，沃尔西说：“我也没招了，您还是自己想办法吧。”

亨利八世越想越郁闷，就在这时候出轨了。出轨的对象是凯瑟琳王后底下的一个侍女，叫安·波琳。两个人不仅很快好上了，安·波琳还怀孕了。这就麻烦了，如果离婚的事一直拖着，安·波琳这孩子出生后不就成了私生子吗？所以亨利八世就催着沃尔西，无论如何也要想个办法出来。

这个时候，安·波琳也着急得不行。她劝亨利八世：“您别等沃尔西这老头了。老头现在也不管用了，您把他撤掉，换我来吧。您可以让教士出台一个法案，国王自己做这个国家的宗教领袖，这样的话，您以后也不用再看教皇的脸色了。咱直接把离婚再结婚这事在英国给办了，不就好了？”

亨利八世仔细一想，这或许还真是一个办法。1534 年，亨利八世在英国强力推行了一个《至尊法案》，宣布在英国统治范围之内的所有人必须效忠英国国王，宣誓国王就是上帝的代理人。当时的天主教只承认教皇是上帝在人间的代理人，亨利八世的意思就是说：今后大家不用承认教皇了，承认我就行了，我就是上帝的代理人。亨利八世没费很大工夫就废黜了教皇。教皇没有办法，只能先将他开除教籍。

这在英国是个制度创新，做了一个宗教秩序内部的调整，在当时欧洲大陆上因为马丁·路德改革的影响，很多国家也都是这么做的，不算是多大的一次变革。但是谁都没想到，亨利八世这一冲动给英国惹下了一个140年的大灾。

宗教改革，人头滚滚

亨利八世摆脱了教皇的影响之后，顺利地和安·波琳结婚了。

可问题来了，摆脱教皇对红衣主教沃尔西的影响还是很大的。推翻教廷的神权意味着沃尔西在英国失去了地位。对于红衣主教来说，奋斗一生，就为了将来有机会去竞选教皇。因为这事，教皇一封信接一封信地谴责他，说他纵容国王胡来。

沃尔西这时候左右为难，里外不是人。沃尔西不敢有大动作，就只能在英国国内搞一些小破坏。站在亨利八世的角度看，沃尔西其实也没什么用了，既然他现在起不到好作用，还捣乱，不如干脆把他杀了。亨利八世大半夜派人把沃尔西从床上抓出来，送进了伦敦塔。沃尔西很快就死了，在被抓走的时候，他留下一句很著名的话："假如我当初像侍奉亨利八世那样侍奉上帝，上帝肯定不会在我头发花白的时候把我抛弃。"

沃尔西的手下有很多有理想的人，他们反对亨利八世更激烈。比如说，沃尔西有个学生，著名的《乌托邦》的作者托马斯·莫尔。托马斯·莫尔是一个很有才华的人，也非常有行政能力。他跟亨利八世还是亦师亦友的关系。但托马斯·莫尔是个坚定的天主教徒，宁死也不承认国王是宗教代理人。

莫尔又不愿意跟亨利八世翻脸，于是就躲回乡下不出来了。亨利八世自封宗教代理人需要高官要员宣誓效忠，有一天他翻遍了名单，发现莫尔不在里面，就问身边的人托马斯·莫尔怎么不宣誓。手下没办法遮掩，就把实情告诉了亨利八世。

亨利八世让人把托马斯·莫尔抓回来，问他为什么不宣誓。莫尔说："我得坚持我的理想，作为一名虔诚的天主教徒，我是绝对不能做这种事情的。"亨利八世左右为难，他舍不得杀莫尔，因为莫尔实在太有才华了。但他改革伊始，如果自己的高官都和自己作对，将来怎么让百姓服气？最后亨利八世把托马斯·莫尔押送到泰博恩广场大卸八块，据说他是一边哭一边做的这个决定。

不管怎样，亨利八世好像终于可以跟安·波琳愉快地生活了。他盼星星盼月亮等着安·波琳把孩子生下来，结果却是一名女孩。这个女孩名叫伊丽莎白，就是后来著名的伊丽莎白一世。

亨利八世对于安·波琳十分不满，他不需要女儿。安·波琳甚至还不如凯瑟琳，后来的几个孩子都没生下来就流产了。更重要的是，安·波琳还让他得罪了教皇。

他思前想后，觉得不如把安·波琳也给废掉算了。这个时候，谁来帮他呢？亨利八世又从身边找了一名得力干将，著名的托马斯·克伦威尔。在今天伦敦泰晤士河边的英国议会大厦门口，矗立着一尊骑马的雕像，那就是著名的护国公奥利弗·克伦威尔，是这位托马斯·克伦威尔的一个远房亲戚的后代。前面提到的畅销小说《狼厅》写的就是托马斯·克伦威尔。

托马斯·克伦威尔一直很得亨利八世的信任，《至尊法案》就是他亲笔拟出来的。亨利八世让他想办法把安·波琳给处理掉，他也欣然应允。这时候想休妻肯定不能再靠离婚了，之前和凯瑟琳离婚的时候，亨利八世还能说是为了坚持他的理想和道德标准，现在想要废掉这个他亲手戴上王冠的王后肯定不是那么容易的事。

托马斯·克伦威尔给亨利八世出主意，准备给这个安·波琳王后罗织一些罪名，用刑法来废后。他最后罗织了一个莫须有的罪名，说安·波琳跟她的哥哥乱伦，还说她在嫁给亨利八世之前有好几个情人，根本就不是处女。最后安·波琳被判了死罪，被公开斩首。

这个时候对于亨利八世来说，最重要的事还是再找王后生儿子。托马斯·克伦威尔也很给力，给亨利八世物色了一个叫简·西摩尔的年轻贵族女孩。简长得不仅漂亮，而且特别温柔可人，不像凯瑟琳王后那么强势，也不像安·波琳那样泼辣。

简·西摩尔不负众望，很快就给亨利八世生了儿子，就是后来的爱德华六世。马克·吐温的名著《王子与贫儿》，写的就是这个爱德华六世。在王后临盆的日子，伦敦城万众欢腾。教堂内响起赞美颂，城里点燃篝火，庆祝着爱德华小王子的诞生。

所有英国人都在想，总算是不再折腾了。本来大家都是信天主教的，相信教皇代表上帝，突然就不让承认教皇了，必须承认国王代表上帝，这个过程很痛苦。亨利八世有了儿子，也就不会再折腾了。

可是谁都想错了，天下没有就此太平。问题就出在托马斯·克伦威尔身上。

托马斯·克伦威尔是一个清教徒，他的家族一直以来都是信仰新教的。清教和信奉教皇的天主教，以及亨利八世搞的国教，是有本质区别的。清教不承认任何权威，国王也好，教皇也好，一概不承认。

新教徒一方面信仰上帝，另一方面主张因信称义，按照自己的理解来读《圣经》。他们认为自己就是上帝的代言人，《圣经》就是上帝的话语，怎么理解《圣经》和任何权威的解释都没有关系。这是当时欧洲大陆从马丁·路德和加尔文宗传到英国的一派，逐渐也渗透到英国的贵族中间。

由于亨利八世很强势地推行国教，托马斯·克伦威尔的新教徒身份不能公开，也只能在宫里搞点儿小动作，种点儿小种子，希望在亨利八世死后能让爱德华王子接受新教，也算实现他的个人理想了。

托马斯·克伦威尔一手操办的亨利八世和西摩尔的婚姻也没有维持多久。新王后在小王子出生之后，身体过于虚弱，很快就去世了。这时候，托马斯·克伦威尔突然觉得机会好像又来了，假如能从当时信仰新教的国家里找到一个公主和亨利八世结婚，然后再生一个儿子，那不就等于这是个信奉新教的王子吗？

托马斯·克伦威尔还真从德国的一个小诸侯国里找到了安妮公主。但托马斯·克伦威尔没想到的是，娶媳妇这事可算是亨利八世的雷区了。亨利八世一看见安妮公主就很不喜欢她的长相，说她长得像马一样，还特别生气。今天依然可以找到安妮公主的画像，她长得一点儿都不像马，不知道亨利八世哪根筋搭错了。

那段时间，托马斯·克伦威尔还因为一些小事得罪了亨利八世。亨利八世看安妮公主更是越看越不满意，最后把她送到一个小城堡里养着，就是不肯承认她是王后。在托马斯·克伦威尔还没反应过来时，亨利八世就派人把他给抓走了，也送去泰博恩广场处死了。

托马斯·克伦威尔是个很有悲剧色彩的权臣。《狼厅》那本书里面就写到，他完全没有意识到宫廷四周遍布了杀机，还觉得自己是一个权臣，结果如此轻易地就被当作了替罪羊。

四分五裂的英格兰

从 1525 年亨利八世想要休掉凯瑟琳王后开始，一直到 1540 年处死托马斯·克伦威尔，短短 15 年间，英国的政治高层一直在发生政变，政客人头滚滚，王宫丧喜不断。

但更精彩的地方不是在宫廷，而是在民间。亨利八世的改革一捅到底，改变了每一个英国人的生活。

国教改革不只是逼着所有人宣誓就行了。宣誓很简单，可以嘴上承认国王代表上帝，谁反对直接拉出去斩首就行了。但是宗教这件事牵扯的可不只是一句宣誓，而是与国家的产业和经济有很大的关系。教会在欧洲本来就是一个经济组织和社会团体，牵一发必然动全身。

虽然最开始教皇不乐意搭理亨利八世，但是等他回过神之后，就开始在英国国内制造事件，给英国教士写信，谴责他们的不道德。很多教士看完之后也是鼻涕一把泪一把，觉得对不起自己的良心。很多教士心里还是认同教皇的。这些教士就开始暗中勾结教皇，在英国搞小破坏。

教皇不只有这种手段，他还动用外交手段。这个时候，亨利八世的眼睛只盯着西班牙，万万没想到早就惦记着英国的法国这次逮着个好借口，主动向教皇请缨，向英国宣战了。

亨利八世打仗没钱，竟然想出没收天主教的教产卖给贵族的办法。很多底层教士最开始只是心里有点儿别扭，这下彻底没法活了，就煽动老百姓一起造反：既然大家现在连做礼拜的地方都没有了，再这样下去也就没有活路了。

这时候北方的一些贵族、教会势力也跟着揭竿而起。他们一路从北往南打，势如破竹，喊的口号就是“清君侧”。中国人都知道，“清君侧”就是要把皇上身边的小人除了，但其实每次提出这种口号都是针对国王去的，哪里是针对小人？！这个时候的亨利八世正跟法国打得焦头烂额，看到国内起义了，只能暂时与法国媾和，草草收场回国镇压起义。

这次叛乱虽然被血腥镇压下去，但英国社会这时候也彻底分裂了。

有一些老百姓稀里糊涂地效忠亨利八世，成为国教一派。有一些很怀念亨利八世没开始折腾、跟天主教关系好的时候，想回到以前的状态，成为天主教一派。还有一派，就是托马斯·克伦威尔的清教，他们觉得应该往前再走一步，把这个国家变成一个彻底的新教国家。反正现在教产也都没收了，没地方做礼拜，那干脆搞家庭教会算了。今天在韩国、美国有很多这种小家庭教会，也不用去教堂，几个亲戚朋友在家里一起念念《圣经》，开个派对，唱唱歌。

从此之后，英国人永远地分成了这三派势力，再也没有重新合到一起过。此时亨利八世年纪也大了，身体也不好，腿上长疮，每天疼得不行。

这时候，他又娶了一个新王后：凯瑟琳·帕尔，是一位贵族寡妇。作为亨利八世的最后一任王后，凯瑟琳·帕尔虽然非常贤良和聪明，但亨利八世此前已经残暴地休了三任王后，杀了两任王后，她作为最后一任，能不活在恐惧之中吗？她为了自保，尽可能地想办法让亨利八世喜欢上自己。她看亨利八世被国家分裂折磨，就给他出了一个主意：只要按这个方法办，所有的问题都能一扫而光。

这个时候要做大改革肯定是行不通了，只能小规模地做一些政策改动。为了稳住其他两派的人，亨利八世就只能在继承权问题上下手。

亨利八世是国教领袖，所以他要有继承人，要确保国教能够长期存在。这时候他也有儿子了，所以他的第一顺位继承人就是爱德华六世。他的两个女儿其实已经被剥夺继承权了。玛丽是凯瑟琳王后的女儿，凯瑟琳王后和亨利八世的婚姻已经被宣布不合法了，玛丽就等于没有继承权。伊丽莎白是安・波琳的女儿，安・波琳王后因为通奸罪被处死了，在亨利八世看来，她应该也没有继承权了。

凯瑟琳・帕尔说服亨利八世承认了玛丽和伊丽莎白的继承权。这个办法有两个好处。一方面，玛丽和伊丽莎白基本上能稳住天主教势力和新教势力。另一方面，两个孩子成为国王的可能性很小。只有爱德华自己没有子嗣，玛丽才有可能上台。当时亨利八世年岁已高，爱德华六世却还小，正常来说他肯定会有儿子的，玛丽的继承权就是摆在那儿给大家看，稳定人心用的。伊丽莎白也是同样的道理。

凯瑟琳・帕尔摆的这么一个龙门阵让三派人都觉得自己这一派有机会崛起，这种方法最开始确实能稳住人心。虽然希望渺茫，但是有希望总比没有强。人不就是活个希望吗?

当然凯瑟琳・帕尔当时多少还是有点儿私心的。她自己是清教徒，不敢公开不承认国王，也不敢否认天主教教皇的权威。凯瑟琳・帕尔又是一个非常有才华的女性，写过很多书，是半个哲学家，有点儿像中国古代的才女李清照，文章写得特别好。但是亨利八世却有点儿看不上她这一点。因为当时的欧洲也觉得女子无才便是德，凯瑟琳・帕尔太有才华，平时还总是教训国王，这样肯定是不行的。

凯瑟琳·帕尔只能把自己的政治主张全部收起来，把希望寄托在小伊丽莎白身上。其实她成功的概率很小，伊丽莎白排在第三顺位，继位的可能性几乎没有。但这个建议却使亨利八世眼前一亮，至少缓解了当时的社会矛盾。可他们都没想到，也正是这个建议，把英国拖入了一场更大的灾难之中，包括所有的清教徒和国教徒。

姐妹花的轮番轰炸

亨利八世去世之后，他和凯瑟琳·帕尔当年觉得不可能发生的事真就发生了。

爱德华六世虽然顺利继位，但这个小国王活到 15 岁就去世了，在位一共 6 年。

英国老百姓本以为等小国王长大生了儿子之后，都铎王朝应该就能稳定下来了，却没想到王位又落在了玛丽公主手里。亨利八世千算万算，折腾了那么多事情，无非就是为了不让玛丽继位，不让英国国王的权力落到西班牙人手里，结果到头来还是竹篮打水一场空。

在年纪特别小的时候，玛丽就目睹了父母之间的种种不和，后来因为她是所谓的废后之女，又特别不招权贵的待见，甚至连继承权也被剥夺了。英国跟西班牙撕扯得越厉害，亨利八世就越看玛丽不顺眼。玛丽也一直活在恐惧之中，担心哪天灾难降临，突然被父王拖出去幽禁起来，甚至是被斩首。

可想而知，从小在这种环境下生存的玛丽，心里积攒了多少仇恨、多少郁闷、多少想要报复的戾气。

终于她苦尽甘来，等到了上台成为女王这一天。她一继位就恢复了和西班牙的邦交关系，接着就向教皇表忠心，修补关系。最后她竟然要处置所有宣布效忠亨利八世的国教派人士，以及跟着托马斯·克伦威尔一起设计废掉凯瑟琳王后的、在国内搞宗教改革的新教徒。如果有人愿意重新皈依天主教，可以被饶恕；如果还是怙恶不悛、不肯改口，玛丽女王发明了很多办法将他们折磨到死。而托马斯·克伦威尔的党羽，不管是不是新教徒，只要她能想起来的一概烧死。到最后甚至跟托马斯·克伦威尔有过来往的，即使宣称改信天主教的人，她也没有放过，前前后后烧死了 300 多人。后来玛丽就得了一个外号叫“血腥玛丽”。

此时玛丽为了巩固天主教，也开始着急继承人的事，毕竟她的妹妹伊丽莎白也有继承权。伊丽莎白如果也继位了，那这段时间她不就白白做了这么多事吗？有一部著名的奥斯卡获奖的电影《伊丽莎白》就反映了伊丽莎白公主这个时期活得有多么悲惨。她随时有可能被她的亲姐姐找个理由杀掉。

玛丽为了壮大自己的实力，也为了确保自己生出来的孩子是天主教徒，就嫁给了西班牙国王。然而玛丽由于身体原因，至死也没能生出个继承人来，就这么在不甘心中绝望地去世了。

上帝也是喜欢捉弄英国人，在经历了没存在感的爱德华六世和残暴冷血的血腥玛丽的统治之后，他们终于迎来了被称为一代明君的伊丽莎白一世。伊丽莎白女王之所以在英国人民心目中留下了那么深的印象，直到今天还有很多人对她就像对神一样崇拜，就是因为她的性格虽然很强硬，但是她不会不择手段，而且懂得怎么处理这些权力关系。

伊丽莎白很清楚一个道理，这个国家已经折腾了快 100 年，如果再这么折腾下去，英国就完了，所以她把自己献给了国家，终身未嫁，不给外国人留下任何机会觊觎英国的王位。

伊丽莎白的宗教政策在她那个时代已经非常宽容了。她不再处死天主教徒，而是把他们送到英国的一些殖民地，比如北美 13 个州南部有那么几个州都是她建的。至于新教徒，也送去殖民地，不过会和天主教徒分开，一个去北边，一个去南边。之所以今天美国的南方比较保守，以天主教为主，而北方相对来说思想比较开放一点，就是因为当年托马斯·克伦威尔这一派的新教徒被派去了北边。华盛顿出生的那个州叫弗吉尼亚，英文是童贞女王的领地的意思，就是为了纪念终身未嫁的伊丽莎白女王。

伊丽莎白确实是一位伟大的政治家。即使是与强大的对手有利益冲突，她也寸步不让。西班牙的无敌舰队就是在伊丽莎白时代被消灭的。但如果是那些没有什么实际利益冲突的事情，即使有点儿惊世骇俗，她也默认其存在。同时代的莎士比亚在戏本上写了这样一句："脆弱，你的名字叫女人。"要知道当时英国正是伊丽莎白女王当政，如果她是个暴君，可能直接就把莎士比亚给办了，而实际上莎士比亚还活得挺好，女王和后来的詹姆斯一世都赞助了他的事业。甚至有一些野史说，因为当时不允许女性自由发表著作，有些戏是伊丽莎白自己写出来丢给莎士比亚的。

总之，伊丽莎白苦撑几十年，总算是帮英国维持了一个比较稳定的秩序。在这个秩序之下看起来英国恢复了正常，国内也在国教一统天下的大局面下维持着和平与稳定。

但是，伊丽莎白还是留了一个大的问题：她既然选择了终身不嫁，那她死后王位传给谁呢？亨利八世的三个孩子已经挨个上台了，她是最后一个，她死后英国人民又陷入了一场灾难，因为她把王位传给了自己的一个远房外甥詹姆斯·斯图亚特，开启了斯图亚特王朝。关于这个王朝后面还会单辟出一章详细来讲。

斯图亚特上台之后，又重启了宗教战争，导致英国被拖进了欧洲长达 30 年的宗教战争。在这场战争中，英国借了好多债，最后没办法只能向议会征税。而议会里多数人是国教徒，在伊丽莎白统治下几十年，国教基本上在英国已经深入人心了。斯图亚特的行为把英国宗教界好不容易稳定下来的局面又给撕裂了。

本来英国就有三派势力，斯图亚特王朝的国王来自苏格兰，信奉的是新教和天主教杂糅的长老会宗教，算是第四派。在学术史上对斯图亚特时代有一个形容词，叫作“宗教政治化”，也叫“政治宗教化”。

从表面上看，国王和议会在争权力，围绕着到底要不要征税而扯皮。但实际上这背后是一个已经绵延了 100 多年的宗教问题，是天主教、苏格兰派的势力和当时英国议会里面的国教势力之间在争斗，结果爆发了内战。正是在这场内战之中，克伦威尔家族再次粉墨登场了，奥利弗·克伦威尔开始带领代表新教的议会军和王党军队做了一场彻彻底底的清算。

在打败了王党军队后，克伦威尔宣布成立共和国，并就任“护国主”。虽然在战争时期，克伦威尔是代表议会的，但在他上台之后，却把议会解散了，实质性地建立了军事独裁统治。这个行为背后是什么逻辑呢？就是克伦威尔家族所代表的清教想要彻底摆脱天主教和国教的压迫，站到主导地位上来。

克伦威尔的统治虽然用强力维持了一段时间，但是在他死后，他的儿子理查却维持不了局面。理查·克伦威尔根本控制不了军队，原先议会的议员们便趁机想办法接回了查理一世的后代查理二世，延续了斯图亚特王朝的统治。

最可笑的是，斯图亚特王朝复辟之后，竟然开始推行天主教。查理二世性格比较温良，也不愿意折腾，但是他的继承人詹姆斯二世还是想大力复兴国内的天主教。其实英国议会当时已经能够控制国王了，但是詹姆斯二世居然不知死活想要推行天主教。

经过这一二百年，当时在英国社会上上下下已经形成了一个共识：再也不要折腾了。詹姆斯二世却没看清这个局面，整天还想着生个天主教继承人，以及复兴天主教。他不生出来也罢了，偏偏这孩子还生下来了。这一幕在英国人民心中印象太深刻了，这不就是当年的亨利八世吗？绝对不能让历史重演，所以英国的贵族联合起来搞了一场政变，吓唬走了詹姆斯二世。

这就是在之前提到的光荣革命的一个瞬间。

光荣革命的真正含义

光荣革命其实是一个绵延了140多年的宗教战争的结局。

结局总是平淡的。

英国在这个时候终于达成了一个共识：新教、天主教、国教这三派不能再内斗了，要和睦相处。但这就又产生了新问题，国王要是不听话怎么办？

于是人们又达成了一个新的共识，出台了一套法案，就是让新继位的玛丽和威廉必须接受的《宽容法案》——不管你们的信仰是什么，绝对不能在国内上演宗教迫害，要允许宗教自由。其实光荣革命的伟大之处就在这儿，第一次把“宽容”这个词写进了政治框架的文本里面。

但光荣革命的伟大之处绝不是一句宽容这么简单，而是“宽容”这个词在英国这片饱受苦难的土地上孕育出了一个全世界独一无二的格局。正是这个格局改变了英国的历史，让这个国家从此成为一个世界强国。

光荣革命之前，英国三个派别已经缠斗了140年，大家想的都是把另外两派杀掉。光荣革命确立的宽容原则却彻彻底底地改变了英国的历史轨道，让这个国家形成了一个开放式的三角格局。

什么样的三角格局呢？天主教代表传统和道统，新教代表了因信称义，国教代表理性。听起来很抽象，我下面详细解释。

这种三派的格局在当时欧洲是一种奇葩，其他国家根本没出现过这种局面。其他国家要么是天主教做主，要么是新教做主；要么是玛丽时代的那种到处杀异端的状态，要么就是亨利八世时代那种逼着所有人信仰他的局面。从来没出现过这样的三足鼎立。

当时的法国和西班牙就是天主教一家独大。法国相对来说还比较宽容。当时法国的新教徒叫胡格诺教派，国王会给这种小众的人单独分一小块地方。《三个火枪手》里面也有关于这些人的描写，比如让三个火枪手立下奇功的拉罗舍尔围城战，当时在拉罗舍尔那地方都是新教徒。西班牙就比较残酷了，国王成立了一个宗教裁判所，不管是信新教还是别的教派，只要不是天主教的都是异端，一律烧死。

天主教独大有一个非常大的恶果，就是这个国家往往不允许任何新鲜事物出现，只允许传统的东西存在。在这样的环境下，所有能推动社会的哪怕是小规模的改革，都很难进行下去。前段时间特别有影响力的一本书《旧制度与大革命》的作者托克维尔就在书里面反复提到一个观点：当时法国的知识分子提出的都是社会整体的变革方案，要么推翻重来，要么就彻底保持现状，没有一个中间化的道路。这样的国家最后的结局往往是爆发那种很血腥的革命，大家彼此杀光才算完。

但当时的英国却不一样。英国的大教派和小教派遍地，每个都能形成小社团。因为新教没有权威，所以大家都是散着的。这些小社团各做各的，可以去做一些环保，可以去做一些公益，也可以去主张女权和争取少数民族的解放，大家之间互不干扰。在这种情况下，有一些小规模的改革往往就很容易推动起来了。

反过来，如果这些小教派有一派彻底当权了，就会形成一个新教国家，这样行不行呢？这样更可怕。前面提到的“三十年战争”就是这样。当时德国的小公国和天主教公国之间打成一团，最后大家谁也打不过谁了，只能达成协议，“教随国定”，就是一个公国的国王可以制定自己国家的教，让老百姓对自己效忠，有点儿像当年亨利八世那一套：国王可以成为这个教的领袖，从此之后跟天主教也没关系了。

在这样的国家里，国民只承认国王，不承认天主教，这就很可怕。国王既是神又能实际统治这个国家，这像不像第二次世界大战之前的日本？这样的国家最终都会走向军国主义。第一次世界大战和第二次世界大战都是由德国发动的，它有着强烈的普鲁士精神。普鲁士这个国家就是因为确立了新教独大之后，把整个国家变成了一个大军营。他们有国王这样一个神，想维持自己神一样的地位，怎么办？带着大家去打仗！这样普通的老百姓不就都追随他了？历代普鲁士国王都从全国征集身材高大的壮丁参军，而且国王还特别享受这种状态。

换个角度，如果一个国家很小，大家又都共同拥护一个宗教，除了军国主义还可能形成什么局面？是不是也很有可能慢慢变成不容异端的邪教，所有不认同我的一律消灭掉？

著名的物理学家布鲁诺，坚定地相信哥白尼的“日心说”。他虽然是科学家，但他不是无神论，所以跟教皇的关系还不错，甚至总给教皇讲课。但是等他到了那些小教派国家，可就没人对他这么客气了。当时在日内瓦有个加尔文派，加尔文派的代表加尔文就给布鲁诺写了封信，邀请他过去讲课。结果布鲁诺一到日内瓦就被扣下，最后活活被烧死了。很多人一直有误解，觉得布鲁诺是被教皇和天主教迫害死的，其实不是，教皇对科学家和艺术家很宽容。事实上，他是被那些小教派给迫害死的。后来马克思对这件事有个评价，说：在宗教迫害上，新教是一点儿不比天主教差，甚至要严重十倍百倍。

所以说，在当时的欧洲大陆，主要就是这两种国家，要么维护传统到死，杜绝任何改革；要么就彻底成为一个迫害异端、极端军国主义的国家。只有英国在当时形成了一个前所未有的局面，不管哪种思想、哪一派都不能一家独大。

法国大知识分子伏尔泰就特别崇拜当时的英国，他亲自跑到英国去考察，发现英国是这么一个奇葩的存在。后来他写道：

> 只有一种宗教的地方必然是专制统治（这个主要说的是当时的西班牙）；如果有两种宗教存在，那就会有内战发生（这说的是他的祖国——法国。当时法国国内的天主教和反天主教的双方已经斗得不可开交了），如果同时有30种教派存在，这个国家将和平共处，甚至走向繁荣。

这就是伏尔泰发现的英国的一个大秘密，就是这个秘密让英国从一个小岛国变成了当时世界上的一流强国。

工业革命和科学精神的诞生地：国教

光荣革命的威力还不止于此，我们继续往后看，这真是上天送给英国人的礼物。英国的三派势力慢慢地成长，也产生了一些意想不到的效果。

比如国教这一派。作为当年亨利八世的拥护者，这批人的核心力量主要是贵族和教士，因为他们就在国王身边，根本没办法公开反对国教。这些人宣誓效忠国王其实也多少有点儿口是心非，所以国教里的很多人都是很有权力且墙头草随风倒的投机主义者。

当时亨利八世为了筹钱打仗，不是变卖了天主教的教产吗？那些教产也是卖给了这些大贵族。在这个过程中，产生了英国历史上非常著名的圈地运动。这些贵族发现圈地之后地价会上涨，于是到处圈地赶走农民，很意外地促使英国形成了一个大农业的局面，率先完成了农业革命。农业革命之后，耕作需要大量的人力、马力，甚至大机器，这就慢慢地推动英国产生了工业革命。

这是一根意外产生的历史链条，一旦这根链条打开，就再也收不回去了，这就是工业革命在英国率先诞生，而英国一直引领世界的原因。

更想不到的是，这些墙头草随风倒的投机主义者还成了创造现代社会的必要条件。

“血腥玛丽”上台要搞天主教，这些人就马上归顺天主教；克伦威尔上台了要搞清教，他们就跟着信清教。因为他们都是有恒产、有恒心的人，他们看重的是实际利益，捍卫自己的家族和社会地位，宗教这个问题在他们的世界里没有那么重要。

因为长期活在巨大的不确定政治环境中，一些贵族出身的思想家、科学家为了避险，慢慢地形成了一套自己的哲学，这套哲学对英国的未来有着巨大的影响力，叫作“怀疑论”。

怀疑论哲学是英国国教系统里面衍生出来的非常重要的哲学系统。所谓怀疑论哲学，就是对万事存疑。请不要问我信仰什么宗教，也不要问我是哪一派的，这点我自己也不确定，正在研究，等我研究清楚了再说。

这套价值观和今天的科学价值观是不是很像？比如说转基因问题，双方斗得热火朝天，但是你仔细看看现在站在台上演的这两派，所谓挺转派和反转派，基本都不是正儿八经的科学家。大部分的科学家都不出来说话。为什么呢？因为科学家都在专注自己的研究，只关注其中一面，所以很难像那些媒体人那样随意发表意见且不用负责任。

这其实是科学价值观的一个重要特点：我只说我了解的，很可能我的研究结果也是错的，但我只信奉这个研究过程本身。

怀疑论真正在英国社会形成一种风气是在光荣革命前后的那段时期。其中最著名的代表人物叫约翰·洛克。他经历过英国的内战，也参与了光荣革命，所以在当时的英国地位挺高的。

洛克成为公认的英国现代启蒙思想的开山祖师。

一方面，他提出了“宽容”。前面提到的光荣革命代表了宽容，宽容能在英国社会形成共识，很大程度上都得归功于洛克。洛克有一本书专门论述宽容问题，让“宽容”这两个字在英国深入人心。

另一方面，洛克又是经验论的理论总结者。

哲学一般分经验论和唯理论，英国思想界流行的是典型的经验论。经验论就是强调没有调查就没有发言权，摸着石头过河。而唯理论则是强调我的思想体系能够解释所有我看见的现象，以及还没看见的现象。法国的笛卡儿和荷兰的斯宾诺莎都属于这个体系。

在英国，经验论成为伟大的实验科学的哲学指导思想，牛顿就是在洛克去世之后，引领着英国皇家科学院形成了英国的一派科学传统。他们的指导思想就是洛克这套经验论，强调调查、实验、观察，甚至推翻自己的结论。

可是大家不觉得这一套哲学思想的历史很奇葩吗？其实不就是因为国教这帮人被迫害得怕了吗？在洛克之前，英国的大部分大学，还有皇家科学院，都在为宗教工作，都在研究一个针尖上能站多少天使。这些问题虽然看起来很奇葩，但也是因为实在没有办法，研究这个问题才不会惹到亨利八世，也不会惹到天主教势力，不至于被拉出去烧死。

在严苛的大环境下，这么一派谨小慎微的人，开始做起了具体的研究，当时的科学精神也是从国教这一支成长出来的。

工业革命的小蜜蜂和帝国传统的防波堤

再来看新教系统，也就是克伦威尔这一派人，它主要的特点是散碎。

英国当时的小教派到底有多少，没人知道，可能有 100 多个，每一派也就几百人、几千人。当时英国的议会很保守，基本都是贵族，下议院的见到上议院的还要行礼鞠躬。他们也形成不了什么势力，不可能上升到国家层面。

那这些小教派都在干什么呢?

他们喜欢聚在一起做点儿小事情，做点儿小公益、小慈善之类的具体事情。当时英国有一个影响力很大的小教派叫作贵格会。后来很多伟大的思想家，比如富兰克林，都是贵格会的。

贵格会的人平时聚在一起开家庭教会，他们还喜欢一起聊天，聊八卦，于是就催生了咖啡馆文化，因为他们平时喜欢在咖啡馆里商量一些事情，聊聊新闻。

就是在这种氛围下，英国形成了一种社团精神。这些社团精神，大家现在已经司空见惯了，和今天做自媒体的差不多。一些小社群、小圈子，围绕着具体的小问题，比如怎样美妆，买点儿什么衣服，大家是不是一起去博物馆，或者是听音乐会，等等。但是在这样的社会氛围下，肯定不会出现大规模的社会动荡了，因为大家都有各自的兴趣爱好，忙于经营自己的小日子。这就意外地造就了英国特别和谐、宽松的社会环境。

新小教派最重要的贡献是聚集了一小拨非常奇葩的人，也就是最近特别火的所谓“匠人”。其实这些人的主要时间都是埋头在家里研究蒸汽机改良，或者发明纺织机器，改造罗盘、指南针，因为这些东西可以卖一笔钱。他们不会去想一个什么体系来改变整个国家、整个民族或者整个社会。

在这种情况下，英国诞生了一大批哈格里夫斯和瓦特这样的手工艺人，就是这拨人引领了工业革命的诞生。现在大家会把工业革命说得特别高大上，但其实第一次工业革命最开始就是一些小工匠的革命，就是新教这拨人慢慢地在家里一点一点鼓捣出来的。

最后一拨人就是信奉传统的天主教徒了，他们代表了保守势力。他们自始至终在英国都起到了非常重要的作用。

他们维护传统、捍卫家庭、捍卫伦理、捍卫国家，有点儿像卫道士。也正是他们的存在，使英国避免产生一些大规模的、激进的改革。比如著名的爱德蒙·伯克，他是从爱尔兰来的天主教徒，一直在英国强调权威、仪式感，强调传统、家庭，还有英国的自由传统。就是因为有了他们，英国这整个盘子才不会散，不像神圣罗马帝国那样四分五裂。

英国的保守势力到今天还是很强大。当年爱德华八世想要娶寡妇，就有一些保守势力的人说不行，这不符合大英帝国国王的继承传统，娶她和当国王二者不可兼容。于是他们竟然真的就逼着爱德华八世最后没能当上国王。

还有戴安娜王妃去世的时候，因为伊丽莎白二世和她的关系不是很好，没去看她。戴安娜的一些狂热粉丝开始呼吁搞公投，废除君主制。甚至有民调显示，至少有四分之一的英国人会投票赞成废除君主制。但终究还是有这么一派保守势力坚持大英帝国尊重权威、尊重上帝的传统，君主制是不能废除的，无论如何不能搞这个公投。最后这个公投还真没搞下去。不过这还是吓了伊丽莎白二世一大跳，如果真的废除了君主制，她可就变成一个普通的英国公民了。

保守派的主要作用就像一个防波堤一样，给整个大英帝国铸造了一个堤坝，任局势怎样波涛汹涌，也不会决堤。

这就是平衡着英国的三派势力：天主教、新教和国教。这三派人各司其职，拼出来一个现代化的伟大英国。后来有一位哲学家曼德维尔写过一本书——《蜜蜂的寓言》。在书中，他把英国比喻成一个蜂巢，工蜂、雄蜂、蜂后各有所长，大家共同努力把英国建设成了一个现代化国家。

当时的英国甚至有一个外号叫“快乐的英格兰”，因为当时欧洲大陆大部分国家都很动荡。各个国家大大小小的宗教势力都在进行宗教迫害，彼此之间打成一团，只有英国是一派祥和的局面。

这就是为什么英国成为现代文明的发源地。当时英国的国家信用非常好，法国国王为了打仗要卖国债，但是根本没有人买，老百姓都觉得这个国王快要被推翻了。而在英国，因为国民都非常相信这个国家的信用，相信这个国家会越来越好，所以每次打仗的时候，全部国民都愿意买国债，他们不希望英国战败而失去脚下的这一片乐土。

回过头来，我们可以重新理解一下大英帝国为什么曾经不可战胜了。

其中最重要的一条就是它在光荣革命的时候确立了一个宽容的传统，并且很意外地形成了这样一个三角的格局。

— 逆袭心法小贴士 —

强大未必是茁壮，而是学会生长

从大英帝国的崛起回归到我们个人的成长心法，我们或许可以得到这样一个结论：保持开放，像种几盆花一样，让自己人生的生态交替成长，最终成为一棵大树。

给大家讲讲我的一些经历。

10 年之前，高考填志愿，那时没多想，因为我太喜欢读历史书了，尤其是人物传记，所以就填了个历史学专业。

后来机缘巧合下，我加入了罗辑思维团队，第一次发现我囤积的那些研究提纲有用了，就把它们全都改写成节目卖钱了，顺带还小火了一把，在圈子里也算有点儿知名度，甚至还接了一个 30 集的大剧本的创作。

最关键的是，这时候我发现另一朵花开了。就是我在罗辑思维做知识策划期间，原来准备 GRE 的时候认识的新东方老师开始大踏步地走向网红，甚至有卖手机、炒比特币的。罗辑思维当年是新媒体的旗手，所以和这些想做网红的老师就有很多可以聊的。于是我就在那段时间和很多新东方老师成了好朋友，进了教育圈。2016 年有段时间还当了在线教育创业公司的联合创始人。

这段经历是我现在做许多爆款付费课程非常重要的经验积累，因为知识付费这个行业七分是在线教育，三分才是媒体。我了解用户需要什么，所以能提供他们所需要和认可的东西，再结合过去几年新媒体的经历，很多事就水到渠成了。

这其实就是栽花的思维。多给自己培养几个好习惯、好技能，让这些技能慢慢生长。既不要贪图一劳永逸，学好数理化，走遍天下都不怕；也不要贪多求多，每天刷新知，报班上课。

把能力当成宠物，慢慢培养，让自己的可能性慢慢盛开，直到有一天你会发现，自己的世界早已经万物生长。

第二章

认知升维的逻辑：摆脱贫穷的思维

是什么让一个人陷入贫穷

贫穷到底是如何产生的？是出身阶层，还是制度原因？我们总能听到很多人喜欢归因这二者，但其实我们未必能在这种思考方式中获益，因为这二者是我们无法改变的。

在我看来，贫穷其实缘于认知维度不够。我们纠结在一个现实困境中找不出破解之道，于是我们消极、放弃。

举个例子，在北上广买不起房，有人抱怨开发商心黑，有人看毒鸡汤，说年轻人不用买房，借此安慰自己。而很多拒绝思考这个问题的年轻人，也在家长的帮助下，早早买好了房子。尤其是当我们看见那些当年告诉你不要买房的人私底下说他的听众都是傻子的时候，难道真的不生气吗？

可是回想起来，究竟是什么原因让那么多人喜欢专门寻找自己喜欢听的谎话来相信？

你是否真的去售楼处问过，到底那些买了房的年轻人都是怎么买的房子？假如你此刻全家只能凑足 20 万元存款，在北京不够买个厕所，怎么办？你是否想过，可以从京郊开始？至少在我写下这行字的时候，有 20 万元的首付，在京郊足够了。等你再积累一些财富之后，再换成更大的。房子是换出来的，不是一鼓作气发横财买下来的。我身边就有朋友用了 10 年时间从河北换进了四环。而 10 年前，他的月收入才只有 2000 元。

这就是一种认知升维。如果你意识不到是思维困住了你，你注定找不到现实问题的破解之道。

改变，先从思维的升级开始。

曾经的貌合神离

几乎所有的后发国家，在追赶的路上都会面临一个最真实问题：前面都是坑，一不小心就会跳进去，而且一跳进去就很难拔出脚来。比如说：

第一，为了对抗西方强势的话语权，发明出一套自己的文化系统，结果在这套文化系统之下，原来社会的矛盾被激化，甚至不可调和。

第二，全面接受西方的普世价值观，分不清荣誉和现实的国家利益关系，最后国家关键资源被垄断。

第三，面对国内复杂的问题，采取一种放任的态度，用部族政治的办法勉强把国家拼凑成看起来像一个国家的样子。

第四，为了赶超发达国家，用闭关锁国的办法从事低效的生产，投入和回报完全不成比例。

所有的这些坑几乎每一个发展中国家在发展过程中都遇到过。甚至到今天，我们看那些还没有发展起来的落后国家，也是出于以上这些原因，根本就得不到解决。第二次世界大战以后，原本的第三世界国家真正能走过这一道从落后到发达之窄门的国家，寥寥无几。

那些成功崛起的国家基本上都只有一个共同特征：在一个相对稳定的政治环境，或者是强有力的领导力下，逐步而有序地向全球市场开放，确立一种以市场为导向的经济结构。无论是亚洲四小龙也好，还是像智利这样的拉美国家也好，它们基本上都是正在走或者已经走过了这一道窄门。今天我们回首中国改革开放近 40 年的历程，基本上也成功地走过了这一道窄门。

这条路，苏格兰也曾经走过。下面就复盘一下苏格兰的历史，看看它是怎样走出这些坑的。

在很多英国人眼里，苏格兰不过是个穷亲戚。

在中世纪，英格兰确实对苏格兰产生过很大的影响，而且基本上都是不愉快的经历。

就像那部著名的电影——梅尔·吉布森执导的《勇敢的心》里，不就有个华莱士起义吗？华莱士起义反对的就是英格兰的国王和贵族。故事矛盾爆发的导火索就是英格兰贵族要在苏格兰强行推行“初夜权”（其实在欧洲历史上，“初夜权”是个很小众的现象，基本上只在苏格兰和英格兰的某些地区出现过）。

两个地区对于历史的记忆点也不一样。在苏格兰的历史书上，华莱士带领着苏格兰人民起义，争取自由，在反抗的过程中被英格兰侵略者残忍杀害，成了苏格兰的民族英雄。可是在英格兰的历史教科书还有民众的记忆里，华莱士就是一个暴徒，是一个带着暴徒到处打砸抢的恶棍，完全不是罗宾汉的形象。罗宾汉在民间传说里有杀富济贫的成分，可华莱士在英格兰历史上，基本上就是一个屠夫，到处烧杀抢掠、无恶不作。

在历史上，英格兰人骨子里是非常瞧不起苏格兰人的，觉得这个亲戚不但又穷又落后，而且又穷又横，时不时地给自己捣点儿乱。

17 世纪，英国爆发了内战，议会和国王打成一团。内战最初的爆发是议会和国王之间发生了一些制度上的冲突，关于怎么征税，怎么让国王再让点儿权力，给人民点儿自由。

但因为国王自身的问题，这个矛盾就被严重激化了。

斯图亚特王朝是一个从苏格兰过来的王朝。在斯图亚特王朝之前是伊丽莎白女王，她一生没有结婚，也没有子女可以继承王位，按照继承顺序法，由她的外甥詹姆斯一世继承王位。詹姆斯一世的母亲是苏格兰的玛丽女王，那现在苏格兰国王又继承了英格兰的王位，变成两国共用一个国王，但制度上依然是两个国家。

如果大家相安无事当然好，还能互通有无。可一旦国王和议会出现了矛盾，苏格兰的国王就想从苏格兰借兵镇压英格兰的叛乱，等于是跑回娘家找舅舅去。所以在内战过程中，大家看着好像是国王和议会在打，其实也是苏格兰和英格兰在打。议会代表了英格兰人民，国王就一直往苏格兰跑。

后来无论是议会选择斯图亚特王朝复辟，还是结束斯图亚特王朝，在整个过程中，苏格兰始终是斯图亚特国王一个非常重要的大本营。复辟王朝的詹姆斯二世在光荣革命之后，依然有强大的苏格兰后援团的支持，这些后援团时不时地就给英格兰制造点儿麻烦。英格兰这边都已经光荣革命，威廉、玛丽夫妇已经坐上王位了，苏格兰这边还在不停地起义，制造各种阴谋，让英格兰人不胜其烦。

越拉越大的差距

如果我们站在苏格兰这一边看，作为弱势的一方，他们也没有选择，只能这样跟英格兰对峙。因为斯图亚特王朝的国王毕竟是苏格兰派过去的，等于嫁过去的闺女，媳妇在婆婆家过得不好，跑回娘家来了，娘家舅舅还不出去跟你撕一下吗？所以就是把牙咬碎了，也得和你较上劲。

苏格兰为此付出了惨重的代价。在英国内战过程中，两国之间的差距原来只是有钱和没钱的区别，后来就变成指数级的差距了。

在内战期间，护国公克伦威尔不仅出台《航海条例》，控制了海上交通线，还打败了海上马车夫荷兰，使英国成为一个超级大国。大英帝国的世界贸易版图在克伦威尔手上已经运转起来了，羊毛、糖、蜂蜜等产品在英国的美洲殖民地走俏，英国变得相对越来越富有。

苏格兰既不从事贸易，又常年帮斯图亚特王朝打仗，关键是还打不过，弄得是民穷财尽。苏格兰的经济已经衰落到只有农业，绝大部分的苏格兰人一辈子没怎么吃过肉，主要的食物就是燕麦和大麦，只在过节的时候可以吃点儿咸鱼。咸鱼这种食物是腌制食品，方便保存，其实特别难吃，和今天的牛皮糖差不多。雪上加霜的是，1695 年苏格兰还爆发了一场大饥荒，连贵族也吃不上肉了。

遥望南方，此时的英格兰由于光荣革命的爆发，经济已经迅速发展，东印度公司经营得有模有样，英格兰银行也在全世界建立了一个健全的金融体系。对比之下，苏格兰显得更是贫穷无比。

如果光是贫穷也就罢了，这个阶段的苏格兰还特别愚昧。上一章提到过，在光荣革命前后，英格兰的法制迅速发展，议会出台了《宽容法令》，规定人身自由不可侵犯，任何人都不能不经程序被逮捕，所有宗教都可以和谐共处。可当时苏格兰居然还有非常愚昧的法律，处死女巫，烧死异端。更可怕的是，苏格兰当时的教会还变本加厉，连民间也呼吁要加强对异端的圣战。

当时有个青年叫艾肯赫德，只不过在课堂上说了一些对耶稣不太礼貌的话，就倒了大霉，先是被抓住，接着就要被判死刑。这个孩子因为年纪比较小，才十几岁，觉得自己属于年少无知，很快就忏悔了，也有不少人为他求情，但谁说都没用，苏格兰教会一定要判他死刑。

主导这件事的是苏格兰的社会名流、法官、宗教界的精英。很多有识之士呼吁把这孩子救下来，甚至有人想到去英格兰请威廉国王、玛丽女王出面劝阻，给法院写下特赦令，保下这孩子。可是法官一听说有人已经开始找英格兰国王了，那还得了，趁着他们还没到英格兰，很快把这个孩子处死了，还是绞刑。欧洲古代的死刑和中国有很大的区别，中国人认为绞刑比砍头轻，王公贵族才赐予一尺白绫；可是西方人认为绞刑死得慢，很痛苦，所以贵族死刑都是砍头，江洋大盗才用绞刑。

我之前提过，在新教刚诞生的那个年代里，很多国家容易出现小暴君，苏格兰就是一个非常典型的例子。当时苏格兰是加尔文派主导，主持宗教改革的人叫诺克斯，他就出台过很多严厉的新规定，比如说，安息日不许工作、不许跳舞、不许吹笛子、不许赌博、不许玩牌、不许看戏，所有娱乐活动都被禁止。电影《血战钢锯岭》——梅尔·吉布森导演的——里面的男主角就是在安息日那天不能工作。而诺克斯的那一套非常严厉，不让工作，还不让娱乐，那就只能在家睡觉了。这也就罢了，他还规定，每一个教区的信徒如果想离开这个教区出行，必须得有当地牧师写的“路引”。这等于是限制每个人的人身自由了嘛。

还不止于此。诺克斯还发明了很多酷刑：戴脚手架、封口钳，甚至还有浸猪笼。真是和中国古代的周兴、来俊臣有一比。在他的领导下，很多英格兰人根本不敢去苏格兰旅行，觉得那个地方又愚昧又落后，怕不小心死在那儿。原来苏格兰只是一个低配版的英格兰，现在已经彻底变成一个乡下的穷亲戚。

苏格兰的奋起直追

苏格兰的精英阶层面对这样的局面，能不着急吗？但又能有什么办法呢？

通常一个弱国面对身边崛起了一个强国的时候，都会采取一个办法：你有什么，我也有，我跟着你学呗！

在闹饥荒的 1695 年，苏格兰的议员齐聚爱丁堡开会。爱丁堡是苏格兰当时的首都。这么多人齐聚一堂，可见是不改革不行了。这次会上，大家开始思考到底怎样才能迅速地把和英格兰的差距减小。

这群人里有个叫帕特森的议员去过英格兰，他就对大家说：“你看，英格兰之所以这几年跑得比咱们快，主要原因其实就一个：他们有一个东印度公司。东印度公司因为有贸易特许权，可以在全球经营英格兰的贸易。但是大家别急，如果我们想要撑起这样一个东印度公司，必须得先有一家银行，为东印度公司提供一些本金和一些贷款。有金融机构做支撑，咱们的东印度公司也就做起来了。英国现在如此土豪，不就是因为这样吗？”

一来二去，帕特森还真把所有人都说服了。大伙下定决心，就算勒紧裤腰带也要把这个特许公司做起来。于是大家开始凑份子。英格兰银行当时是60万英镑的银行储备金；苏格兰这边凑来凑去，大概凑出了10万英镑。也还不错！算是一个低配版的英格兰银行。公司也有了名字：达里恩公司。

接下来，苏格兰人开始琢磨，其实大家也没见过英格兰的东印度公司是怎么搞的。大家商量来商量去，就你帕特森来办吧。帕特森也当仁不让，亲自操刀，运营这家达里恩公司。

想把这家公司运营好，还必须得有贸易特许权。很多生意只有达里恩公司能做。苏格兰政府也表态：没问题，你放手去搞！

帕特森挑来挑去，挑中了巴拿马一带，觉得在巴拿马可以建一个殖民地，慢慢经营起来。巴拿马是连接南、北美洲的枢纽，这个地方建立起来之后，可以从事美洲和苏格兰之间的贸易。

帕特森就这样愉快地说服了所有人，达里恩公司迅速剪彩开张。

折戟沉沙达里恩

虽然背负着祖国和人民的期待，但是达里恩公司运营没多久就出现了大问题。帕特森的资金越来越周转不过来。而且他发现，虽然东印度公司的资金是从英格兰银行来的，但是更大一部分资金是从全世界各地募集来的，有一部分来自德国，也有一部分来自荷兰。

帕特森无奈之下，就派人去和德国、荷兰的银行谈判，想扩大股本。但是英格兰早就在远处看着了：哟，穷亲戚现在想发财，我能看着他发财吗？英格兰早就赶在达里恩公司派出代表前，和德国、荷兰打过招呼了：如果苏格兰人来借钱，坚决不能借给他们！

达里恩公司的代表最后灰溜溜地回去了，德国和荷兰不借钱！

其实我们换个角度想，如果你是德国和荷兰的银行家，会借给他们钱吗？且不说荷兰跟英国当时有一个特殊关系：英格兰国王威廉和玛丽是荷兰人，犯不上为苏格兰得罪英格兰。我们单纯从经济的角度看：东印度公司经营多年，让德国和荷兰的股东大赚特赚，预期收益也很稳定。苏格兰本来就穷，又没有运营资本的经验，谁知道能不能做起来，资本家的钱也不是大风刮来的。

可是苏格兰人一直就有这么个特点：你要是想跟我对着干，那咱们就对着干！达里恩公司发动所有的员工游说各大议员，号召大家有钱的捧钱场，有人的捧人场，一定要再凑一笔钱，让公司渡过难关。

还真有效，苏格兰的地主和商人纷纷掏出钱包，购买达里恩公司的股票。有很多贵族手里没那么多现金，把自己的房产都抵押了。最后甚至发展到这样的程度：贵族们争相攀比，你捐 500 英镑，我就捐 600 英镑；你捐 600 英镑，我就捐 700 英镑。捐得少都不好意思，将来在贵族圈里都没法混。

事态发展到这个地步，达里恩已经不是一家公司了，它代表苏格兰民族的士气、国际观瞻，甚至国运了。大家勒紧裤腰带支持达里恩公司，一定要把这事干成。

就这样，苏格兰人把所有的钱全部押上。

结果呢？

公司派出去的第一拨船在海上就不是很顺利，沿途的各个港口都是英国人的，他们就是不让上岸。船员在路上又有一些不适应，粮食也带少了，很多人饿死在海上。船长和船员实在坚持不下去了，只好在弹尽粮绝之后灰溜溜地回国。

好在苏格兰民族士气在，一次不成，再搞一次！所谓事不过三，三次总可以了吧？结果，达里恩公司又组织了两次船队，还是不成。到最后一次已经惨到什么程度？达里恩公司一共派出去四条船，带着 1200 多个移民，其中两艘在路上就被风暴给击沉了，另外两艘被西班牙舰队给捕获了（也有人说，是英格兰舰队捕获的）。不管怎样，参与移民的 1200 多人没有几个人回来，基本上都死在路上了。

这时候，苏格兰贵族可就惨了。那些把自己的房产都抵押了的贵族，也跟着达里恩公司一起破产了。本来指望这个公司能让国家变得更加强大，最后却搞得血本无归。第一套方案等于失败了。

其实改革开放到今天，我们每个中国人都明白，超英赶美不能靠你有什么我也有这种方式。20 世纪的时候，那么多后发展国家，印度、中国、印度尼西亚，就是用这种方式想要赶超发达国家的：你有汽车，我也造汽车；你有工厂，我也开工厂。但实际上都是低配版的。就像俄罗斯的拉达、印度的塔塔汽车，都是低配版的工业产品。不仅没能实现赶超，还筑起了一道高墙把自己封死在里面。这套方案在后发展国家是根本不可能成功的。

从对峙到全盘投靠

第一套方案不行，就只能改弦更张——直接跟你比实力比不过，那就跟你耍赖呗。我斗不过你，我还打不过你吗？达里恩公司失败之后，苏格兰就开始做一些超越底线的事情。

比如，1705 年，有一艘英国商船在正常地从事贸易，苏格兰官方竟然出面，把这艘商船扣押了。苏格兰官方先是对船员刑讯逼供，逼他们承认自己是海盗。可人家是正经商船，合规合法，肯定抵死不承认。但苏格兰官方不管你承认不承认，把这些船员全部押送到了爱丁堡，等候处决。

这个时候，英格兰政府才发现，这已经是个国际事件了，必须由政府出面求情。没想到这正中苏格兰的下怀。苏格兰官方想的就是，你不求情还罢，如果你政府出面求情，我就演给你看。最后苏格兰官方选择了一个公开场合，把船长和船员都给绞死了。

最可恨的是，很多在苏格兰旅行、出差的英格兰人发现，把船员绞死之后，苏格兰举国狂欢。这个时候，对抗英格兰已经变成一个民族行为了。

这可把英格兰人给气坏了，这么做实在是没有底线!

英格兰立即做出反应，出台了一个《排外法案》，规定：所有在英格兰的苏格兰人，他们的财产子女不能继承。本人死了之后，英格兰政府就没收财产。

这也是明抢!

可想而知，双方这么对峙，谁损失更大？英格兰有非常强大的海军，可以保护商船，不会再发生类似船员被杀的事件了。如果英格兰人把所有在英格兰的苏格兰人财产全部没收，苏格兰人损失可就大了。

就是这样，英格兰人还不肯罢休，很快又追加了一条贸易禁运条例。苏格兰的经济本来就已经濒临崩溃，全靠出口支撑，如果贸易再被禁运，对苏格兰来说就是雪上加霜。

通常来讲，历史走到了这个地步，只能出现一个结果：全盘投靠!

如果不能死扛到底，就只能全盘投靠，接受招安。东欧剧变之后的东欧和苏联就是这样，冷战之后迅速全盘西化，休克疗法！

英格兰也很明白，苏格兰坚持不了多久，现在是拉拢的最佳时机。

苏格兰在历史上一直是寡头政治，虽然没有强悍的君主，但是贵族很强大。苏格兰的这些贵族现在全都破产了，债主都追上门了。而且苏格兰的贵族跟英格兰的贵族关系一直都很好。因为他们见过世面，知道英格兰富裕。同时在文化上英格兰也比较先进，苏格兰贵族很喜欢英格兰的文化，对英格兰是有比较好的看法的。只要能搞定贵族，招安苏格兰不成问题。

这还得说到一个背景。英国当时正面对一个非常强大的法国——太阳王路易十四统治的法国。法国在全世界和英国争夺殖民地，此刻两国正打得如火如荼。英格兰根本顾不上这后院穷亲戚踢门，他们只盼着尽可能地把这穷亲戚安抚住。更何况苏格兰人当时手里还有一张牌：斯图亚特王朝的国王。如果真把他们逼急了，苏格兰很有可能倾举国之力，帮着斯图亚特王朝复辟！

苏格兰分高地和低地，比较富裕的地方都是在南部低地地区爱丁堡和格拉斯哥这一带。北边的所谓高地地区，原住民还是野蛮人，喜欢到处打砸抢，还非常有战斗力。如果苏格兰贵族决心死扛到底，一定会发动高地原住民南下劫掠，到时候谁赢谁输还不一定呢。

就像在抗战的时候，川军刚到淞沪、太原前线的时候，军纪不怎么好，看见军火库就进去拿军火，把阎锡山也惹怒了，把他们从山东赶到了山西，又从山西赶到了江苏。到日本人打到台儿庄的时候，所有的人都得用上。川军加入后，一连打了好几个非常漂亮的反击战。

英格兰民族是非常精于计算的，当他们认真盘算过之后，就在

《排外法案》后面追加了一条：如果苏格兰愿意，我们欢迎你们加入队伍。

这个时候，威廉和玛丽夫妇已经去世了，光荣革命第一代领导集体退出历史舞台。此时统治英格兰的人是安妮女王，属于第二代领导集体，安妮和议会认真商量后决定：还是把苏格兰合并进英格兰算了。很快英格兰就准备出一笔“合并基金”。所谓合并基金，其实就是贿选基金，行贿苏格兰贵族，搞一次公投。其实也不是全民公投，就是议会里大家投票决定是不是要两国合并。你看你们贵族不是都破产了吗？在你们最需要还钱的时候，我们不计前嫌，对你们伸出援手，你们就从了吧！

苏格兰贵族确实也是被逼债逼得紧了，也觉得拿钱办事未尝不是一个选择。而且这个时候，大家也冷静下来了，认真思考之后，有一些明白人反应过来，其实加入英格兰至少有这么几个好处：

第一，之所以达里恩公司没搞成，不就是因为英国人从中作梗吗？现在不用成立达里恩公司了，把钱全都放在东印度公司就好了，一样能大赚特赚。第二，由于两国不再对抗，贸易禁运也就停了。苏格兰人可以继续和英格兰人做进出口贸易，可以缓解我们的经济。很多苏格兰贵族就是以这个理由说服大家接受合并的。第三，英格兰确实准备了一大笔钱给苏格兰的议员们，给完之后还跟议员展望美好的未来——两国合并之后变成一家人，大家可以一起做很多事情。既然两国合并对经济贸易好，还可以缓解每个人的经济状况，先把这事扛过去，明天的事明天再说吧！

就这样，苏格兰议会准备对《合并法案》进行投票，如果通过，苏格兰从此不再是一个独立的国家。

其实英格兰当时开出的条件非常苛刻，普通老百姓是不能接受的。比如，法案规定，苏格兰在下议院只有 45 个席位，上议院只有 16 个席位，只有英格兰的十分之一。而且合并之后，苏格兰的政府机构除了法院之外全部得解散。

这就是为什么直到现在还有人说这是一个卖国条约。今天苏格兰人为什么总是要独立，就是因为当年的合并没有任何民意基础，是一群贵族为了解决债务危机，昧着良心答应的。当时很多普通老百姓为了达里恩公司也背上了一大笔债，但是他们一点儿好处都没得到。

我们看很多人回忆法案通过之后爱丁堡的民情，真是群情激愤。

著名作家笛福——《鲁滨孙漂流记》的作者当时就在爱丁堡，他是女王的一个特派员，其实有点儿相当于探子的角色，调查舆情。笛福给女王写信说，爱丁堡现在群情激愤，市民在街头上呐喊，说所有去英格兰谈判的苏格兰代表全都是卖国贼，有本事你们别回来，只要回来我们一定打死你们！同时笛福劝安妮女王一定要转告这些苏格兰代表，他们回国的时候要多带几个保镖，否则性命堪忧。

接下来，议员一个一个地按顺序投票时，市民冲到爱丁堡市长家里，一顿打砸抢。议会不得不暂时休会，紧急处理。议长紧急派出一支军队，宣布爱丁堡市内戒严。

还不止，全国上下的大城市都在起义，格拉斯哥市长发现已经压不住民意了，一溜烟跑到了爱丁堡，他觉得在爱丁堡至少人身安全能有保障。

这些议员在军队保护下，最终以 32 票的多数通过了《合并法案》，从此之后两国变成一个国家，苏格兰议会、政府就地解散。法案通过之后，这些议员还是特别怕，各自悄悄地回家。有个贵族在回家路上被人截住了，在被一通痛骂之后，第二天中风死了。

到头来还是一场空

不管怎么说，全盘投靠算是苏格兰人想出来的第三套解决方案：我上了你的船，我就跟着你走算了。

但是这套方案最终解决问题了吗？事实证明，根本就没有解决问题。

苏格兰人以为跟英格兰合并之后，可以在英格兰卖东西。可是开放了贸易保护之后，不是苏格兰的产品卖到了英格兰，而是英格兰的产品凭借物美价廉在苏格兰卖得特别好，几乎到了倾销的程度。之前苏格兰是一个不透风的温室，它的羊毛工业不仅自给自足，还能向殖民地出口。但是英国产品一进来，土布完全竞争不过洋布，纷纷破产倒闭。而且更可怕的一点是，两国的税制对轨之后，苏格兰经济开始进一步萧条。苏格兰一直是靠低消费税解决民生问题，CPI 指数不是很高。和英格兰对轨之后，他们才发现原来英格兰的消费税奇高。很快，苏格兰的物价飞涨，CPI 指数爆表。那些没有得到“贿选基金”的人本来就不富裕，生活已经非常艰难，再加上消费税的提升，真的就活不下去了。

最关键的是，苏格兰人觉得合并之后，他们其实是有机会选出一个苏格兰籍的首相来操纵英国的政治的。后来经过举国的努力，还真选出来一个苏格兰首相。但是由于这个人的政策也不是很得民心，再加上他是一个苏格兰人，被各种势力瞧不起，最后被赶下台了。

总之，苏格兰的地位从此一落千丈。左、中、右三套方案全都不行，一个穷国跟一个富国博弈，输得体无完肤。

终于，第三套方案在试行了 8 年之后的 1715 年，引发了一场集体大叛乱。

大叛乱的带头人是苏格兰原来的国务大臣。人家原来工作好好的，两边一合并，没有了国务大臣的职务。失业了之后，他本来是想去英格兰再找份工作，但去了之后才发现，国王也不怎么搭理他。其实说到底，英格兰还是民族自信心过盛，觉得这些穷亲戚没有什么未来。

这个前国务大臣一怒之下回到苏格兰煽动起义，很快就波及全国了。

起义最开始只有贵族阶层参加，慢慢地，老百姓也跟着加入，很多在合并之后吃过亏的苏格兰人也揭竿而起。而且这个前国务大臣还用了个老办法，把詹姆斯二世找回来，给英格兰添堵。其实这个时候，英格兰已经是光荣革命后的第三代领导集体了，詹姆斯二世早都被人遗忘了。他自己都不相信居然又有机会了。他们迅速找到船准备在苏格兰登陆，登陆之前还搞了一个小的加冕仪式，等于对英格兰宣布，詹姆斯二世又回来了！

这次起义由于法国人没有及时赶到，最后被英军全部镇压。此后苏格兰大起义、小起义不断，每次起义都能抬出几个詹姆斯二世这样的人，给英国人添堵。

看起来，路是走到头了。

不可思议的逆袭

可是如果大家熟悉英国史的话，肯定会产生疑问：苏格兰在整个英国近代化的过程中，明明发挥了极其重要的作用，你怎么把它写得这么不堪呢？

在合并之后的20年里，苏格兰涌现了今天我们所知道的几乎所有的启蒙运动大师，包括亚当·斯密、休谟、哈奇森、亚当·弗格森，反倒是英格兰没怎么出现启蒙大师，就出了一个牛顿和一个历史学家爱德华·吉本。这怎么解释？更为重要的是，格拉斯哥在几十年后成为英国第一个完成工业化的城市，它是工业革命开始的地方，是詹姆斯·瓦特的故乡。同时，资助詹姆斯·瓦特的工厂主马修·博尔顿也是苏格兰人。

苏格兰好像在合并之后的50年里变得不一样了。在1745年前后，也就是合并之后的40多年，苏格兰全国的经济实现了一个爆发式的增长，不仅出口翻倍，经济状况大为改善，而且民生问题也逐渐解决，整个国家呈现出一派欣欣向荣的局面。

当时很多英格兰人、法国人都纷纷跑到爱丁堡和格拉斯哥居住，说这里的城市繁荣发达。格拉斯哥是当时英国和北美殖民地的贸易中枢，每年有50多艘船来往于美洲和英国之间。在美洲到处都是苏格兰商人，苏格兰的烟草销量等于全英国其他地区的总和。苏格兰还出现了一大批富豪。这些富豪能富到什么程度？就跟第二次世界大战之后的日本在经济崛起之后一样，去全世界买买买！苏格兰的富豪动不动就花1万英镑去买一幢豪宅。苏格兰银行成立的时候只有10万黄金储备，等于说这样的一个豪宅就能开一家银行。

苏格兰整个国家最后富到什么程度？举一个小例子，正常来说，一个公司的合伙人每年至少得有 5% 的收益分红，但是苏格兰由于经济状况实在是太好了，这个分红无论是大股东还是中小股民都不要，他们全部投入再生产。这个钱投到公司钱生钱，速度会更快。大家对未来有非常好的预期，相信经济状况明天会更好。

苏格兰不仅崛起了一大拨富豪和商人，工人阶级家庭的孩子也都开始有钱，能够上大学了。当时有人统计，剑桥大学的学生里，商人家庭出身的孩子总共不到 8%，一半都是中产家庭出身。

苏格兰真的是在合并之后，一不小心经济实现了总爆发。那么问题来了，苏格兰是怎么从弱小变得强大的呢？

亚当·斯密的生平

苏格兰奇迹的所有秘密全部记录在亚当·斯密的《国富论》里。

亚当·斯密不仅亲眼见证了苏格兰在几十年时间里迅速脱贫致富，一跃成为一流强国；他的观察和思考在成书之后，还成功引领苏格兰在接下来的几十年奔向更大的财富爆发。在此过程中，亚当·斯密也成了整个英国乃至全欧洲的一个国师级人物。这就是亚当·斯密的厉害之处。

亚当·斯密的人生大致可以分成三个阶段：

第一个阶段是 1723 年到 1748 年。

1723 年，亚当·斯密出生在一个苏格兰小镇——寇克卡迪，他的父亲也叫亚当·斯密，是个海关公务员。他的母亲是一个地主的女儿。亚当·斯密本人是个“妈宝男”，一辈子也没结婚，跟他的母亲相依为命。这个阶段的亚当·斯密一直在到处学习和上课，从格拉斯哥大学到牛津大学，学习了很多经典课程。基本上他就是一个知道分子，很多课程都是学习一下，了解了解就可以了，也并没有产生什么非常重要的影响。

0 至 25 岁，是他人生的早年阶段。

亚当・斯密人生的第二个阶段是 1748 年到 1764 年。

在这期间，亚当・斯密一直在当老师，先是在爱丁堡担任讲师，教授英国文学，后来又教过经济学的课程，再后来他又回到了自己的母校格拉斯哥大学讲道德哲学。在当老师的这段时间，他只做了一件非常重要的事情：在 1759 年出版了一本名著——《道德情操论》。《道德情操论》是亚当・斯密人生中非常重要的一本书，是理解《国富论》的一把钥匙，重要性不亚于《国富论》。这本书是道德哲学的总结性甚至颠覆性的著作，也让他在当时的欧洲一举成名，跻身一流学者的行列。

亚当・斯密真正改变世界是在他人生的第三阶段—— 1764 年到 1790 年，这也是他人生的晚年阶段。在这个阶段，他完成了《国富论》。

亚当・斯密人生的转折点在 1764 年。那一年，一个非常有钱的贵族—— 18 岁的巴鲁克公爵邀请亚当・斯密一起到欧洲游历，其实就相当于请斯密做了自己的伴读兼导游，一边旅行一边给他讲书。当时欧洲贵族有一个传统，到 18 岁的时候，贵族子弟要在欧洲大陆转一圈，算是一个成年礼。所有的贵族都会找一位有名望的老师，每去一个地方，就给他们讲讲当地的历史。

由于亚当·斯密的课讲得太好了，再加上当时欧洲很多名著的作者都是他的朋友，他就给这个公爵看这些名著。公爵豪爽大方，于是决定资助亚当·斯密一笔钱，让他不用再教书，衣食无忧地把最想写的东西都写出来。这时候，亚当·斯密刚好在构思《国富论》，于是欣然拿了这笔钱，花了6年时间，连续修改3年，终于在1776年——美国独立那一年——出版了那本改变世界的著作《国富论》。

从此之后，亚当·斯密誉满欧洲，蜚声世界。

之后，他一边做格拉斯哥大学的校长，一边不停地修改《国富论》。由于这本书耗尽了他毕生的精力，最后他积劳成疾，一病不起，临死之前他烧掉了所有还没有出版的手稿。这就是亚当·斯密的一生，其实你说有多精彩吗？还是一个学者的人生，上课、旅行、写书，基本上就这几件事。

资本主义的秘密

之所以说《国富论》这本书找到了苏格兰崛起的秘密，是因为这本书里讲述了财富到底是怎样产生的。

财富产生的机制就两点：一个叫作分工协作，一个叫作资本运作。这两个最重要的问题是《国富论》上卷里阐述的内容，第一篇讲分工，第二篇和第三篇讲资本怎样运作。亚当·斯密在《国富论》里很清楚地把这个人们早就发现但是并没有准确表达的问题给表达清楚了。甚至有人说，亚当·斯密是资本主义的发明者，如果不是他说得这么清楚，人们就不可能准确地理解人类社会正在经历的一个根本性变化。

为什么亚当·斯密能如此清楚地分析这两个问题呢？分工协作和资

本运作在当时的欧洲已经出现了将近100年时间，为什么只有亚当·斯密能准确地描述出来呢?

有些史学家就到亚当·斯密的老家寇克卡迪考证，发现亚当·斯密家门口有一个针厂，他小时候就总去那家针厂观察学习，然后发现了这个秘密。亚当·斯密发现的所谓“针厂的秘密”，就跟今天富士康是一样的，流水线作业。如果一个工厂有10个工人，每人负责生产一枚针，那么一个人平均每天生产20枚针，10个人就是200枚。如果把生产针的程序分成18道，就像富士康的流水线一样，每个人负责其中一道，10个工人，一个人只负责一道的话，那么一天能生产4.8万枚，平均每个工人就能生产出4800枚，效率得到了几百倍的提升。

包括亚当·斯密也认为所有的学科在未来也是要分工的，越分工越协作，我们研究的东西就会越细密。在亚当·斯密那个时代的哲人都是大博学家，他们什么都会，你看亚当·斯密自已就开创了好几个学科：政治经济学、道德哲学等。他同时期的休谟，一边写历史，一边写哲学，一边还写一些文化小品类的东西。每个人都是非常博学的人，不是细密分工出来的。但是在今天的大学，每个人从事的都是一道很精准的程序，研究的都是一些很小的问题，大家拼起来才是一个大问题。这也是亚当·斯密发现的分工协作之一。

亚当·斯密是因为针厂才发现了分工的秘密，这个说法自从提出来之后，就一直被人笑话，说史学家净做一些没有意义的事情。其实亚当·斯密真正发现这个秘密，还真的不是因为什么针厂，而是得益于英格兰和苏格兰合并之后他的朋友们，正是朋友圈的人让他对资本主义有了不一样的理解。

这是些什么人呢？是一大拨烟草商。格拉斯哥地理位置很好。爱丁堡与格拉斯哥是苏格兰最重要的两个城市，格拉斯哥在西边，爱丁堡在东边。格拉斯哥在西岸，离美洲比较近，去美洲比较方便，航行的路程比较短。如果从东岸出发，绕一圈不列颠岛再去美洲，要多花三个星期时间。当时英国也有港口城市——布里斯托尔和朴次茅斯，但是它们发展得没有格拉斯哥快。很多格拉斯哥商人利用先天优势发展烟草生意，他们是合并之后的最大受益者，也是第一拨发家致富的土豪。又因为他们在格拉斯哥，所以和格拉斯哥大学关系也很好。

格拉斯哥当时有个政治经济学俱乐部，里面就有很多烟草商人，也有很多大学教授，亚当·斯密和他的小伙伴就在这里。这个俱乐部其实就是一个社交场所，不一定非要聊学术，大家更多的是聊聊还有没有什么生意可以一起做，国家又出台了什么政策。

亚当·斯密借助这个俱乐部，从这些烟草商人身上获得了一些非常重要的研究资料。亚当·斯密跟这些商人关系好到什么程度？《国富论》的出版时间恰巧是美国独立的那一年，这难道只是巧合？

这些烟草商人奔走于全世界，尤其是美洲，很多人很早就知道北美殖民地是什么了。所以亚当·斯密出版《国富论》的时候，了解了相当多的一手情报，不停地写殖民地应该怎么办，要不要镇压他们的独立等。在《国富论》里有一大篇文章都是在写殖民地问题。从亚当·斯密的书信里也能看出来，他经常给烟草商人提建议，烟草商也愿意给亚当·斯密分享自己的生意经。亚当·斯密了解分工协作和资本运作，主要是从这些人手里获得的一手材料。

商人的道德尊严

如果亚当·斯密只是发现了资本运作和分工协作的秘密，还不足以被人们奉为国师。不只是很多商人非常尊敬斯密，很多底层人民也非常尊敬他，这又是为什么呢？

最根本的原因是，亚当·斯密解决了每个人都会面对的一个道德难题：赚钱到底是一件唯利是图的事，还是一件改变历史的事？他回答这个问题的同时，顺带还解决了另一个大问题，就是苏格兰由于文化落后，加上本身又穷，合并之后怎样才能找到自己的立足之地？

从合并那一刻开始，文化自卑是当时所有苏格兰知识分子都在焦虑的问题。因为很落后，所以过着半亡国奴的生活，如果能找到文化自尊，那合并也未尝不是一件好事。可是找到自尊谈何容易？一代又一代苏格兰知识分子玩了命地思考这个问题。

爱丁堡大学和格拉斯哥大学现在已经不是那么有名了，今天如果去英国留学的话，爱丁堡大学只是一个保底的选择。但在当时，爱丁堡大学和格拉斯哥大学的地位甚至超过了牛津和剑桥，出了一大拨改变世界的大思想家。今天我们回首那个启蒙时代，法国群星璀璨，英国几乎是文化低地，没出现过伟大的思想家。但是苏格兰出现的一大拨人，数得上名的都能列出一排：亚当·斯密、弗格森、哈奇森、凯姆斯、罗伯逊、休谟……他们之所以能创作出那么伟大的著作，跟文化焦虑有关系，从本质上来说就是自卑。人类历史上很多伟大的作品都是在这种情况下产生的。比如被拿破仑打残了的德国、克里米亚战争之后的沙皇俄国、甲午战争之后的中国，都是这样。

一个自卑的民族通常都会面对三个问题。

第一个问题：该往回走，还是该向前看？

当时有很多苏格兰人觉得，既然已经变成亡国奴了，那我们干脆往回走吧。很多人就到高地蛮族地区找文化根源。高地地区都是些氏族部落，很原始，经常发生一些族群仇杀之类的群体性事件。很多人希望从这里去找点文化根源，寻找苏格兰文化的特性。于是有人弄出来一个失传已久的高地地区文学作品，有点相当于《吉尔伽美什史诗》，还有什么《罗摩衍那》之类的古代故事传说。后来有人考证这是伪造的，但是当时卖得还很火，一度成为一个文化现象。

还有一些知识分子，他们不屑于干造假这种低端的事情，就开始写书来论证：文化到底有没有野蛮和文明的区别？这派人物的代表是亚当·弗格森，他写了《文明社会史论》。他比卢梭还要激进，认为蛮族才真正代表了人类的未来。

道理是什么呢？因为蛮族尚武。尚武民族一般品格都比较高尚，因为原始部落都是打猎回家，大家一定要把财产分掉。但商业社会不是这样的，商业社会的人都小气、贪婪，甚至无耻，所以商业社会没有未来，未来属于尚武民族。他这么说的潜台词是，只有苏格兰人还有蛮族传统，所以苏格兰比英格兰更有未来。他还暗示说，古代斯巴达和雅典，斯巴达比较像苏格兰，雅典比较像英格兰，最后还不是斯巴达把雅典给消灭了吗？

亚当·斯密这一派是向前看的。他们认为文化可以有差异，苏格兰男人喜欢穿短裙、吹风笛，这是文化现象，可以充分尊重，但是文明一定会汇总在一起。当时还没有“资本主义”这个词，他们都把这个未来叫作商业文明。苏格兰知识分子特别爱写历史，几乎每个大知识分子都写过一段英国史或者苏格兰历史。他们会把历史分期，最早是原始时期，中间是农业时期，现在是商业文明。

这些历史学家越聚越多，就形成了一个科学共同体，在格拉斯哥大学和爱丁堡大学讲授这样的理论。由于这两所大学的人交往非常频繁，后来还有人为他们开发了一套先进的邮车系统：每天早晨 8 点钟出发，中午就能到另外一个城市，可以下午去见朋友，晚上再搭车回来。基本上这些知识分子就跟坐地铁一样，在两地随时见面。当时的苏格兰知识分子已经形成了一个共识：只有商业文明才是苏格兰的未来，也是全人类的未来。

可是，想要说商业文明是未来，必须得总结出道理。商业文明很可能是社会的堕落和倒退。就像弗格森说的，人家蛮族至少讲究公平、平等、人性，还有一些善的东西。可是商业文明却是赤裸裸地人人为己、利欲熏心。就如司马迁所说:“天下熙熙皆为利来，天下攘攘皆为利往。”最后大家全都变成逐利的人了，这不是倒退吗？所以，苏格兰的这些知识分子在写完历史之后，都会研究第二个问题：人性是什么？于是又出现了一大拨道德哲学家，专门研究人性。他们发明了很多理论来论证赚钱有道理。

他们的开山祖师级的人物是凯姆斯勋爵。他起初是个律师，见的脏东西比较多，倾向于认为人性是恶的。打官司嘛，肯定都是人性之恶暴露得最充分的时候，所以他认为人性是恶的，人都是逐利的、贪婪的，人一定要为了财产而不停地斗争。想让这个社会变好，就要确保每个人的财产权，这样人和人之间就有了一个清晰的边界。

和亚当·斯密几乎一样有名气的大卫·休谟，他除了修了一套《英国史》之外，还写过一本著名的书——《人性论》。他在书中提到了一个观念：所有启蒙哲学家都认为人类未来一定会趋于更加理性，因为人有逻辑分析能力，可以进行理性计算。理性进步，人类也就跟着进步。但他还说，世界上从来不存在理性这回事，比如我们常用的归纳法，有个大条件，再有个小条件，就能得出一个结论，这种归纳法是错的。就像天鹅是白的，我又碰见一只天鹅是白的，所以所有的天鹅是白的，这个结论是得不出来的。而且休谟还认为，社会进步的根源在于激情。例如，为什么会出现家庭呢？家庭是为了让性爱有一个比较确定的保障。为什么会有国家呢？国家是为了让战争有一个确定性，大家不至于每天打成一团。休谟的理论后来被称为“怀疑论”，这使所有英美一派的经验主义哲学发展有了一个根本性的突破。

但《人性论》仍然没有回答第三个问题：我们为什么要努力地挣钱？努力赚钱到底关不关乎道德上的进步呢？

还有一派研究道德哲学的人，他们相信人性善，不相信人性恶。这派的代表人物是哈奇森。哈奇森的很多书在国内已经出版，他是整个苏格兰启蒙运动开山祖师级的人物。哈奇森特别热衷于开创新的学术机构，亚当·斯密也奉他为老师。斯密的《道德情操论》从哈奇森那儿汲取了很多营养。

哈奇森的观点是相信人性善，道德进步就是幸福增加，幸福是从利他而来，帮助他人的同时能获得相应的快感。他的这套哲学，对今天如“哈佛幸福课”等哲学课程有很重要的影响，就是我们怎么样才能获得幸福感。但是幸福感和道德进步毕竟还是有一些区别的，于是亚当·斯密就写了《道德情操论》，对这个问题做出了最终解释。

亚当·斯密在《道德情操论》里提出了一个概念——合一感。他认为合一感是道德的真正来源。所谓合一感，就是推己及人。好比我觉得这样好，我对他这么做了，他也会得到快乐。他对我做同样的事，我也会快乐。双方之间可以通过都这么做，变成一种普遍道德。比如，我想有很多钱，其实是一个很虚荣的想法，可如果我希望别人也有钱，这其实就是道德。如果大家都能让对方赚到钱，双方都变得有钱，整个社会就能实现一个道德进步。这已经很像亚当·斯密在《国富论》里提到的观点——每个人通过劳动分工和别人交换，在这个交换过程中大家都能获益。《国富论》有一句非常重要的话：面包师卖给你面包，不是出于仁慈，而是他想从你那儿赚钱。如果他卖给你面包，你卖给他鞋，你们双方都能够获益，这样大家能够实现道德上的进步。这是亚当·斯密在《道德情操论》里提到的一个非常重要的观点。

亚当·斯密从这个观点延伸，希望每个人都能有一种道德想象力。什么叫道德想象力呢？他打了一个比方，一个法国人看见英国发生的一件杀人案会觉得心里非常纠结，回到家去祈祷，希望社会变得更好。可是如果你看见一场地震发生了，死了好多人，可能不觉得有什么，觉得这件事跟你没什么关系。“我的事关你屁事，你的事关我屁事”，这就是不道德。道德进步，就是人们看见了有人杀人，也会觉得道德上很过不去；看见了一场地震，同样道德上也过不去，这样就能形成一个比较好的道德想象力，道德就能得到提升，把别人的幸福想象成自己的幸福，这就是道德。在《国富论》里，这个观点又做了一个更大的延伸，就是人们通过分工和协作，互相寻找利益之间的共赢，整个社会就会实现一个总体的道德进步。

不过，亚当·斯密从来就没说过资本主义是“看不见的手”。亚当·斯密在《国富论》里提到“看不见的手”是在反讽，他想表达的是，市场经济会自发形成一些机制，在自由交易的基础上，人们会形成一个比较好的运作秩序。如果你是一个很浅薄的人，你看不透这一层，你就会觉得有一只看不见的手在操作市场。《国富论》带着讽刺的语气来写“看不见的手”，却被很多人当作《圣经》一样崇拜，其实是对原著的误解。所以，大家读《国富论》的时候一定要读原著。至少从我个人的角度来看，经济学入门其实真的没有必要读什么《牛奶可乐经济学》。认认真真把亚当·斯密这两卷本的《国富论》读透了，是最好的入门读物。

总之，正是“文化自卑”这个激进的文化背景，让每个苏格兰知识分子不得不在灵魂深处思考，到底为什么赚钱是有道理的。直到亚当·斯密创作出这样两部非常重要的作品，这个问题才得到了解决。

全世界最得天独厚的苏格兰机遇

苏格兰的强势逆袭，得益于一个全世界任何国家和民族都没有过的优势：没有国家。

近代以来，每个国家崛起的时候都会经历国家主义。因为不管是大国还是小国，首先要解决的是赢得国家的独立，让国家不会沦为其他国家的附庸。但是在此过程中，会付出惨重的代价，就是国家过于强大，导致一个庞大的官僚集团出现，甚至出现一个颐指气使的军事集团操纵社会。这也是几乎所有后发国家都不好解决的问题，独立之后想要发展，就得削弱国家，可是国家已经形成了集团，怎么可能自我削权呢？20 世纪的德国、日本、苏联，以及很多拉美国家就是这一关没过去，最后倒在了崛起的路上。

苏格兰与英格兰合并之后，那个很强势的、很落后的政权一夜之间消失了，并进了英格兰政府。之前苏格兰政府是那种最恶的政府，权力无穷大，完全不受任何约束。更幸运的是，苏格兰政府消失之后，他们并进了英格兰政府，而且英格兰政府又是一个对内无为而治、对外非常强势的政府。苏格兰人享受了英格兰政府的所有好处，却不用付出多少代价。等于一个民国时候的小人物进了青帮，帮里的弟兄你都可以用，还不用交份子钱。

也正是这个得天独厚的条件，成就了亚当·斯密的《国富论》下卷。《国富论》上卷基本上是在描述资本主义的商业逻辑，下卷多是跟英国政府的对话录，包括把英国政府的很多经验思考清楚之后总结出来。在这里必须谈到对亚当·斯密的一个很深的误解，尤其是在中国，对亚当·斯密有这样一个看法：亚当·斯密主张自由放任。

之前上历史课的时候，就有老师说，1929 年经济大萧条，就是因为人们信奉了自由放任的古典政治经济学。以亚当·斯密和大卫·李嘉图为代表，他们认为政府就应该完全不干预经济，政府从来不参与商业活动，这样社会就能够快速发展。导致大萧条的所谓“柯立芝繁荣”是一种虚假繁荣，后患无穷。于是亚当·斯密好像就和“自由放任”这个词绑定在一起了。

但亚当·斯密从来没提过自由放任的说法。

Laissez-faire 一词来源于中国的道家，类似于老子《道德经》里说的“不敢为天下先”。它是一个法文词，是亚当·斯密同时期很多法国知识分子——属重农学派——提出来的，和亚当·斯密没有什么关系。

亚当·斯密从来不是一个自由放任主义者，相反，他认为国家安全是很重要的。英格兰的国家制度给了亚当·斯密很多启发。他说，你看英格兰这个国家，它养着10万常备军，还组建了一支强大的海军，是毫无理由的吗？显然不是，这些军队可以保护英格兰的海上交通和贸易航线。

苏格兰在合并之后的50年里能够迅速崛起，很大程度上正是得益于英格兰对外强势的政府。最开始，英苏合并好像是英格兰欺负苏格兰，只有十分之一的议会代表是苏格兰人，好像是政治权力被削弱了，国家也被边缘化了。但是有很多苏格兰的明白人算过这笔账，只有十分之一的议员意味着只需要贡献十分之一的税收，但是苏格兰可以享受英国所有的特权——它的海军、它的常备军。苏格兰成了当时欧洲唯一没有政府的国家，可以完全不操心地发展贸易，还能享受到一个强大政府的保护，这种优势得天独厚，无人可比。

亚当·斯密在《国富论》里不停地说，组建海军非常必要，国家安全极其重要，政府应该把税收花在基础设施和国家军队的建设上。同时他认为，维护国王荣誉的那部分税收，也很有必要。他在《国富论》里总结了政府的三大功能：第一，保护社会不会受到外族侵略；第二，可以建立一个比较良好的司法制度，确保人们的私有财产不受侵犯；第三，可以组建一些非营利性组织，包括一些公共项目。

所以，亚当·斯密从来不是一个自由放任主义者，更不是什么无政府主义者。而且亚当·斯密也从来没有为商人摇旗呐喊过，他从来没有说过政府应该给商人开路，所有的政权力量应该为商人服务。他说的是商人跟消费者的利益其实并不一致，如果出现垄断商人的话，他们会极大地抬高价格，损害消费者的利益，这个时候国家应该出面干预，制定规则。只有自由市场经济可以打破垄断，只有在市场充分竞争之下，商人才会努力降低价格，减少成本，尽可能地让消费者获益。他的逻辑不是说商人就应该不受管束，他说的是政府应该出面，确定比较公平和竞争的规则，不要发起贸易保护特权。

亚当·斯密是一个因为英苏合并获得了巨大贸易成功的苏格兰人，《国富论》是他对一个好政府的思考，而且正是他清楚地告诉苏格兰人，苏格兰从中能够得益，让很多苏格兰人觉得这次合并不是亏本买卖。

— 逆袭心法小贴士—

认知高低决定成败利钝

亚当·斯密伟大的地方绝不止前面说到的三点，他人生的巅峰时刻是成为整个英国的大国师，彻底给苏格兰人扳回了面子。有这么一个经典的段子：英国首相小皮特在一次开会的时候，亚当·斯密来晚了。亚当·斯密一进门，小皮特先站起来，其他人也跟着站起来。亚当·斯密说，大家坐，坐坐坐。但是小皮特说不行，斯密先生您必须先坐，因为您是我们的老师，我们整个大英帝国都受益于您的理论。

亚当·斯密的成功是因为他提出了一整套对殖民地的构想，解决了当时全英国人都面临的一个问题，让他在整个英格兰的政界获得了巨大的声誉。

当代著名历史学家尼尔·弗格森曾经有一次在 TED 演讲上讲过一个段子：1776 年发生了两件事，一大一小。大事是什么呢？有个叫亚当·斯密的人出版了一本著名的书，叫作《国富论》。还有一件小事，就是我们一个殖民地在闹独立。现场观众主要都是美国人，他们听完后就哈哈大笑。这个笑话背后其实就是在说，亚当·斯密的书比美国那么大一片殖民地的独立还重要。

在 1776 年这个历史节点上，美国非要独立，英国人也没办法，只能让它独立，但是内心很痛苦，觉得从此国家就要降格生存了。但是亚当·斯密在这么个节点上给大家写了一本书，告诉所有英国人，他们独立也就独立吧，其实无所谓的。亚当·斯密这本书给了所有灰头土脸的英国人信心。在之后七八十年里，英国又在废墟上重建了一个新帝国，史称大英帝国第二帝国。

这个第二帝国和原来那个第一帝国有什么区别呢？除了丢了美国，多了一个印度之外，还有一个本质的变化。亚当·斯密在《国富论》下卷里边提到，建立一个好的殖民体系就是要打破所有贸易壁垒。国家和国家之间靠生意来维系合作，而不是通过控制来维系。与其供养强大的军队维护殖民地的治安，逼着当地人买英格兰的东西，还不如直接开放贸易做生意。

美国独立在后面还会讲到，简单地说，殖民地的人觉得无代表不纳税，不公平，我们需要在议会里有代表。但英国这边的想法是，收你这点儿印花税才有多少钱？我派你们那儿一支军队，帮你们打印第安人和法国人，我要花多少钱？这个账怎么算都是英国人吃了大亏。

亚当·斯密想，给殖民地代表权完全不可能实现，想要解决这个问题，唯一的办法就是让他们离开，大家今后靠做生意维系一个非常好的国际关系。

亚当·斯密那一套分工、交换的逻辑，以及人们怎样在一个贸易体系中完成道德提升这一套逻辑提出来之后，所有英国人都开怀大笑。英国高层政治家也想通了，他们要独立就独立吧。这些政治家在接受了亚当·斯密的思想框架之后，也迅速采取了一套全新的自由主义殖民地政策，迅速搭建起了崭新的大英帝国。亚当·斯密也因为这套理论的提出，获得了非常崇高的地位，得到了无数政治家的尊敬，直到今天依然被奉为资本主义的祖师爷，他的书也成为迄今为止所有的经济学学生在入学的时候必须读的经典之作。

亚当·斯密因为生逢一个非常好的时代、一个财富爆发的时代，并且为自己的民族找到了自尊心，因此也成就了一个更伟大的时代。我们从他的著作里不仅可以获得赚钱的自尊，还可以学到一个弱者实现强势逆袭的方法。

由此我们也可以获得人生逆袭的第二个心法：我们的一生可以不积累巨额的财富，但一定要不停地让自己的认知维度升级。因为你不知道哪一次思维的改变，就带来了人生的逆袭。

PART 02

失控与自我迭代：改变的艺术

第三章

失控的逻辑：以不控制达到控制的目的

控制思维让我们陷入困境

我们的人生必然不能脱离职场。从一无所有到实现财富爆发的人生也必然经历以下三个阶段：员工——乙方——甲方。我们最终还是一定要放弃安全感，摆脱老板的压榨。不管是创业，还是做小生意，我们是否真正掌握了管理的心法？

学会管理辅助自己的人，这是我们一生的必修之课。可是我们又看到过多少糟糕的管理，不仅让他人怨恨，更让自己的事业一事无成。

归根结底，都是坏在两个字上：控制。

控制来自人的本能，因为我们的祖先在茹毛饮血的时候，必须靠高度组织化的能力，才能对抗野兽、捕猎和完成不同部落之间的竞争。那些一盘散沙或是反应慢的部族全都灭亡了。我们是那些控制得好的部族的后代。可是进入商业文明之后，这层逻辑一步步瓦解了。因为人类在几百年时间里消灭了几乎所有的天敌，国与国、人与人、组织与组织之间再也不靠控制来维系高效率。

然而，在6亿年生物进化史上，人类这几百年渺小到可以忽略不计，这是我们这代人最悲哀的宿命：明明生存环境的逻辑已经变迁了，可进化历程却拖了我们的后腿。我们这代人必须学会另外一种思维方式：不控制。这种不控制思维的心法，请大家跟我读完英国中世纪的历史，就完全清晰了。

借巢生蛋：英国国王问鼎法国王位

英国的历史大概可以分成三个阶段：法国人来之前、法国人来了、法国人又走了。

法国人来之前没有历史，法国人来之后建立了英国历史上四个著名的王朝："诺曼征服"建立的诺曼王朝，安茹征服者建立的安茹·金雀花王朝，再后面的兰开斯特王朝和约克王朝（兰开斯特王朝和约克王朝本质上也都是安茹·金雀花王朝，是兄弟几个之间来回争夺。虽然名字不一样，但都是金雀花家族的人，所以法国人的王朝其实就是诺曼底人建立的王朝和安茹人建立的王朝。安茹是法国中部一个特别大的地区，诺曼底是法国西部那个尖尖上一个非常重要的地区，这两个地区的法国人建立了两个王朝）。

直到后来，都铎王朝重新统一了英国。都铎王朝的创始人亨利·都铎（亨利七世）是根正苗红的英国人，他的祖上也是英国人，这才算是英国人自己建立的王朝。

第一段基本上没有什么历史，所以我们重点讲"法国人来了"这一阶段。英国就是在"法国人来了"这个阶段，建立了真正属于英国人自己的国家。

1066 年的英国，法国诺曼底公国的大公威廉大兵压境。威塞克斯王朝的末代君主仓促应战，双方在黑斯廷斯打了一场。英国君主战死。诺曼底公国的威廉在英国顺利加冕，成为英王。诺曼王朝历史不长，一共传了三代。威廉的三儿子威廉二世被威廉的小儿子取代，这个小儿子死后王位被其外甥斯蒂芬获得，最后这个斯蒂芬又被安茹王朝的大公取代。前前后后经历了 88 年。

尽管时间短，但是诺曼征服却带给英国巨大的改变。第一个改变是威廉把封建制度带到了英国。威廉是法国人，他要对法国国王效忠。当时法国是一个封建制度非常健全的国家，而英国还属于蛮荒之地，从君主到百姓都是蛮族。威廉来了之后做的第一件事就是把当时欧洲主流的封建制度带到了英国。所谓封建制，就是“我封臣的封臣不是我的封臣，我封君的封君不是我的封君”，一层对一层负责，中间隔一层，双方就没有关系了。

英国还在威廉的统治下修了很多城堡，把英国原来的贵族基本上消灭干净，重新封了 170 个男爵，变成威廉的封臣。威廉还发明了复杂的编户齐民制度，清查户口，做了一个《末日审判书》，把法国的税制搬到英国。英国正是在法国人来了之后，才算是正式进入中世纪封建社会。

威廉带来的第二个影响是：英国国王要对法国国王效忠。

威廉是诺曼公爵，名义上是法国国王的封臣，虽然英国的内政独立自主，法国国王管不着，但是历朝历代的英国国王想要继承王位，都得先对法国国王宣誓效忠，承认法国国王是他的封君。双方这层关系虽然不影响大局，但是让英国人心里很不舒服。

这个问题就像种子发芽，在诺曼和安茹王朝历朝历代君主心里都像扎了根刺一样。他们已经是国王了，却还要跑到法国对一个外国国王效忠。最可笑的是，当时的法国也不是拥有完整主权的国家，国王的各大封臣只是名义上尊重国王。国王领地只是巴黎郊区一带，只有这些地方可以征税，整个泱泱大法国跟他没有什么关系，和东周列国差不多。反倒是英国君主一直很强悍，对国内有强势控制权，毕竟那都是威廉新册封的封臣。一个强国君主要对弱国君主效忠，英国国王真是越想越窝火。

由此引发了第三个重大影响：既然英国国王的老家是位于法国的两块领地，法国和英国在领土问题上就是你中有我、我中有你，拧成一团。历朝历代英国国王做梦都想让自己强大，直到有一天把法国国王推翻，让英国和法国变成一个国家。

最开始英国国王想靠婚姻解决问题，迎娶法国公主，再生个孩子，这个孩子不就有法国血统了吗？有朝一日把小孩推到法国王位上，再让他继承英国王位，不就顺利变成两个国家的君主了吗？欧洲很多国家解决领土问题都是这么做的，法国人想把西班牙的王位变成自己的，就是靠的结婚生孩子。后来奥地利的哈布斯堡家族就更是了，结婚来结婚去，最后硬拼出了一个神圣罗马帝国加上西班牙帝国。

但是英国国王的小算盘，法国人就是不买单，身在意大利的教皇也不乐意。教皇觉得英国是蛮荒之地，法国国王从英国来，这样不好控制。英国国王只能另换一套策略：反正我是法国国王的封臣，只要我足够强大，强大到可以把法国国王踢掉，我继承王位也名正言顺。这个时候的英国国王就像那只杜鹃鸟，在人家的鸟巢里下蛋，孵出小杜鹃把别人家的孩子踢走，自己成了鸟巢的主人。

安茹王朝上台之后执行的就是这套办法。

安茹王朝又叫金雀花王朝，因为这个王朝的创始人的父亲经常在帽子上饰以金雀花枝，故有此名。安茹王朝的本质和诺曼王朝一模一样，就是法国两个大公爵国；两个王朝之间也是顺利地传递，没发生大规模的流血冲突。安茹王朝的创始人是亨利二世，是诺曼王朝末代皇帝亨利一世的女儿的儿子。亨利一世的儿子威廉在白船事件中葬身大海。没有了儿子，亨利一世的王位按照顺序就该他的女儿——亨利二世的母亲来继承。

英法国王拉锯战

安茹家族继承英国王位之后一直在玩拼图，把法国国王的领地一块一块拼到自己的腰包里。他们一直不停地找法国的大公爵国联姻，想把法国大的领域通过婚姻变成自己的，当他占有了最大地盘的时候，法国顺理成章地也就成了他的。

当时的法国，除了国王能控制的北部，也就是马其诺防线再往西一点儿的那一小片之外，其他地方都是分裂的。最大的一块是阿基坦公国，面积占了法国将近四分之一的领土，诺曼底和安茹公国加起来都不如阿基坦面积大。这时候安茹家族的国王亨利二世就开始打阿基坦公国的主意。如果能把这三片连成一片，再随便兼并点儿土地，法国王位不就是我的了吗?

事也凑巧，这时候阿基坦公国出了位埃莉诺女神，嫁给了法国国王路易七世。但她又是个女战士，不甘心只做王后，想要建功立业。她率兵参加第二次十字军东征，在圣地一战成名，变成女战神。后来她又远征土耳其，在土耳其和她丈夫路易七世的叔叔还发生了一段凄美的爱情故事。埃莉诺女神的时代正是十字军东征最高潮的时候，阿拉伯崛起了一个萨拉丁大帝，著名的电影《天国王朝》演的就是这段历史。萨拉丁大帝非常英勇，收复了耶路撒冷，把十字军打得大败。萨拉丁不仅是战神，还非常有领袖气质，用宗教精神唤醒了阿拉伯民族的战斗力，从此阿拉伯再也不是一盘散沙。埃莉诺王后居然和萨拉丁又发生了一段凄美的爱情故事。

因为她总是给路易七世戴绿帽子，路易七世肯定不干，两个人最后就离婚了。埃莉诺女神于是就嫁给了亨利二世，两个人成为伉俪。这样一来，金雀花王朝的领地一下子又扩大了一倍。

亨利二世又通过各种办法把布列塔尼公国的加斯科涅弄到了手里。加斯科涅就是《三个火枪手》主角达尔大尼央的老家，法国南部一个非常重要的葡萄酒产地。亨利二世把这些土地全部弄到手之后，除了英国本土外，他已经控制了法国三分之二以上的领土。安茹·金雀花王朝的前半段历史，基本上就是围绕着法国和金雀花王朝争夺这三分之二领土的事情展开的。

虎妈无犬子。埃莉诺和亨利二世的儿子是著名的“狮心王理查”。理查一世参加了十字军，虽然没立下多少战功，但是也非常英勇。他之所以叫作狮心王，是因为他和法国国王回国后，被法国国王软禁了起来。在软禁他的地方，有人给他放进来一头狮子，理查一世面无惧色，徒手搏狮，一个黑虎掏心把狮子的心给抓出来了，这才有了“狮心王”的外号。法国国王面对这么强大的对手，也没什么办法，周边地带也动员不起来，只能一忍再忍。

后来的很长时间，英国出了点儿问题——跳出来一个败家子“失地王约翰”，丢掉了一些地方。因为他丢掉了这些地方，努力地想要收回来，于是在国内横征暴敛，最后被贵族按在那儿签了一个《大宪章》。再后来又出了一个败家子——爱德华二世。在他统治的时候，法国国王想到一个办法：你不是一直想娶我们家公主吗？我这儿正好有一个泼妇公主，干脆就嫁到你那儿去吧，说不定还可以把你推翻了，将来英国又被我收回来了。

这是法国国王的一个奸计。他的女儿叫伊莎贝拉，人送外号“法兰西母狼”，非常彪悍。更不凑巧的是，爱德华二世还有个断袖之癖，长期不跟王后同房。伊莎贝拉非常愤怒，在忍无可忍的情况下，勾结情夫抓住了爱德华二世，把他囚禁起来。在五六十年的时间里，法国国王和英国国王互有胜负，由于爱德华二世的事件，法国国王总算是扳回一局，收回一些领土。

“奋六世之余烈，振长策而御宇内”

“法兰西母狼”杀了丈夫之后，由于孩子还小，她就与情夫一起摄政，相当于太后垂帘。但是她的这个小儿子爱德华三世可不一般，简直就是一个秦始皇嬴政。虽然还没成年，但内心非常刚毅。每当他想起父亲是怎样被母亲给迫害死的，心里就愤怒无比。更何况，现在的英国还是奸夫在执政，这等于说就是嫪毐，说好听点儿，是吕不韦在把持朝政。他立下决心，一定要除掉他们。太后垂帘听政的第三年，爱德华三世和几个支持他的贵族从城堡里挖了一条地道，冲进了情夫家，把情夫当场按住。“法兰西母狼”知道儿子发动政变了，跑过来央求儿子一定要饶了情夫，但爱德华三世真的就跟秦始皇一模一样，嫪毐让他逮到，还能有好？不管母亲如何哀求，他还是把情夫送到了泰伯恩广场，大卸八块，以雪前耻。“法兰西母狼”从此也就过上了幽居的生活。

爱德华三世的故事后来还真就是按秦始皇的戏码来演的。他虽然年纪不大，但是脑子很清楚，历朝历代英国国王的想法，到他这代也该落地了。就像《过秦论》里说的：奋六世之余烈，振长策而御宇内，吞“诸侯”而亡“法国”。他是“法兰西母狼”的儿子，所以顺理成章地也就应该成为法国国王。

事有凑巧，法国国王刚去世，因为没有儿子，只能从其他旁支亲族中选人做法国国王。按照法国的顺序继承法，确实应该爱德华三世当法国国王。但是法国贵族拼命抵制，最后选出了瓦卢瓦王朝的一个贵族，把他扶上了王位，就是著名的腓力六世。腓力六世有点儿像南明时候的唐王，虽然是个好国王，但毕竟是远支，继承王位合法性不足。再加上爱德华三世又是个秦始皇一样的人物，两个人就对峙上了。当时谁也没想到，他们这一对峙竟然引出一场长达百年的战争。

最开始，爱德华三世自作主张宣布自己是法兰西国王，宣布法国领土全部归他所有，腓力六世也跟他较上了劲：你是我的封臣，应该把土地交出来，阿基坦（女神阿基坦的家族领土）的领地应该是我的，我要收回来。腓力六世竟然派出军队到阿基坦的领地，要把那里夺回来。他的理由也很充分：爱德华三世既然是他的封臣，就应该到法国来宣誓效忠；既然爱德华三世宣布自己是法国国王，等于是公然叛国，他当然有理由收回英国在法国的领土了。

双方既然都挺有道理的，那只能谁拳头大谁说了算。百年战争终于就这样爆发了。

1346 年，爱德华三世亲率 9000 人渡过大海，从诺曼底登陆，进入法国境内。腓力六世也不是吃素的，加上本土作战，迅速调动起 3 万多大骑兵奔赴前线。双方在克雷西一带遭遇，成就了人类战争史上一个著名的以少胜多的战役。

这一仗英国只死了 200 人，法国军队却死了 1 万多人。英国人在爱德华三世的带领下，率领弓箭手对抗法国骑兵冲锋，法国一连冲锋了 15 回，全被弓箭手当场射死。一场战争下来，遍地都是法国人的尸体还有战马尸体。当时欧洲找到好的战马都不容易，更何况是遍地的战马尸体。战后法国主力丧失殆尽，腓力六世自己也受了伤，不得不往后撤退。

爱德华三世顺利收复约翰王弄丢的诺曼底，还有个意外收获。

爱德华三世有个著名的太子，外号叫“黑太子”。为什么叫“黑太子”呢？其实有两种说法：一种说法是他喜欢穿黑色的铠甲，所以叫“黑太子”；还有一种说法是爱德华三世收复了诺曼底之后，“黑太子”带兵去收复阿基坦，他在阿基坦的时候纵兵掳掠，横行霸道，居然连他自己的老家都不放过，当地人民对他恨得咬牙切齿，所以给他取了个外号叫“黑太子”。

“黑太子”继承了历代诺曼王朝和安茹王朝英国君主强悍的一面，他带兵赶到阿基坦首府普瓦提埃的时候，腓力六世已经死了。新上任的国王没见过这么厉害的主儿，普瓦提埃一战法军又大败，新法王和大臣都被俘虏了。英国人借此向法国讹了一笔巨额赎金。

在接下来的几年里，“黑太子”又带兵横扫整个法国。法王本来控制的地盘就不多，主力都是加盟国出的。加盟国为他卖命，总得给人家点儿好处，人家才愿意跟你打仗嘛。为了凑钱，法王在全国横征暴敛，加上连年打败仗，当地老百姓实在受不了。巴黎首先爆发了市民起义，紧接着在扎克雷地区又爆发了一场大规模农民起义。此时法国遍地狼烟，和崇祯末年的情形差不多：外有强敌入侵，内有农民起义。

在这种情况下，法王只能认灰。1360 年，法国和英国签订了一个《布勒丁尼合约》，把原属于金雀花王朝的所有地盘全部还给英国。爱德华三世也见好就收，表示不愿当法国国王。这事也算是和解了。

在我看来，爱德华三世是英国中世纪最重要的一位国王。爱德华三世和法国这一仗的胜利，使得英国从此跟法国脱钩，封君、封臣之间的关系被打断了。等爱德华三世恢复金雀花王朝领土后，英国实际上第一次成为主权独立国家。这是他对塑造英吉利民族非常重要的贡献。

胜利之后，苦果难吞

虽然国际形势一片大好，可国内形势却不容乐观。“黑太子”得胜还朝，带回来的不只是胜利，还带回来另外一样东西：黑死病。就在英法两国打得不可开交的 1348 年，意大利暴发了黑死病，将近三分之二的人口死于此病。

关于黑死病的传播方式，现在比较公认的说法是：蒙古大军在横扫亚洲之后，和一些东欧和南欧国家交战，围城的时候往城里扔死尸，里面就有黑死病病毒。这些国家的人后来又通过船舶把疾病带到了意大利。虽然“黑太子”的名字和黑死病没有什么关系，但他带回来的士兵确实也有个别人带了点儿病毒回来。很快，黑死病也在英国暴发了。英国的死亡率达到了 40% 到 60%，一下损失了三分之一的人口。问题还不止于此，打仗不得花钱吗？战争虽然赢了，但英国却欠下了 67 万英镑的外债。这个数字从现在来看好像没多少，但在当时，英王每年的收入也就 3 万至 10 万英镑，他得 15 到 20 年时间不吃不喝才能把这个钱挣出来。

爱德华三世去哪儿弄这些钱？他爷爷——电影《勇敢的心》里面的爱德华一世——当年是这么干的：从犹太人手里抢。他把在英国的犹太人的财产全部没收。到他后代的时候，犹太人被抢光了，只能另想办法。爱德华三世只能找佛罗伦萨的大银行借钱，而且没准备还，佛罗伦萨的两家大银行被他活活拖垮了。当时意大利黑死病很严重，佛罗伦萨本来属于重灾区，这一下借钱之路怕是要堵死了。

爱德华三世回国后一看账本，还欠不少钱呢。银行这招也不管用了，只能把黑手伸向老百姓。在英国一直有一个传统：国王想要征税，议会得同意。爱德华三世跑到议会去，被议会给骂出来了。爱德华三世正在发愁的时候，太子病死了。“黑太子”不仅在人民心目中享有崇高的地位，也是爱德华三世的大宝贝。爱德华三世伤心欲绝，也跟着去了。

后面的故事就按照“靖难之役”的戏码来演了。

朱元璋的儿子朱标没当上皇帝就死了，朱元璋只能把皇位传给了孙子朱允炆。爱德华三世的孙子叫理查二世，爱德华三世与“黑太子”二人相继去世之后，王位就传给理查二世了。爱德华三世军功赫赫，在英国人心目中还是有地位的。但是理查二世不是个英武的国王，黄口孺子一个，面对一笔烂账也是一筹莫展。他想要征税，英国人更不服他了。

雪上加霜的是，此时黑死病在英国已经彻底蔓延开了，局面完全失控。在疾病肆虐的时候，敢去上班的都是胆大的，肯定要的工资也高。所以，很多佃农离开贵族老爷的城堡，到大城市务工，工资要得非常高。在一段时间内，英国的工资猛涨，出现了严重的通货膨胀。理查二世没有办法，只能在贵族的要求下出台了一个最高工资法。今天我们只有最低工资法，他竟然出台了一个最高工资法！

就在民间已经对他积攒了很多不满情绪的时候，他居然还想征税。他就像当年的万历皇帝，开征人头税，弄得民众实在是活不下去了。黑死病的蔓延给所有人一个巨大的心理暗示：反正我也不知道哪天死，早死晚死不如现在死了。

就这样，瓦特·泰勒起义爆发了！

这次起义席卷了英格兰一半以上的地区，起义队伍一鼓作气，打到了伦敦郊区。理查二世还算是个有骨气的人，主动找瓦特·泰勒谈判。瓦特·泰勒是农民起义领袖，不知道这是一场鸿门宴，理查二世当场抓捕了他，将他押送至伦敦斩首，算是将起义暂时平息下去了。

压垮骆驼的最后一根稻草

在那个时代，农民起义其实并不可怕。真正有能力颠覆国王的不是农民，而是贵族。叛乱平息之后，贵族开始给理查二世制造麻烦。

咱们先得说说爱德华三世他们家的情况。

爱德华三世有四个儿子，大儿子是“黑太子”。“黑太子”死后，大位传给他的孙子理查二世。四个儿子中，排行老三的叫“冈特的约翰”，其实就是叫约翰。因为他的封地在冈特（也叫根特），所以有了这么奇怪的名字。“冈特的约翰”正是兰开斯特家族的创始人。排行第四的叫埃德蒙，是约克家族的创始人。之后爆发的玫瑰战争就是从爱德华三世开始的。

之前我说爱德华三世是英国中世纪最重要的君主，也是因为这点。他死后，英国爆发了一场内战，他的子子孙孙之间打成一团，彻底改写了英国历史。

这场内战为什么叫玫瑰战争？其实来自一个美丽的传说，归功于大师威廉·莎士比亚。莎士比亚在他的名剧《亨利六世》里描写了一个场景：兰开斯特和约克两大家族，也就是爱德华三世三儿子的后代和四儿子的后代，在传到了亨利六世的时候，爆发了一场大规模的冲突。当时有人说，大家站队吧，支持三儿子兰开斯特这一系的贵族选择红玫瑰，支持四儿子约克这一系的就选择白玫瑰，大家就此分成两队，所以这场战争叫红白玫瑰战争。这其实是莎士比亚杜撰的，历史上并没有记载，红白玫瑰是两大家族的徽章。

理查二世一上台，国内就一直在爆发战乱。他的这两个皇叔，爱德华三世的三儿子和四儿子很像朱标的兄弟朱棣，即后来的明成祖永乐皇帝，表面上是在辅佐朱允炆，但心里有一些自己的小算盘。熟读中国历史的人都知道：对于皇帝来说，最亲的人是太监，其次是母后和舅舅，也就是外戚，再往后是大臣，排到最后的才是这些皇叔、皇兄和皇侄子。因为他们跟皇帝一个姓，篡位只需要一步，把现在的皇帝推翻了自己来做，名正言顺，一步到位。而那些国舅可能出身很差，他们把皇帝踢了，自己也没有合法性，做不了皇帝。对他们来说，最好的策略就是好好辅佐自己的外甥做皇帝。

最开始，理查二世的三叔“冈特的约翰”还算实心实意辅佐他，想帮他做些事情，但理查二世对他处处不放心，找个机会把他的权力收回来，把约翰给赶走了。约翰死后，查理二世还是不放心，派人抄了第一代兰开斯特家族的家，把他的堂兄亨利判处了终身流放。

莎士比亚最有名的是悲剧，其次是喜剧，此外，他还写了很多历史剧，他的系列历史剧就是从这一刻开始写起的。他的《理查二世》从这一幕开始：兰开斯特家族第一代“冈特的约翰”去世后，他的儿子亨利和理查二世的一个廷臣决斗。这个廷臣是理查二世的宠臣，理查二世怕他打不过亨利，就把这个廷臣给藏起来了。亨利跑过来找国王评理，正好撞见了这个廷臣，两人当场拔出剑来决斗。理查二世看两个人打起来，怕局面失控，就索性把两个人都流放了。这是莎士比亚虚构的故事，实际上是因为理查二世看他三叔家里的这些人都不靠谱，想把他们都赶走，以除后患。

理查二世这个行为让贵族无法接受。西方的贵族跟中国的贵族不一样，西方的贵族以阶级认同为主，他们彼此之间的认同超过了对国家的认同。对他们来说，一些很重要的契约精神是不能违背的。在中国，皇权坐大之后想要灭掉一个贵族，就把整个贵族抄家，连根拔起。但是在西方，国王要想灭掉一个贵族，只能消灭个人，不能消灭家族。他可以把不喜欢的人踢掉，但是他们家的头衔还得接着给，让他们家族代代往下传。理查二世看不上三叔，把他赶走是可以的，甚至给约翰定个叛国罪，送到泰伯恩广场斩首也不过分。但是不能剥夺自己堂兄弟亨利的贵族爵位。判处亨利终身流放，等于他永远不可能继承兰开斯特家族的遗产，这是违背道义的。

亨利跑到国外之后到处跟人讲：“哎呀，理查二世没底线呀。我的这个堂兄啊，又窝囊又没本事，也没有什么军功啊！”说来说去，连他四叔家的孩子约克公爵也被说服了，决定跟他一起反攻英国。就这样，约克家族和兰开斯特家族联手杀回伦敦。理查二世本来就已经众叛亲离，再加上刚刚平定瓦特·泰勒起义，手里的兵勇也十分疲倦，约克和兰开斯特家族兵不血刃就控制了理查二世，把他关进了伦敦塔。

理查二世最开始觉得，这无非是堂兄弟之间的纠纷，好好讲讲道理也就解决了。可他万万没想到，他的堂弟是奔着做国王来的。亨利把理查二世囚禁了之后到处说："这个理查二世啊，违背了做人的底线，咱们一定要把他废掉，否则他肯定反攻倒算，到时候大家都得倒霉。"

理查二世还有个致命的不足：他没有儿子，也就是没有直接继承人。否则就算杀了理查二世，亨利最多也就是做个摄政王，做不了国王。但是因为理查二世没有儿子，杀掉他就该轮到亨利来做国王了，这是亨利对他下毒手的主要原因。亨利是个有雄才大略的人，早年带兵在立陶宛作战。立陶宛挨着俄罗斯，也算是有埃莉诺女神的勇气了。这些贵族在亨利的说服之下，真的逼理查二世将王位禅让给了亨利。这个亨利就是著名的亨利四世。英国从此进入了兰开斯特王朝统治时代（其实严格意义上讲，兰开斯特王朝也是金雀花王朝，是金雀花王朝传到爱德华三世的时候，他们家老三的家族继续传承）。

父债子偿：战死沙场，方得始终

亨利四世选了一个黄道吉日，在威斯敏斯特加冕即位。

此时的英国虽然经历了农民起义和黑死病的折磨，但毕竟领土已经恢复到全盛时期，法国国王也认了，形势一片大好，亨利四世也得到了贵族的拥戴。当上了国王之后，亨利四世就面临着同发动靖难之役的永乐皇帝一模一样的处境。永乐皇帝一生都活在巨大的痛苦之中。一方面他的皇位来路不正，必须想办法抹平各种谣言，但是谣言这个东西肯定是越抹越大。另一方面，他还要不停地想其他办法补足自己合法性的不足。永乐一生无论是修《永乐大典》，还是派郑和下西洋，或是晚年间发动对蒙古的作战，都是想要通过政绩来稳固自己的地位。

亨利四世上台之后，尽管面临的问题一模一样，但他的手段却比永乐皇帝差远了。

亨利四世做的第一件事——把理查二世活活饿死在伦敦塔里，永绝后患。这其实完全没有必要，亨利四世最开始还占点儿理，毕竟是理查二世没底线剥夺他的贵族权位在先，但当亨利四世把禅让王位给他的前国王给饿死了，这件事就很麻烦了。哪怕在中国，曹丕也没敢把汉献帝给弄死，更何况还是自己的堂兄？这个消息传开之后，全国各地立即叛乱四起。原来那些持观望态度的人一下子全都站到理查二世那边，好多人跑到爱德华三世的二儿子家去说理。爱德华他们家大房被三房推翻了，按顺序来说，大房没有后代应该是二房继位，于是就跑到二房家去，把二房儿子揪出来推举为王位继承人。这些人到处散布说，亨利四世是个篡位者，还是个弑君者。那些被镇压的农民也趁机再起义。

总之，亨利四世一生都在弹压各种叛乱。虽然叛乱最终全都被镇压，但他自己也筋疲力尽，最后在绝望中死去。

亨利四世把所有希望全部都寄托在儿子身上。他的儿子也叫亨利，史称亨利五世。莎士比亚写过上下卷的《亨利四世》，还写过一部《亨利五世》。上下卷的《亨利四世》主要描写的是亨利五世小时候，可见亨利五世是莎士比亚历史剧当中重要的主角之一。亨利五世圣文神武，简直就是爱德华三世重生。他头脑很清楚，认识也很明确——想要解决王位不正的问题，唯一的办法就是再造辉煌。所以，他上台之后第一件事就是再次对法国开战。

当时法国其实已经被打服了。认尿？亨利五世不接受，还得接着打。那没钱打仗怎么办？亨利五世在这点上比爱德华三世还厉害，他找大贵族挨个谈心，劝他们拿出钱来，大家再打一仗。很多贵族被他说得感动到不行，热泪盈眶地掏出钱来赞助他。到后来，很多贵族甚至竞相攀比，毁家纾难支援亨利五世打这一仗。亨利五世拿到钱之后非常开心，立即组织部队远征加莱。在加莱海峡登陆之后，与法军再次遭遇，于阿金库尔一带进行了一场大会战。这场战役跟克雷西战役一模一样。亨利五世特别擅长排兵布阵，专门选择那种泥泞的地区战斗。法军不吸取教训，又派骑兵冲锋，土地本来就泥泞，骑兵没冲锋几个来回就陷在泥潭里了，英军就立即放箭。这场战役，法军又是大败而归。

法王没有办法，只能找亨利五世谈判，又签了一个条约，算是认㞞了。可是亨利五世不干，要法王把女儿嫁给他。法王只能乖乖地把女儿嫁给他了。

亨利五世一生都在和法国作战，后来就死在了法国的战场上。他的一生都是在为他父亲赎罪，因为他父亲得位不正。莎士比亚如此塑造亨利五世则是出于另外的理由——亨利五世是个民族英雄，和他的太爷爷爱德华三世一样，在英国人民心目中享受神一样的崇拜。

亨利五世在位才 9 年，毕生都在征战，他死后留下一对孤儿寡母。他的王后也不太正经，亨利五世在外作战的时候她就给他戴绿帽子，而且戴得还特别难看。她找的情夫是一个侍从，属于底层的人，这个人叫欧文·都铎。（大家注意他的名字：欧文·都铎。之后还会再提到他。）不太正经的王后现在秒变太后，她觉得自己可以公开豢养面首了。日日夜夜和欧文·都铎行房，鱼水之欢后还生了两个孩子。于是，秦始皇小时候的故事又开始了：赵太后和嫪毐的故事再次上演，嫪毐就曾经和赵太后有过两个孩子。

但此时的小国王亨利六世可完全不是秦始皇了。亨利六世软弱无能，凡事都尽可能妥协。这么一个人当然没办法像爱德华三世那样发动宫廷政变。亨利五世也知道他这个性格，作为兰开斯特王朝传位至今最大的一个隐患，亨利五世给他安排了一个辅政大臣，或者叫摄政王，是小国王的亲叔叔——亨利五世的三弟贝德福德。

贝德福德是我们现在提到的所有人物里在戏剧里面出现次数最多的人。而且他之所以出名，和丰功伟绩没有什么关系，而是因为神奇的女孩：圣女贞德。贝德福德在与圣女贞德有关的戏剧里面反复出现，原因大概是这样的：亨利五世的大业还没有完成，没有彻底消灭法国，法国当时还有最后一小撮地盘。当时的法王已经被亨利五世的穷追不舍给逼疯了。法国国王是真疯了，得了精神分裂症。因为他没死，他的儿子不能继承王位，只能是太子监国的状态。

大 IP 贞德是如何炼成的

亨利五世的大业只能由贝德福德辅佐亨利六世最后完成，而此刻只剩下最后一步。英国本来已经占领了法国三分之二的领土，法王这几年又丢了剩下部分的一半，还剩下最后一点儿地方。法国王子把所有部队集中在奥尔良附近。贝德福德也带兵赶赴奥尔良，准备和法军做最后的决战。法国王子其实人特别尿，他能想到的办法就是窝在奥尔良城里，坚壁清野，指望着拖下去。后来他连拖都不敢拖了，只想跑路。当他正准备跑的时候，贝德福德把整个奥尔良城围住，准备瓮中捉鳖。

最开始法国想调兵把他救出去，结果援军在来的路上就被英军全部歼灭。贝德福德顺利地完成了对奥尔良的合围。王子困在城里，弹尽粮绝，已经没有再斗争下去的必要，准备开城投降。如果他真的投降，英法百年战争也就结束了。法国国王退位，英国国王兼着英法两国国王，故事就到此结束。今天我们就不用学一门英语，还要再学一门法语了。

可偏偏在这个时候，故事发生了戏剧性的转折。

在某农村出现了一个神奇的少女，说自己受了上天感召，要拯救法兰西民族。这在当时只是个笑话，很多人都觉得这个女孩是个女巫或者是个精神病患者。这个少女就是贞德。她发现没人相信她，就逃离了家乡，跑到奥尔良城里去。最开始王子也没把她当回事，可是王太后一见到贞德，非常喜欢她。带去检查之后，发现贞德是处女，在当时欧洲人对于处女比较重视，很多人愿意相信贞德确实是来拯救法兰西民族的。

法国王子听到之后哈哈大笑，觉得纯属无稽之谈。很多大臣劝他说，到了这个地步，死马当活马医吧。反正你马上就要亡国了，为什么不试试，让贞德带兵跟英国人打一仗呢？王子早就已经灰心丧气，否则他怎么可能真派贞德去打英国人呢？他也懒得管，点了点头，真就把贞德放出去打仗了。

万万没想到，贞德这个小姑娘也不知道哪里开了什么窍，带一队兵奇袭贝德福德的营地，打了一场大胜仗。奥尔良也顺利地解围了。在接下来的几年时间里，圣女贞德所到之处，当地农民，甚至地痞、流氓都拿着枪棒参加她的队伍打英国人。法国一下子被贞德感召了。当时也确实有人在制造传说：上天派圣女贞德来拯救法国。

贞德也不负众望，东征西讨，一鼓作气收复了法国南部地区。

这段历史即使在史书上也始终是带着小说色彩，但其实如果我们真正去还原历史，贞德的成功不是因为受到了上帝的感召，而是当时贝德福德粮草已尽。英国朝廷里没有人能说服贵族再掏出钱来支持战争，而且贝德福德本人其实也没想完成亨利五世的什么大业。站在法国这边来看，当时已是拼死一搏，积攒了几十年的民心士气一下爆发了。这一仗，贝德福德等于是以卵击石，打败仗也是自然的。

后来圣女贞德跟王子之间产生了一些矛盾，她想要带兵进巴黎，但王子不敢进巴黎，怕被贝德福德包围。贞德只能围着王子四处打游击，有一天不小心被勃艮第人活捉了，送到了英军这边。贝德福德看见贞德气就不打一处来，贞德落在他手里饱受各种酷刑。贝德福德想让贞德承认自己不是什么圣女，不过是个精神病病人，但是贞德坚贞不屈，最后被活活烧死。贝德福德从此就以一种非常丑恶的面目出现在各种文学作品里。

英法战争的第二次阶段最后以这样神奇的结局收场，圣女贞德的传说也变成一个大 IP，根植在法国人民心中。接下来的几年，法国人到处打游击。熟悉历史的就会明白，当一个国家已经遍地游击战的时候，任何征服者都不可能统治这个地区了。游击战那么苦，足以说明大家已经到了宁可饿死也不投降的地步，那还怎么统治这个国家？那位法国王子后来也继位了，叫查理七世。他是一个著名的外交家，和盟国的关系很好，大家联合起来，一定要把英国人赶出去。

当贝德福德看明白这一切之后，主动撤回加莱港口，准备回国了。

红白玫瑰大混战：爱国者、叛徒和疯王

亨利六世从小就目睹亨利五世那副苦哈哈的样子，心里也难受。最关键的是，他母后本身是个法国人，亨利六世对法国还是有感情的，肯定不想再打了。但是他忘了一点：亨利五世之所以要建功立业，是因为他们家得位不正。无数双眼睛盯着你，你必须扩大版图、建功立业。亨利六世什么都不做，等于是逆潮流而动。亨利六世只知道同法国签订了和平条约，战争可以结束了，大家都能过上好日子。可是有人不这么想。这个人来自著名的约克家族。

亨利六世是兰开斯特家族的第四代，也就是从爱德华三世往后数，兰开斯特家族的第四代。约克家族这边是传到了第三代，正是年富力强的时候。约克公爵的人缘也比较好，人又非常正派、高冷，在民间有很多拥护者。他想把这个仗继续打下去。这两支虽然都姓安茹，但其实已经离得很远了。约克公爵在这个时候已经算不得什么皇亲贵胄，就是个普通大臣。但他不是一个安分守己的好大臣，没事干就喜欢给国王上书，劝他派自己远征法兰西，其实就是想从皇帝那儿邀点儿功劳。

亨利六世说，他真的不愿意再继续打下去，而且也确实没钱了。但约克公爵讲，他愿意自己掏钱。亨利六世还是不同意，但约克没理会他，这边亨利六世正在跟法国人谈判，那边约克已经跑到自己家乡招募军队了。约克还是一个非常会演讲的人，前线将士很拥护他。约克家族由于长期不执政，就靠联姻专注地发财。约克公爵的祖父、父亲、母亲每人都给他留下了一大片领地。约克家族的收入情况很不错，完全有能力自己掏腰包打仗。约克能拿出 3.2865 万英镑（相当于英国国王的岁入），去跟法国打仗。

当历史发展到这个地步的时候，内朝和外局已经拧成了一股绳，英国人非要发动百年战争，结果这场百年战争引发的结果完全不在控制范围内。

亨利六世也不傻，他知道该用谁不该用谁。他这个时候只剩下王太后的两个私生子了，就是姓都铎的那俩哥们儿。亨利六世把他们俩扶正，作为自己的左膀右臂。另一边，他指望与法国能尽快达成和解，让约克无话可说。法国王子继位之后，收复了法国大部分的领土，同样也希望尽快恢复和平和秩序。于是，双方一拍即合，查理七世还把一个远支的公主嫁给了亨利六世。

这个公主可不一般，她就是著名的红王后。红王后要嫁到英国来，这件事在英国引起轩然大波。本来此时正是两国交战最激烈的时候，英国老百姓还指望国王能扳回一局，民间也在各种贵族的宣传下，把民族情绪煽动起来了。很多人不愿意和解，想干脆掏一笔钱，让红王后不要来了，国王赶紧悔婚！

亨利六世好不容易娶了这么一个宝贝媳妇，悔婚那是绝对不行的，宁可逆潮流而行，硬要把红王后娶过来。恰好这个时候，约克公爵把与法国的和解协议送到了议会，议会一下子就哗然了。原来亨利六世为了结束战争，签了一份卖国条约，把老家安茹都还给了法国。如果这个条约执行下去，法国的领土全部收复，英国人彻底滚回岛上，贵族们怎么能同意（全盛时期的金雀花王朝控制了三分之二的法国领土）？

这些贵族就找亨利六世算账，亨利六世一面弹压，一面让约克赶紧回来，不要再打了。当时法国已经派兵去接收安茹的领地了，当地军队不相信这是国王的命令，拼死抵抗。后赶来的英军和法军联合起来镇压当地的守军，这在人类历史上都不多见，可见当时亨利六世已经完全脱离民意。

法王查理七世利用这个时间点，抓紧收复各处的地盘，从加斯科涅开始直奔诺曼底而来。另外，红王后漂洋过海来到伦敦。在没得到任何人赞同的情况下，所有看见她的人都恨不得她赶紧死。这时候的英国，有人开始到处发传单，说国王是篡权夺位的，还有人说这个国王不是亨利五世的亲儿子，亨利五世不可能生出这样的儿子来，你看他母亲还在宫中豢养面首。在人类历史上，农民对国王有这样的评价，实在太罕见了。不久之后，在杰克·凯德的领导下，农民再次起义。

这时候，约克在干什么呢？他回国之后就被亨利六世送回了老家，让他在老家闭门思过。像约克这种人，他可能闭门思过吗？约克到家之后，立即带领 4000 多名老百姓向伦敦进发。当时伦敦的人，已经对亨利六世和红王后这对狗男女恨得不行，一看约克来了，竟然开城迎接。约克就这样兵不血刃地进了伦敦，亨利六世两口子还没来得及跑，被抓了个正着。

最开始，约克还不敢直接把国王废掉，毕竟兰开斯特家族已经当了三代的国王。他提出的“清君侧”，和中国古代一模一样，抓个坏人出来做国王的替罪羊。这个坏人是谁呢？据说，亨利六世的糊涂决定都来自一个叫作萨默赛特的人。此人是兰开斯特家族的远支，从“冈特的约翰”第一代往下的旁支。萨默赛特和国王关系非常好，他给国王出过很多主意，“清君侧”就先清理他吧。

约克逼着亨利六世把萨默赛特抓进了伦敦塔，又逼着亨利六世承认自己做错了——由于你这么年轻，又没有儿子，就立我为储君吧！你死之后，如果没有儿子，那我就当国王。这一幕亨利六世很熟悉，这不是他爷爷亨利四世当年干的事吗？亨利六世一开始还没反应过来，等他反应过来之后，立即发动所有兰开斯特家族的亲戚朋友，把约克赶出了伦敦。

约克也不老实，被赶出去之后，又跑到了杰克·凯德起义的部队里。农民起义被镇压之后，当地农民非常恨国王，他就跑到了那个地方煽动当地农民，然后带着部队第二次进伦敦。如此反反复复，约克一共进了四回伦敦，中间还当了两回护国公。在这期间，亨利六世在举国唾骂之下，精神病发作，疯掉了。他得了精神病，需要有个人出来监国，大家就让约克做了监国。

于是约克一边造反一边当护国公，他和亨利六世之间就开始了来回的拉锯战，爆发好几次大规模的战役。最开始约克的部众在大战中全歼了兰开斯特家族的贵族，很多贵族血染沙场，亨利六世和红王后丢盔弃甲跑到苏格兰，躲了很长一段时间。因为红王后娘家厉害，于是亨利六世找来法国人帮忙反扑，和约克再次决战。这一仗，约克输掉了，贵族死了一大批，连老婆都被俘虏，他原来的领地也被反复蹂躏。

于是约克跑到国外，组织驻法部队回国再次反扑。这一次，老百姓夹道欢迎，双方在伦敦郊区又爆发了一场大战。兰开斯特家族还剩下的那些贵族又一次死伤惨重，几乎全军覆没，党羽也散了。约克再一次进了伦敦。约克的位子还没坐稳，最后一小撮兰开斯特家族的贵族来到郊外准备反攻，约克只能带着兵杀出伦敦，一不小心死在了战场上。之后约克公爵的儿子爱德华又集结部队再次向伦敦杀来，双方在陶斯顿开始最后的决战，也是英国历史上最血腥的一次会战，一共有 6 万多人参加，3.6 万人战死。

经过这四次反复拉锯战，约克家族终于成功登上了王位。老约克公爵这时候已经死了，小约克公爵即位，即爱德华四世。爱德华四世把亨利六世给关了起来。此时的亨利六世在精神病的折磨之下，已经疯疯癫癫了。红王后就更惨了，背负着骂名，到处东奔西跑，先是跑到苏格兰，又跑到法国，饱经各种磨难，中间有几次被歹徒抢劫，还有几次被士兵给抓住，五花大绑押到了伦敦，受尽羞辱之后再次逃脱。

整个玫瑰战争，英国没有赢家，唯一的胜者是法王查理七世。查理七世在这几十年，一天都没有歇着，到处收复失地。直到 1453 年 7 月，加莱的最后一支英军宣布投降，英军主帅也在战斗中牺牲，英国在法国最后的据点被拔除。昔日的㞞包王子，就这样在历史上被定格为“胜利王”，成为法兰西民族诞生的象征。

百年战争就这样结束了。兰开斯特家族人丁凋零，几乎所有大贵族都战死了。英国人放出来一个魔鬼，虽然曾经屡屡取胜，始终保持战斗优势，但这就像赌牌，久赌必输，最后还是输光了所有的钱，离开了赌场。

剧情大反转，依样画葫芦

你以为英国的血腥故事就这样结束了吗？没有！故事的大高潮还在后边。

在一片歌舞升平之下，约克家族将王位收入囊中。虽然丢了整个法国，但好歹英国人过上了太平日子，也没有什么对手来争王位。此时的爱德华四世爱上了四美：美酒、美食、美服，还有美女。他娶了个老婆——著名的白王后。白王后跟红王后不一样，红王后是法国公主，白王后是骑士的女儿，而且爱德华四世还不是她的原配。她之前嫁过好几回，最后一回是个骑士，所以她是一个骑士的寡妇。不仅如此，她还带着俩拖油瓶。但她比较会经营自己，爱德华四世对她喜欢得要死。

也不知道为什么，英国历史上叫爱德华的国王，都特别浪漫——喜欢娶寡妇。后来那个爱德华八世不就是因为爱美人不要江山，退位了吗？爱德华四世比他运气好一点儿，毕竟人家算是开国之君嘛。虽然有很多人反对，他还是把白王后娶回了家。

这时候天下并不太平，最大的隐患是一个叫沃里克的人。此人是国王的羽翼，一手辅佐着他成功地击败了兰开斯特家族，坐上王位，有定策之功。

百年战争此时已经结束了，但英国老百姓并不认为它结束了。英国人虽然看亨利六世没有好下场还挺开心的，但不等于说爱德华四世就有合法性。爱德华四世还是得收拾旧河山。但我们这位爱德华四世，同样是个爱美人不要江山的家伙，他才没有那个开疆扩土的心思。沃里克和爱德华不一样，他还想继续打下去。那些还想收复失地的人就去找沃里克商量，是不是再跟法国人打一仗。

沃里克知道已经打不动了，但是碍于面子，只能硬着头皮去和爱德华四世说。爱德华四世听来听去，总觉得沃里克好像是要造反。而且他父亲约克公爵不就是因为总是要宣战，但是亨利六世不想打，最后把亨利六世给推翻了吗？从此之后，他就开始削弱沃里克的权力。娶白王后一个很重要的原因，就是希望利用白王后家族的人制衡沃里克。

沃里克也不傻，他想的是：我既然有能力让你上台，我也就可以把你推翻。于是他一掉头，也跑到加莱去了，对当地守军说：“你们看啊，现在这个国王，虽然是约克公爵的儿子，我以为他能像他爹一样想要收复失地，没想到他上台之后就不好好干了！”

英国人就像被诅咒了一样，兰开斯特家族的悲剧，到约克这儿又重演了一遍，几乎一模一样。沃里克也说爱德华四世不是他爹亲生的。接下来故事就重演了：沃里克带着当地守军杀回伦敦，把爱德华四世抓起来，还要审判白王后。可约克这边的大贵族不干，很快就把他赶走了。沃里克这个人不老实，他又跑到法国去。这次他干了一件特别不道德的事情，在历史上叫作“魔鬼的盟约”——这个时候，红王后被遣送回法国，还活得很好，沃里克跑去找红王后商量，从法国拿钱，再重新反攻英国。

红王后本来已经对世界绝望了，万没想到天降这么大一个好消息：兰开斯特家族不行的时候，原来的死敌竟然倒戈，愿意帮我？于是她欣然同意。

就这样，沃里克在法国的支持下，重新杀回伦敦。伦敦郊区又爆发了一场大决战，这一次是约克自己的部队互相打，差不多也杀了一个干净。这一次沃里克战败了，红王后也被俘虏。红王后被押到了伦敦，爱德华四世再次带她游街，最后法国国王出了一笔钱，把红王后赎回去，红王后最后在绝望中死去。

在这个过程中，红王后的小儿子也不幸在作战的时候被杀掉了。她的小儿子特别有意思，虽然十五六岁，但每天喊打喊杀，整天想着砍人脑袋。平定这次叛乱之后，爱德华四世开始过自己的好日子，玩命地吃。1483 年，他把自己吃成了一个 270 多斤的大胖子，在不到 41 岁的时候就病死了。

红白玫瑰合体：男宠的后代成了最后的赢家

英国的贵族经历了如此多的血雨腥风和篡位之君后，早就已经放弃了底线。所有人都觉得：只要我运作得法，就能做国王。

爱德华四世 41 岁去世，他的三个孩子当时才五六岁。白王后母子四人孤立无援，所以爱德华四世临死之前，就嘱咐他弟弟监国，帮助孤儿寡母。可爱德华四世的弟弟也是一个没有底线的人，他在莎士比亚戏剧里被描述成驼背、满脸横丝肉。他在去伦敦的路上就截住了小国王的马车，把白王后的两个兄弟杀害了。等他到了伦敦之后，就把白王后控制起来，自己做了国王。他就是历史上的理查三世，也是玫瑰战争时期最后一代君主。

理查三世这样的僭主一定不会长久，所有人都想推翻他。但这个时候，兰开斯特家族已经灭族，约克家族也是人丁凋零，有这个实力的只剩下都铎家族。都铎家族是亨利六世母亲豢养的面首——侍卫欧文·都铎的后代，后来的亨利七世——亨利·都铎，就是此人的孙子。这个家族是太后的私生子，和兰开斯特家族一点儿也不沾边。

亨利七世的母系就比较厉害了，他的父亲埃德蒙·都铎娶了一个大家闺秀：柏福特夫人。柏福特家族是兰开斯特家族老祖宗“冈特的约翰”家族里一个私生子传下来的。后来这个私生子被扶正，成了合法继承人。所以亨利七世的母亲这边算是兰开斯特家族嫡传。

亨利七世少年时特别可怜，流离失所。兰开斯特家族被灭族的时候，他还被人控制起来。但他毕竟是个老牌贵族家庭出身，一直动用各种手段推翻理查三世。柏福特夫人最狠的一点就是派人毒死了白王后的三个儿子，其中一个还是国王。毒死之后就去找白王后，说这是理查三世干的，大家联手一起干掉他。白王后居然信以为真，把大女儿——长公主伊丽莎白嫁给了亨利·都铎，支持他推翻僭主。

亨利·都铎因为长期流亡法国，和在法国当地驻守的英国士兵关系比较不错。而且柏福特老太太还特别会包装亨利·都铎，编出来一个神话。亨利·都铎也到处演讲，发表了著名的“平安夜演说”，说自己是亚瑟王在世，成功说服了所有人。

于是，亨利·都铎带着英国在法国的驻军，反扑英国，和理查三世展开了一场决战。这场战役中，理查三世死在了战场上。英国历史上，国王去世都会送进威斯敏斯特教堂。如果大家今天去那里逛逛，会发现连威塞克斯王朝的国王都有。不像咱们中国，南京也有，北京也有，想看元明清的得在北京，想看唐宋的可能就得到陕西、河南。只有这个理查三世，没有被放进教堂。他的尸体直到 2012 年才从一个地下车库里挖出来。

亨利七世因为娶了长公主，他母亲这边代表了兰开斯特家族，长公主代表了约克家族，算是完成了一次红白玫瑰的合体，从而结束了玫瑰战争。大家皆大欢喜，红白玫瑰之间的斗争在都铎时代结束了。都铎家族是土生土长的英国人，法国人统治英国的时代也结束了。

这一次，法国人真的走了。

— 逆袭心法小贴士—

控制让我们有了现在，失控让我们得到未来

玫瑰战争如此惨烈，英国这些贵族就像被上帝抛弃了一样，打成一团。无论从内政还是外交上来看，这一局英国人完败。

但这件事说到底，是英国人想在欧洲大陆上控制法国，最后却硬生生逼出来一个王权强大的法国。原本法国国王只能统治一个法兰西孤岛的时候，根本就不是英国的对手。现在法国统一后，变成一个非常强势的对手，双方接下来又会缠斗几百年。后来英国人就学聪明了，他们发明了历史上著名的“光荣孤立”政策。英国人很少直接跟法军作战，而是在欧洲大陆扶植一个提线木偶，让这个木偶和当时欧洲最强大的国家作战，直到把那个大家伙拖垮为止。

光荣革命之后，英国就勾结荷兰人和哈布斯堡家族与法王路易十四打。那时候法国比较强大，英国人硬是靠哈布斯堡家族把法国给拖垮了。

后来在西班牙王位继承战争的时候，英国人支持奥地利打普鲁士。不久之后，欧洲又爆发了七年战争，这个时候，法国、奥地利都发现英国不是好东西，不愿意跟英国再结盟。英国就又找到普鲁士，让普鲁士跟全欧洲打。七年战争一共死了 140 多万人，但对英国没有造成特别大的影响，它反倒在全世界抢占了很多殖民地。

再后来，法国大革命爆发，法国仿佛被英国养得更强大了，出来一个拿破仑。英国最开始还是怂恿奥地利和拿破仑死扛，后来奥地利被法国人打服了，他们就把俄国人拉上了这辆战车，引诱法国人去远征俄罗

斯，最后活活把法国给拖垮了。再后来，普鲁士统一了整个德国，英国就开始和法国结盟，怂恿拿破仑三世打普鲁士。

英国人从百年战争中学会了一个非常重要的道理：欧洲大陆分裂着好，大陆的事情我不参与好，我出钱，你们出人命，得来的地盘我一概不要，都给你们。你们越是混乱，我就越是能够获利。英国人就像是顺流而下的一艘小船，每一次只要在欧洲大陆上轻轻点一下，就像打地鼠一样，保持高效的平衡，就可以让自己永远立于不败之地。

由此我们还可以获得一种全新的思维方式，也是笔者在此书中反复说明的逆袭心法：以不控制的思维替代控制思维，通过多元协作的方式，使自己从一个脆弱的控制者，变成一艘自由航行的小船，让自己的人生每天都能拥抱更多的精彩。

第四章

自我迭代的逻辑：让逆袭之路更加稳固

固守还是转变，这是一个问题

最近几年在创投圈特别流行一个理论——非连续性理论，许多机构与大咖都在分享这个内容。虽然听起来很难懂，但其中的道理对推动我们的认知有很大帮助。简单来说，就是许多组织与企业最危险的时候，并不是在走下坡路时，而是在发展到极限的阶段。过去几年的手机与互联网行业都是如此，诺基亚、雅虎、摩托罗拉，都是在主导市场的时候，忽然崩塌，被逆袭者击垮。而这些企业在过去几年里，何尝不是一家逆袭中的企业呢?

我们看到今天活跃的互联网巨头，都有另外一个共同特点：在一个项目最如日中天的时候突然宣布转型，进入一个完全陌生的领域。从乔布斯的 iPod、iPad 和 iPhone 矩阵，到这几年的腾讯 QQ、微信和《王者荣耀》，每一次都是壮士断腕，从头再来。由此可见，上一代巨头的崩塌和乔布斯的引领，让这一代互联网巨头明白了一个道理：与其被别人杀死，还不如自我迭代。

这个非连续性原理，也同样适用于我们个人完成自我跃升。

不知道你是否有过这样的困惑，现在有一份安稳的工作，已经积累了一两年时间，但是现在事业走到了瓶颈，升值加薪都很困难，是要换个工作还是固守待变呢？这时候，我们的耳边就会想起两个声音：你没听说过换岗穷仨月，转行穷三年吗？代价太沉重。可是现在再不换工作，早晚温水煮青蛙，过几年你就老了！

最后，这两个声音撕成一团，你陷入了巨大的纠结与恐慌之中。

每个人在人生的每一个关键阶段都会上演这一幕，究竟该如何选择？选择困难正是在于，这两种声音说得都有道理。

我们是否还有第三种道路？下面我们就从英国内战开始，看看英国人是怎样找到他们的第三种道路的。

这个国王死得冤

1649 年 1 月 30 日早晨，在伦敦白厅宴会厅前搭起了断头台。有一位国王装扮的人，面带微笑，态度从容地走出皇宫。因为担心身体发抖，让别人以为他害怕，他还特意多穿了两件衬衫。这个时候，他的小儿子亨利来跟他告别。他就对亨利说："孩子，你一定要记住，如果你的哥哥查理和詹姆斯还活着，一定要拦着他们，不要让他们当国王，当国王会被人砍头。"说完之后，他沿着街道慢慢行走，到了行刑地点。下午两点多的时候，他先是朗诵了一首自己作的诗，然后开始演讲："整个世界，甚至那些想要置我于死地的人，上帝都记住他们是谁了。我只是祈求上帝能够赦免他们。"然后他转过身来，对刽子手说，"其实我根本就不害怕死！感谢上苍，我已经准备好了！"

他脱掉外衣，交给站在身后的主教，走上了断头台。刽子手手起刀落，此人身首异处。全场发出一片痛苦的呻吟声。刽子手拿起他的头展示给四周的人。

这是一个非常经典的历史场景，无数文学作品、历史书都反复提到过这一幕。大家应该也猜到了，此人就是查理一世。这个场景就是英国历史上非常著名的弑君时刻。如果大家有兴趣详细了解这段历史，可以读大仲马的小说《二十年后》——《三个火枪手》的续集，讲的是《三个火枪手》的故事发生了20年之后，已经老了的四个火枪手重出江湖的故事。

甚至在中国的一些影视剧里，这一幕也被反复提到。比如，辛亥革命的时候，袁世凯劝隆裕太后退位，就对太后和小皇帝溥仪说："你看，英国的查理一世因为不得人心，施行暴政，而且人民反抗他的时候竟然死扛到底，最后被人民手起刀落砍了头。所以，您还是趁早退位吧，不要再死扛着，对您没有任何好处。"吓得隆裕太后跟小皇帝瑟瑟发抖，终于签下了《清帝退位诏书》。

中国的历史书上对查理一世的描述和袁世凯说的差不多，就是一个横征暴敛的暴君，最后被人民送上了正义的审判台，然后砍下了他罪恶的头颅，人也被永远钉在了历史的耻辱柱上。只有罪恶的国王被赶下台来，人民才能迎来美好的春天。

可历史真是这样吗？

英国君主的权力曾经最强大

绝大多数历史教科书对于英国君主立宪制的解释是这样的：随着历史的进步，君主的权力会逐渐缩小；随着法律的进步，君主的权力会被法律限制，直到最后没有了权力。而议会由于掌握了财政权力，变得越来越强大，到最后完全掌握了财权，君主存不存在其实无所谓。英国就是这样一个教科书版的君主立宪制。从 1215 年开始，就有一个著名的《大宪章》开始限制王权，一群贵族逼着国王签下之后，开始逐步削夺国王的权力，直到今天，国王没有权力了。看起来好像是线性的历史：君主的权力一点一点变小，议会的权力一点一点变大，或者说人民的权力一点点变大。

这一派说法甚至在英国也有代表，叫作辉格史学。辉格党是自由党的前身，这些自由主义者认为，人民的权力逐渐变大，君主和权臣的权力一点一点被缩小，人民终将赢得胜利。按照这个逻辑推演，英国应该是王权最早被约束的国家。

可是今天的新派史学家，包括很多社会学家在认真研究了英国社会制度之后，对英国的君主立宪制有一个全新的解释，甚至是一个有点儿毁三观的解释：英国不仅不是在《大宪章》之后王权变弱了，恰恰相反，《大宪章》之后英国的王权变得异常强大，遥遥领先于当时其他的欧洲国家，其他欧洲国家都还在四分五裂的时候，英国的王权已经强大到不可遏制。比如说当时的法国就不是一个完整的主权国家，国王不过是大家名义上遵奉的盟主，只能控制巴黎周边一片地方，叫作“法兰西孤岛”。德国和意大利就更不用说了，到 19 世纪才完成统一。

英国完成中央集权两三百年之后，欧洲才出现第二个集权国家——西班牙。《大宪章》不仅没有削弱中央权力，反而加强了中央权力。《大宪章》其实就是英国贵族跟国王签订的一个契约，让国王的权力稍微受点儿限制。如果大家真去看《大宪章》就会发现，里面写得乱七八糟的，没有什么哲学思想指导，只是说国王不能对我们贵族胡来，这也不行，那也不行。最关键的是，签署《大宪章》的约翰王很快就血腥镇压了这批贵族。

《大宪章》不仅没有削弱王权，反倒加强了王权。国王处理完这些贵族之后，开始把权力收归中央，所有的权力全部倒向了议会和君主，变成一个双元式结构：君主和议会内部博弈。不久之后，玫瑰战争爆发，最后亨利七世异军突起，开启了都铎王朝，在整个欧洲率先完成了中央集权，而且是君主强大的国家建设。亨利七世甚至组建了一个星室法庭，把司法权控制在自己手里。星室法庭就是专门迫害贵族的机构，和明朝的诏狱很像，国王可以不经正式的司法审判，看不上谁，就把他抓起来，折磨致死。

都铎制度确立之后，亨利七世还是不满意，安排了很多秘密警察，到处监视贵族，发现谁有异心，立即逮捕扭送中央，不经任何有效的司法审判就可以杀掉。

英国当时中央集权强大到什么程度？不允许城市自治，教士又被严格控制在亨利七世手中，后来就发生了亨利八世的宗教改革，国王成了宗教、世俗权力的合一体。这在其他国家是完全不可能的。当时德国、法国都在忙于镇压各地贵族的抗税，英国却遥遥领先地建立起一个强大的君主集权制国家。

早产儿的代价

英国的王权就是个早产儿。可是早有早的麻烦，出生得早就要承受早产的代价。英国这套制度就有很多先天不足。首先，地方诸侯的确不再叛乱，但这些贵族也引领了全国性的去军事化。在当时的欧洲大陆，法国、德国这些分裂的国家，贵族是要打仗的。国王比较弱小，没有能力保护贵族，贵族必须自己武装自己。如果周边的国家打过来，贵族只能自己扛着刀枪上战场，有的时候跟邻居打，有的时候几个邻居合起来跟国王打。所以欧洲大陆上的贵族，军事能力特别强，都有自己的私人武装。

英国著名史学家佩里·安德森有本书，叫作《绝对主义的国家系谱》，这本书里提到的“绝对主义”，换个说法就是中央集权和君主集权。这本书里给出一个例子：在亨利七世刚刚统一英国的时候，贵族还都有武器，每个人都还有私人武装。但是到了伊丽莎白的时候，已经有一半的贵族一生没打过一场仗了。

武备废弛可不是小事，如果贵族都不会打仗了，紧接着封建制度——封君封臣制度就得瓦解了。困扰乾隆皇帝一生的问题就是八旗不会打仗了，因为承平日久，武备废弛，贵族闲得慌。之所以乾隆要搞什么十全武功，就是想让满族贵族别闲着，咱们统治汉族，他们人多，咱们人少，所以我们武力必须强大。清朝经常跟周边的少数民族产生一些冲突，借机会还能练练兵。

其次，英国还有一个更大的先天不足：由于贵族掌握了议会，议会又控制财权。君王想要征税，就得跟议会商量。议会自始至终都比较反对国王征税，这样一来，等于在筹集打仗的成本方面，也遇到了困难。征税主要靠的是官僚机构。英国的贵族限制国王到处征税，客观结果就是英国发展不出一个现代的官僚机构来。因此英国和其他中央集权制国家有一点不同：这个国家官僚体系非常弱小。由于征不上来税，英国也没法建立庞大的国库，或者说国王内帑。真到了急需打仗的时候，国王也拿不出钱来。于是国王也没办法建立威望，等于实际上削弱了王权。

既没有完善的官僚体系，又征不上来税，国王根本没办法组建一个强大的常备军。想组建军队，总得有人征兵吧？没有官僚就没有人手。更何况，军队要用钱来养，国王是个穷光蛋，根本养不起。这也就是亨利八世在全国热热闹闹地搞宗教改革的时候，不得不想尽各种神奇的办法敛财，甚至是没收教堂的钱，不仅弄得人头滚滚，还搞得全国上下乱七八糟的重要原因。

在都铎王朝结束了玫瑰战争，国家一片欣欣向荣的时候，欧洲大陆上崛起了三个大君主国。先说西班牙和葡萄牙，这两国长期处在战争环境下，战斗力非常强。西班牙南面是阿拉伯国家，这时也是阿拉伯国家最强大的时期。北面是虽然不那么强大，但也不好惹的法国。在这样的环境中，西班牙把英国的所有先天不足都补齐了。西班牙的绝对主义逻辑和英国是相反的。它需要有一支军队，继而发展出一个官僚系统来征兵，有了官僚系统就可以征税，而税收增加就可以持续供养军队，让君主更加方便扩张。这就形成了一个正向循环，国家变得越来越强大，王权也跟着强大起来。在社会学里，“官僚→王权→军队”这个循环被称作“政权建设”。

西班牙的崛起，在欧洲大陆上引起了连锁反应。因为法国紧挨着西班牙，西班牙强大之后很可能吞掉法国，所以法国压力很大。法国当时叫瓦卢瓦王朝，出过很多强势的君主，比如著名的蜘蛛王弗朗西斯一世和查理九世。当时的法国外有强敌环伺，内有宗教战争，历代君主都有让国家强大起来的强烈意愿。同时很多贵族也意识到，再这么四分五裂下去，早晚会被西班牙和英国各个击破。此外，在百年战争的过程中，圣女贞德的传说更加凝聚人心，法国人上下一心，在不停歇的宗教战争过程中，法国人建立起了一个强大的国家。

事有凑巧，西班牙国王经过多年外交斗争，最后通过联姻方式做了神圣罗马帝国的皇帝，也就是德国皇帝，成了一个双料王。这个国王在西班牙叫卡洛斯一世，在神圣罗马帝国叫查理五世。查理五世成了神圣罗马帝国皇帝之后，虽然没有统一德国，但西班牙和德国连成了一片，法国成了“夹心饼干”。这样一来，欧洲大陆上一下子出现了三个非常强大的君主制国家。

反观英国，问题不仅没解决，反而越积攒越多。

玫瑰战争使得英国彻底丢掉了陆权，丢掉了所有在大陆上的根基，加莱也被法国人收复。亨利八世这么强悍的君主，怎么可能看着法国人如此强大呢？他一直跟法国人开战。不打则已，打起来之后，这些年积攒的问题全部暴露了出来。法国当时已经有了国家常备军，但英国上阵的还是雇佣军。这些雇佣军有的还不是本国的军队，是从法国勃艮第地区或者意大利、弗朗德斯地区花钱雇来的。这种军队是出了名的杂牌军，都是奔着钱来的，怎么可能玩命打仗呢？他们平时去镇压地方叛乱，吓唬老百姓还可以，真要跟国家正规军打，必败无疑。英军在遭遇法国人之后，溃不成军。

亨利八世一辈子都在跟法国打仗，但几乎没有赢过，最好的情况也就是打个平手。他其实不懂，此时英军面对的法国军队，不再是金雀花王朝时期那支孱弱的法国皇家部队了，现在他面对的是一个新君主国动员起来的公民兵。这是欧洲自罗马共和国崩溃以来，从未出现过的新军队。

为借钱四处碰壁

最可怕的还不是军队战斗力不行，而是缺钱。英国由于长年没有国库和内帑，官僚体系也不健全，仗再打下去，士兵就得哗变。这要是在同时期的中国，雍正想要解决钱的问题，可以去抄苏州织造和江宁织造的家，拿抄家的钱给年羹尧打罗卜藏丹津叛乱。但是英国连个官僚体系都没有，压根儿就没办法抢贵族的钱。

亨利八世想来想去，只想出一个办法——找个代理人出去借钱。读这段历史的时候，笔者替亨利八世捏了一把汗。在那个年代，没有现代金融制度，只能借高利贷。通常来说，放高利贷这种事没人愿意让国王知道，所以高利贷者都隐藏得比较深，必须得有格雷欣这样认识放高利贷的人，靠刷脸才能借到钱。这些高利贷者由于常年从事地下交易，有各式各样坑亨利八世的办法。比如说，亨利八世借来的钱是各种各样的货币，有银币、铜币、纸币等，其中难免会有各种以次充好的劣币，实际收上来的钱至少要打八折。但是他还钱的时候，这些债主可是不管你究竟收了多少，必须得足额还。

债主也不会把所有的金币原价贷出，他们会打折，例如掺上 20% 的小麦和 10% 的香料。亨利八世如此急着借钱，只能勉强接受。但这些小麦到了他手里之后怎么办呢？他还得想办法变卖这些粮食。在变卖过程中，各种吃拿卡要不用说，实际上也换不回他需要的钱数。如果他还钱的时候还这些小麦，小麦价格已经上涨，他得按上涨以后的价格来还，等于又损失了不少钱。

由于当时的金融制度不健全，利息又高，这些放高利贷者看是国王出面借钱，怕他赖账不还，就把利息定得特别高，半年的利率大约就

12% 了。半年 12%，这在今天的借贷范畴里已经是违法的了，属于超高的利息。

即使这样，有些金主还是把钱捂着，不愿意借给亨利八世，怕他有一天赖账不还，要他拿东西做抵押。最开始亨利八世抵押自己的东西，后来发现自己的东西越抵押越少，就找格雷欣爵士，问他能不能想办法找几个中间人帮他抵押。格雷欣爵士费尽九牛二虎之力，找遍所有的朋友："你拿你的东西先抵押一下，就半年时间，国王一定还得上。"他是国王，怎么可能不还呢？可有的时候，国王真就还不上。例如亨利八世在位时，有一段时间伦敦暴发了大瘟疫，再加上有的时候王室资金不充裕，或是粮食歉收，各种各样的原因，钱就真还不上。

还不上怎么办呢？最开始亨利八世还想赖着不还，金主就把那些抵押物给收走了。格雷欣的那些朋友一看，国王如此没有信誉，再也不敢替他做抵押了。亨利八世没有办法，只能是债上加债，利滚利地往前滚吧，能还多少还多少。熟悉现代金融的人都知道，这个时候国王其实可以发国债，再不济也可以印钞票。亨利八世后来也想到这招了，印钞票算了！那个时候的人没有特别丰富的货币学知识，他的内阁狂印钞票。而当他给原来那些金主还钱的时候才发现，英镑贬值得厉害。这笔账算来算去，他还是吃了大亏。

亨利八世一辈子都在各种还债中度过。即使在 1547 年驾崩的时候，他还欠着 7.5 万英镑。这笔钱就全部留给了他的子孙后代，让他们慢慢去还吧，反正他老人家驾鹤西游了。

昏着迭出的筹钱办法

亨利八世的债务到伊丽莎白女王的时候，每年要还 27.9 万英镑，而这时英国王室的岁入才只有 27.6 万英镑。也就是说，女王每年不吃不喝收入都不够还钱的，这样一来，也不敢打大规模的仗了。伊丽莎白女王的一生基本上都是用联姻做诱饵，欺骗各国和英国结盟。最多是跟西班牙无敌舰队打了一场大仗，而她组织海外战争的方法全靠培养海盗头子，德雷克勋爵就是这样粉墨登场的。海盗头子们可以自己去筹钱，反正政府是没有办法了。

伊丽莎白最后被债务纠缠到变卖皇家园林，拍卖王室土地，甚至卖官鬻爵。卖官鬻爵是人类历史上最臭名昭著的一种筹钱办法，因为一个人花了 100 万英镑买到官，肯定要收回不止 100 万英镑。这些钱从谁身上收呢？一层一层地往下收，最后苦了老百姓。伊丽莎白也实在是没有办法，她手里只剩下最后一张牌，就是亨利八世留给她的宗教地产，她可以把那些地产卖给当地乡绅。亨利八世确实用这个办法补充了相当大一部分的亏空。但这个办法会种下一个可怕的种子——这些乡绅买了地之后，开始炒地皮，发了一笔大财，慢慢变成一股强大的势力。亨利八世在位期间，这还不算是一个很严重的现象，等到伊丽莎白去世的时候，乡绅的势力已经成了规模，他们逐渐控制了英国的下议院。

英国议会的上议院主要是大贵族和教士，下议院是贵族的代理人，也就是这些乡绅。圈地运动之后，很多贵族也想加入炒地大军，但是他们既懒又没有本事，这些乡绅就成了他们的代理人。而且，贵族不愿意组织人手下乡征税，就靠这些乡绅替他们去。乡绅有点儿像中国的里正和保甲长。如果某个乡绅工作得力，贵族就会把他推荐到下议院去，替自己说话。这样的人越来越多之后，乡绅在下议院就也变成一股势力。

在伊丽莎白女王执政后期，乡绅的总人口不仅翻倍，他们的收入也翻了 3 倍，比物价上涨还要快，变成一个非常重要的政治势力。下议院人数也跟着涨了不止 1.5 倍，从 300 多人涨到 460 人。

伊丽莎白女王去世后，王位传给了她的外甥。由于伊丽莎白没有直系继承人，都铎王朝也就此结束，苏格兰斯图亚特王朝的詹姆斯一世成了英格兰国王。詹姆斯一世来到英国一看，怎么你们英格兰的下议院都是些土老帽啊？这些人可不像詹姆斯一世心目中的那些大贵族，贵族至少得崇尚武力吧？至少得文质彬彬吧？再不济也得绅士点儿吧？但这些乡绅可不是这样，就是一个个土锤，因为钱包厚，脾气还特别大。他们手里有钱，国王要打仗就得找他们要钱，跟他们掰扯，所以国王从来占不到什么好处。

詹姆斯一世了解一段时间之后才明白：原来英格兰这些年是靠卖官鬻爵来增加政府收入的，他原来在苏格兰当国王的时候，可不是这样的。想征税，派人打个招呼就行了。现在没有办法，入乡随俗吧。詹姆斯一世不是土生土长的英格兰人，他对国家其实没有什么感情，既然你们都这么干了，我就变本加厉地干。在詹姆斯一世统治时期，卖官鬻爵的收入已经占到财政收入的 40% 了，是财政收入的重要支柱。

詹姆斯一世还是一个有国际视野的国王，他学习了一下其他国家都是怎么发展的。当时法国和西班牙已经有非常强大的王权了，就很值得学习。

法国当时是路易十三在统治，就是著名的《三个火枪手》描写的那个时期。《三个火枪手》《二十年后》讲的基本上都是这一时期发生的故事。小说里面有个著名的红衣主教黎塞留，就是当时法国的一个权臣。

在当时的西班牙，也有一个权臣，叫奥利瓦雷斯。

詹姆斯一世学习了一下，觉得自己也需要个白手套，他就找到《三个火枪手》里著名的人物：白金汉公爵，让他帮自己敛财。伊丽莎白女王任用的那些掮客，类似于格雷欣爵士，都被他撵走了。不需要借钱，敛财就行；借钱还得还，敛财不用还。

其实白金汉公爵是一个很不靠谱的人，他不像黎塞留。虽然《三个火枪手》把黎塞留写得非常奸诈、邪恶，但真实的黎塞留是一个非常有能力的人。他既会弄钱，又会协调国际关系，还知道怎样做大王权，怎样削弱贵族势力，是一个非常优秀的政治家。可白金汉公爵就是一个纨绔子弟，从来不思考什么国际关系、国际利益。他也没有格雷欣的本事，根本借不来钱。但他还瞧不起下议院的那些乡绅，甚至觉得上议院的贵族都不如自己。时间一长，他在朝野中变得臭名昭著。

詹姆斯一世只求安安稳稳度过一生，在很小的时候，他的母亲苏格兰玛丽女王被伊丽莎白给处死了，从小他就缺少安全感，活在巨大的阴影之下。当他把王位传给儿子查理一世的时候，问题就来了。

故事主角现身，著名的查理一世登上了历史舞台。

查理一世上台时非常年轻，驾驭不了白金汉公爵。而白金汉公爵满脑子都是虚荣且不切实际的事情。《三个火枪手》里写过一个著名的拉罗舍尔围城战，这场战役就是白金汉公爵脑子一热发动的。《三个火枪手》小说里写到，白金汉公爵和路易十三的王后偷情，被黎塞留发现了。王后送给白金汉公爵一串项链，其实那串项链是路易十三送给她的定情信物，这项链被白金汉公爵拿回了英国。黎塞留发现白金汉公爵和王后有奸情，没有直接对国王说，而是怂恿国王办个舞会，让王后戴着项链出席舞会。这样一来，王后不就要出丑了吗？白金汉公爵恼羞成怒，发起了拉罗舍尔战役，给法国捣乱。在过去，笔者一直认为这是一个类似于“顺治出家”“吕四娘和雍正爷的爱情”一样的坊间传说，直到读了休谟的《英国史》之后，笔者发现这居然确有其事，白金汉公爵就是因为王后才发动了战争。

为什么叫拉罗舍尔围城战呢？法国一直在打宗教战争，当时的新教徒被赶来赶去，最后被赶到了拉罗舍尔，这个地方就成了新教徒的据点。英国当时已经完成宗教改革了，也号称是新教，白金汉公爵就指使拉罗舍尔的新教徒去打巴黎。其实这是在发展一批英国的带路党，给法国国王捣捣乱，并没有多大的战略意义。这场仗的结果就像小说里写的，英国大败亏输。除了极个别的小战斗获胜之外，英军整体上输得一塌糊涂。

白金汉公爵回国之后，想到议会解释，没想到被议会喷成了筛子。当时人们甚至写了一个《权利请愿书》，状告白金汉公爵贪权误国，还说国王任用权臣，议员有责任清君侧，这里面还带出来一些卖官鬻爵、苛捐杂税的烂事。英国人从詹姆斯一世时代开始积攒起来的所有怨气，全都发泄在白金汉公爵一个人身上了。

白金汉公爵当然不服，就跟议会吵了起来。他一怒之下跑到大海边，组建一支海军，准备在海上打击法国的舰队。结果在视察舰队的路上，被当时远征拉罗舍尔的一个下级军官刺杀。这段在《三个火枪手》里也有相同的桥段，小说里描写的是费尔顿男爵因为受了米莱狄的怂恿，才刺杀白金汉公爵。但真实情况是一个非常不满白金汉公爵的下级军官，在远征法国的途中受了很大的心灵创伤，一怒之下和白金汉公爵鱼死网破。

查理一世的救命稻草

靠权臣敛财的办法，查理一世从刚上台开始就用不成了。查理一世从父亲那里也没有学到其他技能，好比任用类似格雷欣爵士这种掮客。他脑子里一直想的就是怎么再从议会抠出钱来，哪怕用点儿下三烂的手段。查理一世想：看看隔壁的法国，人家的国王想干什么都能干，而且他们连议会都没有，唯一剩下的一个三级会议也解散了。再看看咱们，我想要点儿钱怎么就这么费劲呢?

有一天，查理一世终于找到一个由头，可以好好和议会商量一下。遥想当年，詹姆斯一世想给儿子举办一场婚礼，和西班牙公主联姻。本来查理一世挺高兴的，可以娶新媳妇了。但没想到西班牙这边抗婚，婚就没结成。詹姆斯一世摩拳擦掌，想和西班牙打一架，要不也太丢人了。结果仗还没开始打，詹姆斯一世先去世了。于是查理一世一即位，第一件事就是得和西班牙打一仗，把媳妇抢回来。

一开始，查理一世客客气气地想让议会批点儿钱，可议会就是不同意，他碰了一鼻子灰。查理一世只能向富人强行借款，最开始还借到点儿钱，可偏偏这个时候跳出来五个打死都不借钱的小爵士，这些人也是为钱不要命了。查理一世把这几个人抓了起来，其实就是想吓唬吓唬，让他们把钱交出来就行。可这时候议会不干了，跳出来对着查理一世劈头盖脸一顿痛骂——你这样的行为不尊重人权，是在践踏《大宪章》。查理一世蒙了，《大宪章》是什么玩意?我怎么从来没听说过?闹到最后，查理一世吵不过议会，只能把这五个人给放了，钱也没弄来，最后卖了王后的嫁妆，这才凑足了钱远征西班牙。

和西班牙这场战役如果打赢了，这场风波也就过去了，结果这场仗没打赢。这下查理一世怒火攻心，把账全都算到了议会头上。他跑到议会还没说话，有个叫艾略特的站起来先把他臭骂了一顿："陛下先别说税收的事。您先说说那五个爵士，您到底要不要给他们道个歉？"查理一世强忍着听完，气得天旋地转：我好歹是国王，被你们一群土老帽这么骂来骂去的，成何体统！这议会你们也别开了，解散了吧！

查理一世一怒之下，宣布议会解散。在后来长达 11 年时间里，议会再也没开过。

解散议会容易，但税收问题还没解决，这也是摆在每个英国人面前必须解决的问题。英国的议会和国王互不相让，只能存在三种结果：

第一种，天平倒向国王。

如果查理一世的君权继续维持强大，他扳倒了议会，英国就会变成西班牙这样的国家，君权强大到可以为所欲为，甚至可以动用一些宗教的手段来维护统治。当时西班牙成立的宗教裁判所就是用宗教的方式奴役民众。查理一世第一次关停议会，已经释放出一个很清晰的信号：王权要独立，不跟议会的乡巴佬妥协。之后议会也在暗自较劲，发展自己的势力。

关停议会其实也不是查理一世自创的。在这之前，大约 1614 年，法国也把三级会议给关闭了。可是后来，法国的历史演变来演变去，由于民间长期没有代表，同社会上层之间已经隔绝了。隔绝的结果就是一旦有一个火星子点燃，民间和上层连正常的沟通解决机制都没有。其实只需要几个议员和国王在议会讨论一下就解决了。法国当时没有这种机制，所以出现了民众攻占巴士底狱、军队哗变，甚至各地贵族带着农民起义来解决问题。后来法国大革命一发而不可收，形成了长达 10 年动乱的局面，给法国带来了永远无法弥补的伤害。

第二种，天平倒向议会。

如果查理一世的君权一点一点被削弱，就会出现另外一种结果——英国可能会倒退成神圣罗马帝国或彼时的波兰。那个年代的波兰在整个人类政治史上都是典型案例。波兰由于没有形成中央集权，大贵族和波兰大公在名义上是平等的，国王只能把地方诸侯勉强地聚在一起。这些诸侯手里还有一票否决权，如果君主提出一个动议，在议会里只要有一个诸侯反对，动议就无效。波兰从来没有形成有效的国家动员机制。这种体制在和平时期看起来还挺好的，大家其乐融融，谁也不侵犯谁。可一旦出现强邻环伺的情况，就很危险了。波兰有几个强大的邻居，比如在彼得改革之后崛起的沙皇俄国，或者开始军事化的普鲁士（此时也完成了整个国家的动员，变成一个大兵营似的国家），还有旁边的哈布斯堡王朝，虽然规模不是很大，但通过联姻也形成了一个强大的政权。后来波兰被周边这几个强国一点一点蚕食侵略，最后国家都没有了。

英国选择了第三种结果：两边同时发力，把天平给撅折了。

查理一世担心税征不上来，同时也怕自己和民间丧失沟通能力。问题还是要解决的，查理一世在家想来想去，最后从兜里掏出一张牌——宗教！这张牌当年亨利八世用过，西班牙也在用这个办法。在查理一世看来，下一步肯定要向西班牙学习，把宗教弄得无比强大。其实玩宗教这一手也不是他先开始的，詹姆斯一世的时候就已经开始了。詹姆斯一世曾经组成了一个小顾问团，专门帮他写书论证君权神授，也就是国王的权力是上帝赋予的。

当时詹姆斯一世带人写过一本书——《自由君主制的真正法律》。这本书里提到，君主是上天的代表。不久之后，詹姆斯一世又出了第二本书，叫《神权》。《神权》论证的是老百姓应该对国王绝对服从。想要论证君权是上天赋予的，总得拿出点儿什么东西来证明吧？

在英国历史上，不止一个国王这么想过，在中世纪的时候就有国王弄点儿神神鬼鬼的东西，然后让民众觉得自己很神秘。当时有一个国王能治病的传说，叫作“国王的神迹”。于是法国著名史学家布洛赫专门写了一本书《国王的神迹》来论证这件事。当时有种病叫瘰疬病，就是脖子上生疮，国王如果用手去碰一下，病就可以治好。这么宣传是因为在《圣经》里有过类似的描写。

詹姆斯一世请的都是些大学教授，其实写来写去也没有论证清楚。所以詹姆斯一世就得到一个外号：“基督教世界里最聪明的傻瓜”。大家都把这事当笑话看。詹姆斯一世和著名的大法官柯克有一段很神奇的对话。柯克在英国法制史上非常有名，算是开山祖师级别的人物。

詹姆斯一世跟他说：“你说说看，我是不是上帝派来的最高法官？”

柯克说：“法律是我们这些法官分内的事，即使您是上帝指令的天才，您也要受到英国普通法的约束，您说的这事跟我没有什么好辩论的。”

很多著名的法律教科书都记录了这段话，柯克被评价为代表了英国法律的尊严，任何人不管是国王还是大臣，或是贵族，都要受到普通法约束。可是故事还有后半段。柯克说完这段话后，詹姆斯一世暴跳如雷：“你跟我讲什么王在法律之下，你是叛国者！”吓得柯克匍匐在地，祈求詹姆斯一世原谅他。

这才是故事的下半段。

能文能武的倒霉蛋

不管怎样，詹姆斯一世一直都在小心翼翼地和这些精英保持平衡，仅限于学术探讨，并没有真正说自己就是神。可詹姆斯一世却把自己这些想法灌输给了查理一世。查理一世是一个非常听话的孩子。他小时候因为口吃有点儿自卑，詹姆斯一世为了鼓励他，就跟他讲："其实你是神，你要相信自己，你只受上帝的约束，你不受人间任何人的约束。"

查理一世从小就翻遍了各种书，他是一个真懂神学的人。詹姆斯一世只是找了一帮人替自己写书，查理一世却是半个学者。而且查理一世能文能武，从小就喜欢骑马冲锋，带兵上阵。在打仗的时候，好几次已经进入对方火枪的射程了，他还在带兵冲锋呢。吓得身边的大臣心想：这要真把王子给整没了，可就惹了大事，回去怎么跟詹姆斯一世交代啊？

查理一世还特别喜欢演讲。他虽然天生口吃，但后天靠自己的努力把口吃治好了，讲得有声有色，还能引经据典，动不动就把《撒母耳记》《圣经》中扫罗受膏为王这些典故全都用上。

利用宗教这件事从一开始就在查理一世内心种下了种子，后来慢慢发芽，成了国家战略。从另外一个角度看，白金汉公爵之所以联合法国的胡格诺教徒去打巴黎，也是宗教原因。英国是新教国家，胡格诺也是新教徒。这时候的欧洲，由于马丁·路德宗教改革在德国产生了巨大影响，德国有的诸侯选择了新教，有的诸侯选择了天主教。这两派诸侯打成一团，爆发了一场大战。由于这场战争断断续续，一共持续了三十年，所以叫"三十年战争"。

在战争过程中，法国黎塞留出台的政策都和国际形势有关，不只是宗教战争。法国人有的时候站在天主教一边，有的时候站在新教一边。站在哪边全看形势对自己是不是有利。再看英国，整个三十年战争中，一边倒地支持新教。查理一世无论是打西班牙还是打法国，本质上都出于一个理由：你们是天主教国家，我就看你们不爽。站在查理一世的角度想，打圣战当然有必要。詹姆斯一世终其一生也无非是和教授们聊聊学术，如果查理一世能在军功上成为新教世界的象征，和所有新教国家，例如当时的荷兰、丹麦、普鲁士，可以形成一个有效的结盟体制，那他就是新教盟主，成为上帝在人间的新教代表，这可比当年的亨利八世厉害得多。

圣战这件事在英国关停议会之后就变成国策了。那几年，查理一世一边想着怎么继续卖官鬻爵，一边想着是不是再搞点儿小动作，在宗教上再添一把火，比如说在英格兰试点新教。可他试行一段时间之后发现，民间的抵触情绪非常强烈。没办法，他就跑回自己老家苏格兰去试。查理一世想，如果能把苏格兰控制得特别好，将来用苏格兰制约英格兰也不错。

查理一世万万没想到，当他热火朝天地在苏格兰试点新教的时候，苏格兰教会又臭又硬，根本不买他的账。在苏格兰，所有事都听教会的，和国王没有任何关系。既然查理一世已经到英格兰当国王去了，那您就好好当您的国王，不要回来管闲事。其实，苏格兰宗教一直是个老大难问题，詹姆斯一世从小在苏格兰长大，他当然清楚这东西不能碰。可是查理一世从小生在英格兰，没想到这一层。

查理一世勃然大怒，派兵去苏格兰，用军事手段强制推行宗教改革。可苏格兰此时全民皆兵，所有的领主、地主带着佃农跟查理一世对抗。市民也给他们提供资金，帮他们联络那些既落后又尚武的高地民族，一起对抗查理一世。查理一世带着兵去，结果灰溜溜地回来了。他这下尴尬了。这时候有人说：要不要开议会？毕竟这回是因为打仗，可以找他们多征点儿税。

查理一世想来想去，实在是没有别的办法，只能试探性地开了议会。结果这一开可不得了，议员们积压了 11 年的怨气全都发泄到了查理一世身上。查理一世看了看，心想还是算了，这些人惹不起，虽然 11 年过去了，他们还是这副德行。查理一世赶紧又把议会解散了。这就是在英国历史上的“短期议会”，查理一世之前解散的叫“长期议会”。

这时候，查理一世有一个能干的大臣，叫斯特拉福德。他出了个主意：当年亨利八世打西班牙的时候，征过一个叫“船税”的税种，那些贵族、乡绅不好惹，不如从这些港口收钱。当时英国有一些港口和大城市不在贵族的控制之下，是一些市民自发组织起来的，直接隶属国王。斯特拉福德想让这些港口提供几艘船，然后把这些船卖了换钱，再和苏格兰开战。可是船税征来征去，第二年查理一世一验收，发现只有一个城市按期交了货，其他城市连钱都不愿意交，还有一些绅士直接把征税的官吏告上了法庭。

此时的查理一世已经被绑上了一架战车，只能往前开。苏格兰战争如果不打，他今后跟议会再也没有能力博弈了。如果他打了仗，虽然不一定能赢，至少还有一博的机会。在这种情况下，他硬着头皮又去了一趟苏格兰，结果又一次大败亏输。不仅输了战争，还被迫签订了一个丧权辱国的条约，给了苏格兰一笔赔款。

魔鬼是怎么样被召唤出来的

这下查理一世彻底尴尬了，还要不要再打？如果再打一次赢了，这些耻辱咱就假装没看见。如果再输，再输就再说吧。查理一世现在只能牺牲一下给他出主意的斯特拉福德了。既然仗打败了，总得有个人背黑锅，那只能斯特拉福德来背了。斯特拉福德被人列出 28 条罪状。面对这 28 条罪状，斯特拉福德当场一一驳斥，只有一条他驳斥不了，就是叛国罪。因为叛国罪无法举证，国王说你叛国你就叛国了。最后斯特拉福德被拉去泰博恩广场，当场斩首。

直到现在，无论是休谟也好，还是其他英国近代史学者，都认为斯特拉福德死得非常冤枉。他就是查理一世的办事员，而且是个非常有能力的大臣。斯特拉福德在爱尔兰政绩卓越，带领爱尔兰农民脱贫致富。斯特拉福德死后，苏格兰人越战越勇，民众聚成一团，形成了一个叫作盟约派的组织，专门对抗查理一世。查理一世痛失左膀右臂，只能再度召开议会，这时已经到了 1641 年。

当查理一世灰头土脸地来到议会时，十分尴尬。他从即位到现在，折腾了这么多年，无论是三十年战争还是苏格兰战争，没打过一次胜仗。他在议会自然也没有说话的权利，议员们的怨气泼水般发泄在他身上。

当时有五个议员一看国王进门，就递交给他一份《大抗议书》。查理一世一看，这哪是什么抗议书啊，分明就是让他下野的弹劾文书！按这个《大抗议书》来操作，等于以后查理一世得退居二线，大事小情全是议会说了算。查理一世气得带人到处抓捕议员。

他到下议院后发现人都跑光了。大家都知道查理一世已经神志不清，指不定做出什么事来。查理一世一看人都没了，自己也从伦敦一溜烟去了诺丁汉，之后就在诺丁汉和议会谈判。谈判的内容无非就三点：国王到底有什么权力，议会到底出让什么权力，今后仗还要不要打。大家讨论来讨论去，也没讨论出个结果。查理一世一看，算了，苏格兰也不打了，先跟议会开打吧。英国内战全面爆发。

走到这个地步，罪魁祸首是谁？没有人是罪魁祸首，就是天平的左边和右边失去了平衡，大家一起用力，把天平撅折了。

整个战争前前后后打了六年，查理一世两次被俘。第一次他还可以强硬点儿，毕竟他是国王，也没有人敢把他怎么样。但到第二次的时候，由于战争打得非常惨烈，议会这边最开始被查理一世打得节节败退，有些底层军官趁机上台，这里面就有著名的奥利弗·克伦威尔，也就是后来的护国主克伦威尔。

克伦威尔是一个地道的清教徒，虽然他早年间是一个浪荡公子哥，但后来受到上帝的感召，变成一个非常强硬、非常朴素的人。他不仅在战争期间整顿军纪，还用强大的感召力让军队奋勇向前，再加上他不容小视的军事才华，最终带领议会军取得了战争的胜利。克伦威尔既不是贵族，又对王权没有偏爱，加上他又是个清教徒——清教徒在英国历史上被国王反复地镇压和迫害。信奉清教的人一般都是穷苦出身的底层人民，让他们抓住了国王，还能放过吗？此时的局面已经脱离了议会的控制，倒向了暴徒和暴民的一边。

其实克伦威尔在议会军里不是顶层军官，他上边还有一个人，叫费尔法克斯。费尔法克斯自始至终都不支持处死国王，很多老百姓和底层军官也反对，上上下下都没有共识。

克伦威尔和极小撮一批人，趁着议会大军还没有到伦敦，率先押着国王进了伦敦。克伦威尔身边聚集了一大拨再洗礼派、千禧年派，这些都是当时新教的小教派，甚至还有一些特别极端的，主张无政府主义，别说共和政府，连议会都不要，大家各过各的日子最好。克伦威尔身边聚集了这样的一群人，他们押着查理一世，吵嚷着要处死国王，硬是把国王送上了审判席。

这些暴徒组建的法庭，连走完程序的人数都凑不齐。举几个例子。当时有两个大律师，他们一听克伦威尔要审判国王，就装病不出门。其中一个问另一个："咱哥儿俩是不是心里想得差不多啊？"另一个就说："是是是。只要咱俩装病，把这事躲过去，之后都好说。"但是两个人躺在床上想来想去，还是觉得不安全，就雇了辆马车，当天从伦敦逃走了。

克伦威尔还委派了一个检察长。检察长一听是起诉国王，吓得躲在被窝里不敢出来，等到审判结束之后才跑出来。主持这场审判的大法官在临出门之前，妻子跪在地上，抱着他大腿不让他去。这个大法官就给克伦威尔写信，问能不能把他的职务撤销掉，他都那么大年纪了，不想当大法官了，要退休。可是克伦威尔不管他们这些，硬是派了一批人，押着他去了审判现场。

审判过程也非常奇葩。查理一世从头到尾一句话不说，也不请律师为自己辩护。检察长装病不出来，于是他们拽来副检察长审判查理一世。这个副检察长为什么就不怕死呢？因为他以前是斯特拉福德的秘书，对斯特拉福德感恩戴德，对查理一世充满仇恨，因为查理一世把他原来的老板送进了监狱，导致他还得重新找工作。这个副检察长慷慨陈词，说查理一世是坏人，做了许多坏事。查理一世有时实在听不下去了，就在后面拿拐杖捅他，捅得副检察长非常生气，有一次捅的劲太大了，把拐杖的银尖都给捅到了地上。

其实查理一世如果在法庭上给自己辩护，这几个法官也不敢判他死刑，就是因为他自始至终一句话都不说，也不找人辩护，这些法官顶不住克伦威尔的压力，只能给他判了死刑。接下来就是本章开头的那一幕，查理一世被送上了断头台。他终于圆了自己的梦想，变成一个殉道士。他在殉道之前还不停地说“我真的要去了”“我要殉道了”，最后念念叨叨被送上了断头台。

这就是为什么查理一世在死了之后，地下文学如此畅销，为什么那么多人都在怀念他。查理一世死得莫名其妙，也没人想到查理一世竟然会被杀死。这也是为什么查理二世复辟之后，反攻倒算只处理了几个人。查理二世只办了当时的“弑君三巨头”：克伦威尔（那时已经死了，就把他的尸体挖出来鞭尸）、被强行押去的大法官以及副检察长。其他人都没受到牵连。

克伦威尔的暴政

议会和国王的对抗，召唤出来一个恶魔——克伦威尔。

克伦威尔上台之后做的事情，比英国历史上任何一个坏国王都要坏上十倍、百倍。比如，议会原以为只要把国王打服了就可以，他们万万没想到，国王被克伦威尔给弄没了，于是议会就开始争吵，形成了两派：一派叫圆颅党，另一派叫保王党。圆颅党其实是一种讽刺的说法，指的是拥护克伦威尔这一派清教徒的人，也就是社会底层的一帮人。保王党并不是完全拥护查理一世，而是一些认为查理一世不该死的人。这两派人就在议会里吵成一团。

克伦威尔说：“你们吵什么呀？我手里有兵，我有5万人呢！”竟然把议会给解散了！所谓的保王党全部被驱逐出议会。这样一来，议会还剩下60到70人，史称“残缺议会”。这就是克伦威尔上台之后做的第一件事——自己独大。国王和议会，这两个对他来说都是多余的，他只要自己一个人统治全国。

表面上看议会赢了，实际上国王和议会都是输家，便宜了一个叫克伦威尔的混混。克伦威尔上台之后，原来拥护他的人，例如那些平等派，还有所谓的千禧年派，他都看不顺眼了。这些人实际上是无政府主义者，克伦威尔要的是军事独裁，这些人整天要解散政府、解散军队，在他看来也该杀。

于是他上台之后做的第二件事是把一个非常拥护平等的将军——李尔本给抓起来审判，最后判了死刑。李尔本在内战过程中发挥了极其重要的作用。开了这个先例之后，克伦威尔就不停地审判那些对他不忠的军官。当时监狱里住满了政治犯，原来拥护他的平等派、掘地派全部被他清洗。当时有个所谓的掘地派，其实就是些穷苦老百姓自发组织的社团，也被克伦威尔血腥镇压。

克伦威尔发现这样还是巩固不了统治，就出台了一些臭名昭著的清教法令。比如说，不许妇女穿彩色衣服，不许戴装饰品，所有在教会允许之外的性关系都是犯罪，要接受审判。他在全国设了十二个军区，每个军区派一个将军，将军下边有专员。这些专员和法国大革命时期的镇压反革命专员差不多，他们认为谁是反革命，就可以把这些人杀掉。如果有人抗税，也可以凭借反革命罪把人杀了。全国上下推行了一套恐怖统治。

他的恐怖统治还蔓延到苏格兰和爱尔兰。当时爱尔兰和苏格兰听说国王被杀了，有的百姓迅速组织一支叛军。克伦威尔听说后，立即派将军到爱尔兰，第一件事就是拍卖所有起义者的产业。后来他又命令所有的军官，只要进城一律屠城，要彻底熄灭爱尔兰人的反抗意志。直到今天，爱尔兰人提起克伦威尔，没有不恨他的。

克伦威尔在苏格兰也执行了一套类似的政策，导致苏格兰人也特别恨他。休谟说：人类历史上可能只有克伦威尔有本事让英格兰人、苏格兰人和爱尔兰人都对他恨之入骨。

克伦威尔这样的威权统治显然维持不了多久。他死了之后，他的儿子控制不了局面。当时有个军官叫作蒙克，从国外迎回了查理一世的儿子查理二世。摆在查理二世和所有英国人民面前的就是一个烂摊子。由于国王和议会之间的这种不妥协，他们亲手召唤出一个魔鬼，导致了一个根本就无法收拾的局面。英格兰此时已经跳进了各种各样的大坑无法自拔，左的不行，右的也不行；国王强大不行，议会强大更不行。

这个局面看起来好像是一盘死棋。

“坏国王”的三项宝贵遗产

就在内战前后，英国出了两位大神，为英国人在一盘死局中找到了第三条道路：一位是托马斯·霍布斯，另一位是约翰·洛克。

霍布斯的代表作是《利维坦》。他恰好赶上了克伦威尔执政的时代，因此他对政治的本质有不一样的思考——权力的本质在于平衡。当权力失去了平衡，暴君就会出现，整个社会就会进入无政府的状态。在他看来，最坏的专制也比无政府状态要强。霍布斯亲眼看着克伦威尔带着一群暴徒进了伦敦，杀掉了查理一世。《利维坦》出版的时候，克伦威尔还以为霍布斯是要论证他的军事独裁有道理，没有把霍布斯怎么样。其实霍布斯描述的就是他这种无政府统治。

霍布斯的政治智慧被越来越多的人发现，原来再坏的国王也比没有国王要强，所以在查理二世复辟之后，议会上上下下都认为应该对国王适度地妥协。更幸运的是，查理二世其实是个非常优秀的政治家。由于他早年流亡海外，过着非常贫苦的生活，所以从小就培养出一套享乐主义的价值观。他有一个外号，叫“快乐王”，他的时代叫“快乐的英格兰”。

查理二世带着伦敦人民大搞公共设施建设，建造了一系列巴洛克广场。巴洛克艺术在查理二世时期得到了非常好的推广。查理二世还花很多钱来供养以鲁本斯为代表的宫廷画师。

查理二世和议会的关系也很好，他觉得没有必要跟议会来硬的。同样议会也明白，国王想要什么，只要不侵犯议会的权力，完全可以跟他友好相处。好比说，很多人劝查理二世信天主教，但查理二世觉得这样会跟议会产生矛盾，于是拒绝了这个建议。后来光荣革命的时候，英国人即使赶走了国王，也要从外国迎来一个新国王。安妮女王死后，英国人从汉诺威——一个德国小国迎来几个国王。因为这几个国王英语不怎么好，基本不上朝，把权杖放在那儿，算是给大家一个交代。这其实就是变相的简政放权。

议会慢慢也明白，大家不能总是叽叽喳喳吵成一团，需要有一个人汇总意见和国王交涉，于是出现了一个职务——首相。首相对议会和国王负责，单个的议员平时不与国王接触，他们只需要骂首相就可以。今天英国的君主立宪制度，实际上是在汉诺威王朝时期形成的。几任首相在议会里纵横捭阖，处理各种关系。首相负责协助国王决断国家大事，包括宣战、筹钱、征税等事务。如果首相能力不行，随时可以换掉。这套制度慢慢地演变，成了今天的君主立宪制度。

多米诺骨牌一旦推开，后面的逻辑就更通顺了。接下来英国人学会了另一个道理：凡事能拖着尽量拖着，不要一股脑解决。经过了《权利请愿书》和《大抗议书》之后，议会终于明白，如果和国王硬来，大家只能鱼死网破。英国人在之后两三百年里逐渐形成了一个政治智慧：凡事尽可能不要一次性解决。

直到 18 世纪，英国国王还有非常大的权力。国王有权对外宣战，可以征税。尤其后来的乔治三世国王，他开始从议会收回权力，非要和美洲打一仗，议会也没办法。但是又过了 100 年，到维多利亚女王时期，当时的首相叫墨尔本，是跟维多利亚女王关系非常好的一个本家叔叔。由于老公去世，维多利亚女王心情郁闷，整天在家里伤春悲秋，墨尔本就让她在家里专心忧伤，她的行政权力一点点被墨尔本勋爵拿到了手上。整个过程既没有立法，也没有复杂的政治博弈，就是一代人形成共识之后，再传到下一代，使共识变成事实。

英国人把这套智慧运用得炉火纯青。后来英国出了个费边社，是 20 世纪一群知识分子组织的。费边社看起来像是一个左派的工会组织，但费边社跟当时欧洲所有的工会都不一样。费边是当时古罗马的一个将军，和迦太基大将汉尼拔作战，打仗非常有章法——他的战术就是尽可能拖着，把敌人引入境内，然后坚壁清野，就是不打大规模的接触战。这是费边主义的雏形。

费边社的出发点不是维护工人权益，而是说全世界的工人都在争取权益，这是必须承认的事实，应该尽可能一点点地把权力放给工人，让他们逐步获得权力，且不让局面失控，进而造成不可控制的社会动荡。费边社的这些知识分子解决问题的本质就是一个字“拖”，这是英国从内战总结出来的第二个智慧。

第三个智慧是有序地开启新的尝试，让主导现有利益格局的人不要再围绕存量打转。

再好的国内博弈，也不如让大家都去积累财富。当财富积累到足够多的时候，议会的权力和国王的权力完全可以达到平衡。国家越富有，国王就越安全。这是洛克的《政府论》下篇中一个很重要的观点。洛克为产权做了很系统的论证。他认为：占有了一块土地，并在上边劳动，产生了劳动成果，这块土地就应该归劳动者所有。洛克的哲学观点逐渐地被英国人所接受，大家疯狂去海外寻找增量土地。很多人因此移民到美洲，开垦美洲的土地。因为他们知道，这片土地只要开垦过，在上面付出了劳动，这块土地就能归自己所有。

洛克为英国人开启了一个新的思维方式：不要在存量上打转，不要为了一个政治问题不停地纠缠，甚至打来打去、战火不停。与其这样，不如去海外寻找未来。政治层面的事都是小事，大家稀里糊涂地过未必就是不好的，甚至还可能是天大的好事。

佩里·安德森在《绝对主义的国家系谱》里面还讲到英国贵族另外一个特点——非常热衷于扩张。他们喜欢雇用私人部队满世界抢劫，这个传统发展到光荣革命时，变成一个新的形式——大力发展海军。

海军有一个巨大的优势：船既可以用来打仗，又可以用于经商。英国人把大量心思花在建设海军上。与此同时，曾经赶超他们的法国和西班牙还热衷于在陆地上打仗，最后一点点耗尽了自己的国力。

— 逆袭心法小贴士—

从自我纠结到自我迭代

我们可以从英国内战的故事里学习到人生逆袭的一种新的思维方式。我们看到一个国家经常因为内部互不相让，最后发起了内战。我们也看到过一个组织（比如当年的索尼）新部门和旧部门之间互不相让，因为新部门崛起必然会动旧部门的“蛋糕”，最后要么旧部门完胜，进而扼杀了创新；要么就是新部门完胜，让企业走上了冒险之路。

作为个人也是如此。人最难的是说服自己，说服自己放下现在的安全感，去尝试新事物，或许这是世界上最艰难的事。这个时候，我们可以试试英国人自我迭代的思路。

首先，不要把新事物和现有的格局当作二元对立、不可妥协的格局。我们辛辛苦苦建立的稳定工作不应该放弃，这既是对过去的自我肯定，也是对未来负责任。

其次，在此基础上，时刻提醒自己，现在的稳定已经是过去时，从此刻开始，我们每做一件事都是为争取明天的新事物做准备的。只不过时间是最好的朋友，当有一天今天的稳定和收入在现有框架中占据的份额越来越小，问题也就自然消失。

再次，从自己过去的经历中寻找一些最擅长、最想做、最有优势的内容，想想是否有可能与新的行业嫁接，产生新的果实。好比如果你擅长写作，原本是写文案，现在是否可以尝试一些微信文章或者畅销书？如果你擅长采购，原本是做采购专员，现在是否可以和电商结合，尝试一下供应链管理？

乔布斯有一个心法：如果你不知道现在该做什么，不如换个角度想，接下来几年什么会让自己一败涂地。消灭台式电脑的很有可能是便携式设备，于是苹果做了 iPod；消灭 iPod 的很有可能是手机，于是苹果又转型做了智能手机。放在个人身上，如果消灭纸媒的必定是新媒体，何不现在开始尝试微信传播？如果消灭线下实体的必定是电商，何不现在多去电商行业积累经验？

当用这种方式完成了自我迭代，等机会来临的时候，你会突然发现，自己早已经脱胎换骨，成为一个自己都不认识的人。

PART

03

引爆与精进：实现跨越式发展

第 五 章

引爆的逻辑：用不解决的方式，解决不可能解决的问题

怎样面对那些不可能解决的问题

这一章我们会涉及关于要不要逃离北上广的问题，当然，笔者不是围绕着这个问题本身在讨论。因为如果大家愿意放弃“毒鸡汤”，就一定不再纠结。我们当然不能逃离北上广。

笔者更想聊的话题是：如果我们人生中真正遇到不可能解决的问题，到底该怎么办？

家家有本难念的经，我们的人生又何尝不是总有些绕不过去的火焰山？学历低、专业不好、出身不好、先天条件不足、职业有瓶颈……短板举不胜举。

逃离北上广，大家也是这样的心态。总有些困难我们绕不过去，如果算算收入，奋斗 10 年只能买个厕所，孩子上学也不方便，当然有人想打退堂鼓。如果这些困难还不足以打败你，你还心存奋斗改变命运之念，想想医疗、生活成本上涨，心里不免又是一阵冰凉。

在这一章，笔者想告诉大家英式思维的另外一个维度——如果一个问题真的解决不了，那就不要去解决，让这个问题慢慢变得不重要，就

是问题的解决之道。下面从伦敦城的发展史开始，看看英国人是怎样通过不解决的方式，解决了那些根本不可能解决的问题。

大城市病怎么治

在欧洲各大城市里面，跟今天的北京最像的就是当年的伦敦。除了都遭遇过雾霾围城之外，伦敦当年的整个城市规划和城市功能设计跟北京都很像。伦敦既是行政中心，又是经济中心，在发展过程中成为全球金融中心。中国历史上也有很多全国性的大都市，如宋朝的开封、明清的北京，但是这些城市只有行政功能，经济功能不强。中国是在最近几十年，才有了经济功能和行政功能合一的大城市。

中国人从小都听过的"先污染后治理"是错误的，环境保护需要预防为主，防治结合。现在北京面临冬季雾霾问题，很多公众媒体都开始出来呼吁，让人产生了一种幻觉，中国现在的污染问题是发展带来的。还有人说，污染是发展中国家发展到一定程度的必经阶段。

真是这样吗?

很多城市开始出台各式各样的行政措施，试图通过围堵的办法治理污染。比如严格限制户籍，大城市的人不能随意买车，买车的人也要限行。同时严控污染产业，低端的工业要迁出去，同时还会处理非正规经济。所以，很多常住人口即使居住很久，还是选择了离开。

还有一部分公知提出过另一种思路。他们认为，本着公平原则，不能把人简单粗暴地赶走，作为公民和纳税人，人家凭什么要被赶走呢?他们主张增加土地供应面积，用发展来解决问题。比如说可以把楼建高，多增加一些廉租房等。

后一种方法是一种道义假设，虽然是一个让所有人获益的事情，但并不能起到控制城市人口的作用。这些办法，英国当年也试过了。第二次世界大战后的伦敦，因为很多建筑和基础设施被德国人炸毁了，整个伦敦需要重建。此时专家阿伯克朗比就撰写了一份报告，认为在重建伦敦的同时，还应该规划几个卫星城。就像今天的大京津冀城市区、新湾区，把大城市周边的小城市，比如高碑店、雄安，甚至是河北的一些城市都纳入城市群，变成北京的卫星城，再把交通基础设施建好，上班族可以方便地通勤，以此减轻大都市的压力。后来伦敦也是这样，大部分上班族都住在郊区，每天坐着通勤火车上下班。

阿伯克朗比的报告出台以后，确实执行了一段时间，本以为可以舒缓伦敦的交通状况，但实际上，伦敦的人口却在报告实行之后暴涨起来。换个角度就能想明白：如果一个城市的基础设施已经可以容纳那么多人口，那么增加基础设施只会让更多的人口进来。比如，有很大一部分人对北京心向往之，愿意来这里尝试新的机会。他们能在这里生活下去，说明这个城市是可以容纳他们的。反过来，如果把人疏散到周边去，原本承载这些人口的基础设施也不会闲置下来，一定会有更多向往大城市的人进来。只要是自由市场经济的国家，都会允许公民自由迁徙，如此一来，人口向大城市聚集的现象只会加剧，不会减少。

事实上，疏散人口带来的影响后面才会慢慢显现。当年的伦敦由于本国公民被强制或自发地疏散到周边，空下来的城市中心地带在之后几年拥入了大批印度人、阿拉伯人和黑人。今天在伦敦街头散步，能发现大量的前殖民地人口在这里工作、生活。反而白人一到晚上，就回到郊外去了。

所以，如果今天的大城市通过户籍制度、限制人口等办法把人给迁移走了，还会有另一批人进来。

曾经的活地狱

这种荒唐事在伦敦走向现代化的过程中出现过很多次。当年的英国无论是政府组织还是民间自发，都不止一次试过赶人的策略。当年的伦敦没有特别完善的基础设施，只是一个人口聚集的城市。人多之后造成了很多治安冲突。1272 年，伦敦市民自发组织起来，大规模屠杀犹太人。屠杀的手段特别残忍，大卸八块，用火烧，令人发指。

16 世纪的时候，圈地运动特别盛行。原本农民都是为贵族种地的，后来贵族把农民的地给圈走，改成饲养牲畜，农民失去土地之后就去了伦敦。最开始，他们只能住在贫民窟里，和今天巴西、印度的一些贫民窟特别像，里面的人过着极度贫困的生活。当时欧洲刚开始有了奴隶贸易，一大拨黑人也到了伦敦。当时的伦敦人民很讨厌这些外来的农民，很多地方甚至会露骨地挂着牌子，上面写着“黑人与乞丐不得入内”。

这些抗议并没有阻止伦敦不断拥入的新人口，还是有一大批外国人（比如意大利人）在不停地拥进伦敦。不久之后，伦敦人民开始有组织地集体反抗移民。在 1517 年就发生过叫“邪恶五月”的暴动。一些移民者的商店和房子被一群年轻人疯狂袭击，打砸抢烧。

即使伦敦总是爆发这样的针对外来者的暴动，也没能阻止人们投奔大城市的决心，进城的趋势反而愈演愈烈。1889 年有个叫查尔斯·布斯的人画了张地图，在地图上标注出伦敦的 134 处贫民窟，童贞女王伊丽莎白政府为此出台了一个《济贫法》，确立了收容制度，把这些盲目流动人口或是影响公共治安的人给收容起来，强制让他们劳动。这些新移民过上了和囚犯差不多的生活。虽然尝试过这样的制度，但伦敦的人口还是在以每年几万甚至几十万的速度在增长。伦敦不可逆转地变成今天的样子——一个容纳了900多万人口的世界性大都市。

人口过多给城市带来多方面的压力，尤其在那个没有现代化交通，更没有互联网的伦敦，真是一个“活地狱”。人一多起来，城市就会鱼龙混杂，犯罪率就会节节上升。当年英国人发明了各种各样的刑罚来震慑犯罪分子，比如说把人大卸八块，砸碎犯罪分子的关节，再开膛破肚等，十分残忍。伦敦著名的泰伯恩刑场在当年就是屠场之一。泰伯恩广场离国王十字火车站特别近，有点儿像中国人熟知的菜市口。在中世纪的广场上，每天都有杀人展览，鼓励市民前往观摩。当时的刽子手相当于半个表演艺术家，每天在刑场表演杀人，变着花样把人折磨致死。当时的伦敦人和鲁迅先生在《藤野先生》里写的一样，非常爱看这些杀人表演。

人一多，公共环境肯定也会出问题。当时欧洲还是一个前现代社会，没有排水系统，最开始大家都是满街扔屎尿。很多人对此都有过描写，外地旅行家到了伦敦，在大街上看到人们直接倾倒屎尿的场景惊愕不已。漫天的恶臭就是当时英国给世界最深刻的印象。

由于没有下水道系统，人们只能把垃圾和污秽之物随地倾倒。脏水慢慢汇流到一起，污染饮用水，导致伦敦又出现了更大的问题——瘟疫。伦敦当时被称作“瘟疫之城”，因为城市很大，有将近15万人口，时不时地就会暴发一场瘟疫，例如黑死病。黑死病的重灾区是意大利，因为这个病，意大利失去了超过50%的人口。伦敦虽然地处偏远，但也属于重灾区，失去了将近 40% 的人口。但是，意大利在黑死病高潮过去之后又慢慢地复兴起来，城市环境好转，伦敦却因为卫生情况太差，常年笼罩在瘟疫的阴影下，不得解脱。在亨利八世统治时期，暴发了严重的瘟疫，连国王都不得不躲到乡下去。

1847 年，为了不让市民在大街上乱丢秽物，伦敦下水道委员会提出了一个解决方案：勒令伦敦市民把污水排到泰晤士河里。泰晤士河一直有个外号，叫“泰晤士老爹”，但自从市民开始向泰晤士河排污，河里的天鹅和三文鱼大量死亡，后来干脆绝迹了。似乎这也不是个好办法。

天灾与人祸

人口的增加，除了引发犯罪率增长、环境变差的问题，还容易引发火灾。

由于伦敦的城市规划不好，楼与楼的间距非常小，很容易引发火灾。当时伦敦被称为“火灾之城”，每隔十几二十年就会发生一次大火，例如著名的 1666 年伦敦大火，这一场火灾几乎把整个城市烧成了灰烬。这个问题甚至到近现代都没有完全解决。19 世纪 40 年代，伦敦在维多利亚女王的老公艾伯特的主持下，主办了第一次世界博览会，修建了著名的水晶宫，相当于北京的鸟巢。可是这么重要的地方，被一场大火把它烧为了白地。即使到 1940 年，伦敦还是遭遇了全城性的大火，一些大歌剧院、公共建筑都被烧毁。

伦敦确实是一个火灾之城。好比日本人生活在地震频发的环境下，房子就建得比较轻，以防止在地震中房子大面积倒塌造成人员大量伤亡。同样，伦敦人民长期生活在火灾威胁下，也训练得反应迅猛，只要听见巡夜人一声哨响，大部分人都能在一分钟之内拿着水桶出来救火。

人群的聚集还会造成雾霾的问题。

“伦敦雾”并不是现代工业污染造成的。很多资料显示，伦敦的雾自古罗马时代起就一直存在，恺撒大帝在日记里也提到过伦敦的雾非常严重。伦敦的地形和北京有点儿像，都是在盆地里，空气流通不畅，而且伦敦还属于温带海洋性气候，当西风从海洋上吹来的时候，与当地不太流动的空气对流，容易形成大规模的雾气。

其实北京也是这样。在明朝永乐皇帝之前，没有哪个朝代是自愿把首都定在北京的，北京最大的问题是容易受到沙尘暴影响。康有为在民国初期写过一篇《迁都论》，提出北京不适合做一国都城。这篇文章的观点乍一看还是很令人惊讶的，北京已经做了几百年的国都，怎么就不适合继续做都城了呢？在文章中，康有为提到一个很重要原因：北京春天的时候，沙子一刮竟然能埋住脚。其实大概在 10 年之前，笔者的亲身体验也是如此。当时北京虽没有雾霾问题，但是空气中有很多小颗粒和粉尘。白天出去一趟，回来一定得洗脸，要不然脸都是脏的。过去 10 年里，北京的环境治理取得了很大的成就，采取了很多方式治理沙尘暴，大颗粒基本上已经通过各种植树造林防风沙都控制住了，造成今天北京雾霾现象的是很难被清理的一些小颗粒，如 PM2.5。

伦敦的空气污染在工业革命之后变得更加严重——大家开始利用煤作为燃料，散发出来的粉尘和雾融合在一起就变成新的污染物。最开始伦敦也很重视，很早就成立了一个煤烟治理协会。几十年下来，污染反而更加严重。1952 年，伦敦忽然暴发了一次大规模雾霾污染，导致 4000 多人死亡，10 万人感染呼吸道疾病。由于受害者太多，救护车都不够用。这次事件被称为“伦敦烟雾事件”，是 20 世纪 10 大环境公害事件之一。

人是环境改善的根本动力

伦敦的环境问题直到撒切尔夫人执政时期才得到了根本性改善。今天再去伦敦，原来的这些问题已经基本被解决了。现在的伦敦是一个国际化的大都市，人们穿着时尚，现代商业气息十足。

伦敦是怎样跳出污染的大坑，解决掉这些棘手问题的呢？

结论和我们印象中的不太一样：不是经济发展导致了上述问题。这些问题本来就存在，是现代社会的发展才逐渐把这些问题给解决掉。

解决问题的根源在于人本身，人不是问题的制造者，而是解决问题的动力。如果没有人，这些问题虽然不会恶化，但也得不到任何改善。这不是因为政府出台了什么政令，限制人口或组成了某些治理委员会。唯一的办法，是根本性地解决大城市问题：让外来人口在城市中逐渐找到自己的位置，获得身份认同感和归属感，变成社会的中坚力量。

一个外地人到了人生地不熟的伦敦，第一件事就是去找组织。有老乡找老乡，没有老乡就找同一个职业的人，修表的工人找修表的行会，修车的工人找修车的行会。从 13—14 世纪，伦敦附近的乡下人有组织地到伦敦寻找机会，此时距离工业革命还有好几百年。那个时候进城的人都是些工匠，他们只身到伦敦发展，没有家室拖累，只要有一技在身，就能在伦敦找到糊口的办法，生存下去。

中世纪的欧洲有一个特别流行的说法：城市的空气让人自由。在很多人看来，只要有一技傍身又不愿意安于现状，不想在乡下被贵族老爷欺压一辈子，就可以到城市来寻找无限的可能。在城市里，一个有为青年可以找到公会组织，也可以加入一些兄弟会。

工匠们聚集了一定数量之后就开始抱团，不然就会被贵族欺压。时间一长，就形成了同业公会这样的团体。同业公会是当时中世纪欧洲一个非常独特的现象，其实就是同一个行业的工人抱团维护自己的利益，会做手表的人组成一个手表公会，烤面包的就组成烤面包师傅公会，同时他们也是最早的小资本家。

手艺人在工作几十年之后，会积累一些资金，他们在城市里的地位也就越来越高，于是就开始思考政治权力，甚至给政府建言献策。政府发现这些工匠已经逐渐成为社会精英后，也愿意听取他们的想法。欧洲形成后来的自由城市，很大程度上都要归功于公会。正是他们一次次地给城市制定规章制度，慢慢地让城市脱离了贵族的管束。有公会存在的城市往往是独立的行政单位，只对国王负责。后来这些城市演变成了最早的一批欧洲大都市。这些自由城市相当于是欧洲各国的国中国，哪怕是在贵族的统治区里，他们也可以按照自己的方式治理城市。

这些自由城市跟当时中国的大城市相反，中国的大城市全部是行政中心，是皇上的都城，有总督或巡抚驻扎，即使是沿江、沿海、沿运河的大城市，也是重要的军事据点，政治功能与经济功能互补甚至代替。当时的欧洲城市，贵族老爷被赶走了，城市由公会团体自治，每个人基于自己的利益选举代表组成议会，由专人代表他们去处理对外的一切事务。这样的城市自治模式，是后来欧洲能够形成大的工业城市与现代化城市的基础。甚至有人说，欧洲的宪政体制和自由城市有很大关系。

同时，这些匠人的手艺能一代一代地传下去，时间一久，他们还会把乡里乡亲的也都接到城市里，从事相同的行业。今天的中国大城市，很多开打印店的都是安徽人，做足底按摩的都是扬州人。当年的伦敦也是这样，卖旧衣服的都是犹太人；面包师都是从苏格兰来的；理发师清一色都是伦敦本地人，有户口持证上岗；泥瓦匠的领头者必须是伦敦人，但是所有雇用的劳动力全部是爱尔兰人；挖土的人来自约克镇和兰开夏镇；大多数的鞋匠是从北安普顿来的；炼糖和制作玩具的行业都是德国人；大多数的屠夫来自史密斯菲尔德；卖牛奶的来自威尔士；卖芝士的来自汉普郡；等等。

在这些人里，威尔士挤奶女工特别有名，手艺特别好。在当时的封建社会，妇女地位极其低下，但妇女可以在城市里面找到自己的位置。行业公会是公开的“公”，其实就是指大家共同所有，有相同来历的人在城里抱团，力量越来越大。也正是因为组成公会的人大多是从一个地方来的，所以他们一般会选择特定的地方工作，这就形成了行业集聚效应。比如要买芝士，就去泰晤士街买，想打牌那就去河岸街等。

这是传统匠人的生存形式，同时也有些新出现的事物慢慢组织起来，变成新的团体组织。当时伦敦出现了一拨很有意思的人，他们是现代媒体人的鼻祖。有一个叫艾迪生的人和一个叫斯梯尔的人合作办了一个杂志——《旁观者》。学新闻的人都知道，这是人类最早的一份报纸，也是现代媒体诞生的标志。还有一些炼金术士，他们也来到城里谋生，慢慢形成了一些组织，住在贝兰思街附近。先不要觉得他们是江湖骗子，今天我们翻化学书还能看到很多人的身影，化学基础入门里都会提到一些重要人物，比如波义耳、牛顿，这些人都是炼金术士公会里的。

这些科学家经常去公会找灵感，看看这些炼金术士最近是不是又鼓捣出了什么新东西。这些科学家研究出了新的实验成果，也可以让炼金术士去做实验。

当然，这些炼金术士跟牛顿他们学会了科学方法之后，甚至摇身一变，成了科学家。在那个时代，科学家、巫师和炼金术士的身份本来就是模糊的，这就是为什么经常会有科学家被当作巫师给烧死了。同样，很多早期化学研究成果还真就是炼金术士搞出来的。所以，不能简单地说，一个是科学，一个是江湖骗术，它们其实都是在互相借鉴的过程中不断发展的。

线性思维与单点突破

《物种起源》的作者查尔斯·达尔文有一个非常有意思的习惯——在城市里思考问题。很多普通人都觉得在乡下适合思考问题，乡下不仅空气好，还有树林可以散步，没有很多人打扰。钱锺书也认为，“学问是荒江野老屋中二三素心人商量培养之事”。达尔文正好相反，他认为在城市里有助于他研究问题，因为城市里有很多人和资源可以利用。一个人在乡村即使看遍了所有的书也没有用，因为没有人能激发出他的灵感。

伦敦的城市中心也不是伦敦政府制定了多长久的战略，后来发展成未来金融中心的，而是证券交易兴起之后，有好多股票经理人来到这里操盘。由于人们越聚越多，这里就开始兴建一些高楼大厦，伦敦也成了最早出现摩天大楼的城市。当时新海关大楼、税务司还有很多的股票市场都是懂经济的人一代一代经营扩大，市中心的建筑也越建越高。从那个时候起，人们开始意识到，盖高楼其实是解决人口问题的钥匙。

前面说到的这些匠人，在慢慢变得有钱了之后，想要改造自己居住的区域。当时伦敦有一个模范区，叫克拉肯维尔，那个地方住的都是钟表匠。他们为了改善自己的生活环境，就把不是本公会的人清走，让这个社区建设得越来越规范。有了这么一个成功先例，其他公会也纷纷效仿，伦敦如雨后春笋一般出现了大量的模范社区。

随着伦敦的发展与扩大，社会上出现了一大批读书多，虽然不是特别有钱但对生活质量要求很高的中产阶级，如高级经理人、高级文员、记者、律师等。他们想过上更好的生活，但是没有办法像公会一样组织起来把自己居住的片区搞好。与匠人相比，他们还有一个很大的优势——有文化，能说能写，积攒了一定的社会影响力。他们可以借助各种机会发出自己的声音。

后来伦敦政府出面，对当时一个叫伊斯灵顿的贫民窟进行改造，把贫民迁移到其他地方，让那些职业经理人搬到了这个片区。没过多久，伊斯灵顿摇身一变，成了高档住宅区。伦敦当时主要分西区、南区和东区。东区主要是工业区，环境比较糟糕，也没法改造，因为都是一些为政府创造 GDP 的产业。西区是富人区，住着一些社会精英和中产阶级。南区是贫民窟。城市发展是呈波浪式前进的，随着拥入城镇的外乡中产阶级越来越多，很多住在南区周围的人觉得南区紧挨着工业区，有点儿脏，他们就慢慢地开始向郊区转移。逐渐地，伦敦就开始出现了逆城市化现象。

伦敦不仅是最早出现城市化的城市，也是最早出现逆城市化的城市，因为城里的人一点点开始往郊区搬，所以郊区就慢慢扩大起来，城区可以开始建一些绿化带，环境也变得越来越好。更重要的一点是，由于高级白领生活质量很高，且每天需要按时上班打卡，对交通的要求也逐步提高。有需求自然就会产生服务，于是公共马车、铁路等通勤方式在 19 世纪全部发展起来。伦敦是最早在城市里修铁路的城市，尤斯顿火车站修建于 1837 年，此后的 10 年间，伦敦出现了 19 条铁路。直到今天，很多伦敦白领还是坐着火车上下班。因为通勤成本下降了，所以整个伦敦能承载的人口也逐渐变多。到 1829 年，伦敦已经有了 3000 辆公共马车，伦敦的人口是以指数级发展的。1939 年，伦敦的人口到达峰值，将近 900 万，相当于每 5 个英格兰人中就有 1 个是伦敦人。此时的伦敦，交通便利，绿化也越来越好，在城市里有 50 万户豪宅。

回头看伦敦的城市发展史，这个大都市能有今天并不是哪个天才规划的结果，而是不同的人分批次，根据自己的生活需要做最具体的决策，围绕着自己的生活周边，逐渐改善自己的生活环境。当出现了一些成功案例之后，就会有很多人跟着效仿，慢慢产生了群聚效应。伦敦就是这样被人们自发建设得更加完善，能承载的人口也越来越多。

这就是伦敦经验。拿建设公共交通设施来说，正是因为人们有通勤的需要，才会刺激交通发展，从而进一步扩大城市的居住范围，使之能容纳更多的人口。

今天的伦敦人口众多，但是并不拥堵，还保留了很多二层小楼。这是因为城市是循序渐进发展起来的。这些二层小楼可能已经传了好几代，被不断翻修、改造过。这里曾经住的可能是个钟表匠，也可能是面包师傅，他们出于改善生活环境的要求，也希望对子孙后代负责，于是使这里的环境变得越来越好。

伦敦的经验告诉我们，城市的发展不是靠治理，而是靠自发秩序，现代城市都是靠一些族群、社区自己的经营和治理逐步拼凑出来的。更重要的是，之前那些用线性思维去改变现状的尝试都失败了，反倒是一个一个自发的社区像拼图一样，拼出了一个全新的伦敦。

我们可以从中学到一个很重要的思维方式：如果一个矛盾不可调和，无法解决，那我们不必去设计一个全盘解决的方案，而是给自己更多的机会，一点点地改变。这种修修补补、翻修改换的世界往往更加稳固，甚至能给我们一些额外的惊喜。

贫民窟问题有解吗

白领和精英会自由迁徙，是因为他们有钱且有能力选择自己想要的生活。可是穷人怎么办？他们没办法靠自由迁徙来改变生活。

中国有很多肤浅的经济学家认为，贫民窟问题如果得不到治理，那一个大城市即使有再多的精英，最后也还是会变成人间地狱。他们的理由是，贫民窟问题在很多人口众多的第三世界国家尤其严重，甚至包括从第二世界沦落到第三世界的南非。南非曾经是一个非常发达的国家，冷战时期特别繁荣，可现如今南非的行政首都茨瓦内和立法首都开普敦简直变成了犯罪的渊薮，每天都有各种暴力事件发生。发达国家可能偶尔会发生恐怖袭击，但和南非这种每天都有人进行街头犯罪完全不一样。

即使是那些发展速度很快的发展中国家，比如金砖五国中的印度，它的孟买和加尔各答也有大面积的贫民窟，巴西的里约热内卢周边枪击、抢劫、卖淫、毒品，各种各样的花式犯罪每天都在贫民窟社区里上演。在奥斯卡最佳影片《贫民窟里的百万富翁》里，那个印度男孩从小到大经历过人贩子、黑帮、种族仇杀、卖淫、贩毒等各式各样的犯罪类型，数不胜数。

因为贫民窟都是建在大城市周边，所以它们还是人类贫富差距的象征，加重了社会矛盾。印度有一个土豪叫安巴尼，他花了 7 年时间在贫民窟周边建了一座 27 层的豪宅。他为了防止贫民窟的人到他家抢东西，竟然在豪宅周边围上了铁丝网，请保安昼夜巡逻。安巴尼的行为遭到了各方媒体的谴责，他作为一个富豪，去哪里不能炫富，非要在贫民窟周边建豪宅，这不是赤裸裸地激化社会矛盾吗？今天的南非也是这样，贫民区和中产市民居住区紧挨着，中间仿佛隔了一道玻璃墙，墙的一边是人间天堂，另一边就是人间地狱。在这样强烈的对比下，怎么可能不激化矛盾和问题呢？

有人分析过，美国有些城市犯罪率比较高，同美国的警察制度有很大关系。美国的警察制度，富庶的地方纳税多，所以养的警察就多。而贫民区因为没有纳税人供养那么多警察，所以治安就差。这也是加速美国社会分化的重要原因。依靠加强公共治安管理，指望多派警察甚至是武装部队昼夜巡逻，只能够暂时解决问题，治标不治本。

有人说，中国不能出现贫民窟。因为不管是印度、南非、巴西，还是美国的一些黑人聚居区，这都是曾经出现过种族隔离甚至是奴隶制度的地方。由于这些历史原因，人们对贫富隔离的接受度相对高一些。印度几千年来实行种姓制度，婆罗门、刹帝利和低层种姓的首陀罗本来就是严格被隔离开的。如果是低层种姓的人，他们常年做的都是下等工作，在印度遇见了一位这样的服务员，有可能不让他继续做，他反而会不高兴，因为还指望着这辈子好好当服务员，下辈子就可能升一级变成吠舍。

像英国、中国这样从来没出现过种族隔离制度的国家，如此强烈的反差，人们心里肯定是不舒服的。中国人自古以来都奉行人格平等的思想，包括中国古代王朝和少数民族之间，虽然因为文化上的不同，会有蛮夷、夷狄这样的称号，但是在人格上，其实大家是平等的，没有谁应该做谁的奴隶。这样的文化不可能容忍不平等的存在。

关于贫民窟问题，笔者关注了很久。前几年，有一个很出名的调查报告叫《蚁族》，作者廉思恰好是笔者在人民大学的师兄，我也近水楼台读过很多资料。结合伦敦的例子，我们能看到另外一个思路。

我们过去所受的教育多多少少都有些马尔萨斯论调，无不在告诉我们人是负担，人口一旦多了，能够容纳的资源就会枯竭，财产就会被稀释，资源也很难分配，社会就会出现倒退。但是近年来，无论是西方学者还是中国的经济学家，都已经开始从另一个角度思考人口问题——人不是负担，人是效率的来源，人是社会繁荣的基石。

工业革命之前，英国的燃煤利用率只有 1%，但是瓦特改进的蒸汽机使得燃煤效率大大提升。只有人有办法把这些知识变成力量，而且只有在大城市里，人才可以更好地把知识变成生产力，因为在大城市里人和人之间都是靠契约精神联结的，每一个人都有独立的私有产权，每一个人都靠着契约关系与社会协作。由于人比较多，集中的需求可以呈现，有了需求就会有人提供更好的服务，探索创新的可能性。这样才是经济发展的良性循环。

伦敦的贫民窟问题

自圈地运动开始，英国农民开始大批拥入伦敦，之前的那种工匠有序进城的景观变成大批失地农民面无表情地到城里混饭吃。从此之后，贫民窟就成了当局不得不面对的问题。圈地运动达到最高峰的时候，伊丽莎白女王出台了很多敕令想把失地农民赶走，最后全部失败。伦敦城里出现大量的贫民窟，且不可遏制。

很多大知识分子去贫民窟考察过，比如皇家科学院院长赫胥黎。他到贫民窟之后发现，到处都是那些像是没有父母的小孩，他们穿着破衣烂衫，四处闲逛。看过这场景之后，赫胥黎加深了对达尔文主义的信仰，坚信这个世界是优胜劣汰的，物竞天择，适者生存。

在赫胥黎看来，这些贫民窟居民的生活还不如非洲的黑人。黑人虽然是廉价劳动力，但是他们不用找工作，主人既然花了钱买奴隶，肯定也不想让他白白死掉，所以很多人家对奴隶还是不错的。但那些从外乡来伦敦的穷人，经常面临失业的问题，一旦失业，立刻会变成酒鬼，烂醉如泥地躺在街上，甚至与人斗殴，最后稀里糊涂地死掉。

伦敦的贫民区里有一大批人来自爱尔兰。爱尔兰是一个非常悲情的国家，岛上农作物产量不行，人口又特别多，一旦出现大规模饥荒，就会发生《二十四史》里写的那种易子而食的情景。很多爱尔兰人在大饥荒时为了求生，逃荒到英国。可他们初来乍到，又是不受待见的天主教徒，只能沦为社会底层，住进贫民窟里。

《格列佛游记》的作者乔纳森·斯威夫特写过一篇小说，写到自己想给上议院写一封信，说他找到了解决爱尔兰贫民大量迁入伦敦的方法。既然爱尔兰人口这么多，土地生产力又不高，爱尔兰人还不停地生孩子，这些穷孩子到处流浪，会有碍公共治安，那不如想一个两全其美的办法——让他们使劲生孩子，把孩子卖给英国人吃，他们这么能生，肯定能赚不少钱。

这是一篇政治讽刺文，乔纳森·斯威夫特是个很有慈悲心的人，他是真的同情爱尔兰人。他用这种辛辣直白的方式揭露爱尔兰人的生活惨状。与此同时，爱尔兰人的悲惨也不可避免地让一些精英阶层看不惯，把他们当成社会负担。

前些年有一部小说和一部电影很受文艺青年追捧——《查令十字街84号》和《诺丁山》。这是伦敦两处地名，现在一个是书场，一个是杂货集市，很多爱情故事都是在这里发生的。但在维多利亚时代，这两个地方一点儿都不浪漫，都是贫民窟。查令十字街和诺丁山的发展方式很像，最开始聚集了一些书摊和小书店，在维多利亚时期慢慢变成集市。诺丁山也差不多，主要是一些杂货铺，可以去淘一些古董和宝贝，有点儿像今天北京的潘家园。这两个地方当年经常出现治安问题，让政府非常头疼。

尤其是当时的英国人还特别爱喝酒，这就给本来已经很严重的治安问题火上浇油。中世纪的时候，伦敦人经常把生活污水直接排进水源，所以当时的城市水源都不太干净，直接饮用容易生病。后来人们就通过经过特殊处理的酒充当清洁的饮用水。直到茶叶引入欧洲之后，酒的地位才逐渐下降。由于饮酒这个习惯延续多年，所以酗酒问题在英国很常见。无论是狄更斯在《双城记》里边描写的大家抢酒的场面，还是今天英国的那些足球流氓，很多都是因为酗酒才让自己的行为失控。

总之，在多方因素作用下，伦敦的社会治安特别不好，经常会发生抢劫、强奸这种事情。尤其是贫民窟，这里作为三不管地区，也没有什么公共警察，一个人如果真的遭遇了危险，也只能忍受，有冤无处诉。伊丽莎白政府只能用宵禁（Curfew）的办法解决治安问题，但依然是治标不治本。

从一个例子中我们可以看出伦敦的治安有多差。当时民间自发地编出来很多迷信的故事，让孩子晚上不要出门。这些故事也说明了英国人当时很迷信。在18世纪的伦敦有一个著名的“公鸡巷鬼魂事件”——1762年，一个巷子中的居民帕森斯时不时就会听见一阵敲击声，因为他之前做过很多坏事，怀疑是鬼神上门来找他讨债，加上他又特别胆小，所以就到处跟人说他查过资料，他住的那个地方有个叫范妮·肯特的女人是冤死的，所以鬼魂经常在那儿出没，一定是有什么冤情要诉。后来因为他到处瞎说，这件事一下子发展成了公共事件，所有人都想去看看公鸡巷到底是怎么回事，是不是真的有鬼魂。甚至还有人把死去的范妮·肯特的丈夫给找来了，但他一口咬定自己的夫人是正常死亡，有医师签字为证。不管他怎么澄清，各种媒体还是捕风捉影、竞相报道，后来惊动了英国的上议院。上议院甚至组成了一个贵族调查团去研究到底是怎么回事。还有一些知识分子，比如当时著名的大诗人约翰逊博士也亲自去公鸡巷考察研究，他最后查明的结果让人啼笑皆非——敲击声其实是帕森斯11岁的小女儿，平时喜欢敲床上的木板。这个事件一时成为笑话。

这个故事的细节很能说明问题，对于半夜闹鬼这样的事件在当时无论是大贵族还是知识分子，都是宁可信其有。那位著名的约翰逊博士平时上街，手里会抄一个棍子，生怕走在街上被人抢劫。在伦敦这种治安条件下，生命安全根本得不到保障。还有很多人半夜都不敢下楼，怕房东以为是窃贼进来，一枪把他们打死。当时很多英国人的日记里都记载了这样的事情。

当时伦敦人的迷信放在今天简直无法想象，维多利亚时代的人最害怕的事情是被人活埋。因为当时流行一部恐怖小说，就是那种典型的爱伦·坡的哥特式恐怖小说，里边有一段描写活埋的场景，写得非常恐怖，很多人都信以为真，真的就怕自己被活埋了。

路灯改变伦敦治安

伦敦的治安不好，公共警察也没能起到多大维持秩序的作用。既然扩充警力成本太高，英国政府干脆创造性地采取了另一个办法：下决心给所有道路都装上路灯。

1658 年开始，伦敦政府专门授权一个叫爱德华·霍宁的人，让他给整个伦敦的街道装上照明设施，但这也就是个姿态，伦敦的照明设施怎么可能是一个人装完的呢？灯光真正的普及已经是在工业时代之后了，只不过从 1658 年开始，英国人有意识地用这种办法从根本上解决问题。

装上路灯之后，犯罪的心理成本变高了，犯罪率开始下降，治安有所好转。

笔者之前翻译过一本书，书名是《创造现代世界：英国启蒙运动钩沉》，这本书里有一章的名字是“光明”，讲的就是这个时期的故事。当时英国正处在启蒙时代，启蒙这个词的英文是 enlightenment，就是灯光 light 这个词，前后各加了一个 en，变成了动词。为什么启蒙运动要叫这个名字呢？很多学者考证后发现，是因为那个时代的英国人很需要灯光，有了灯之后工作时间长了，治安也有好转，社会文明程度大幅提高。灯在当时伦敦人心中就是这么重要，和今天在北京生活的所有人对治理雾霾、治理交通拥堵的共识一样。伦敦上上下下的共识就是要给整个伦敦装上照明设施。

装路灯看起来好像是一个供给侧的事，是一种降低社会犯罪率的政府公共行为。但事实上，安装照明设施更是一个需求侧问题，不仅能改善贫民窟的环境和公共治安，还有另一个根本性的原因，就是工业时代开始了，人们上班的时间一点点变长，把休息时间越来越向后调整。

笔者看到过一组数据：17 世纪的时候，人们一般是在中午 12 点和下午 1 点钟左右吃正餐。而到了 18 世纪早期，尤其是 1740 年工业革命开始前后，正餐时间就变成下午 2 点。又过了 30 年，也就是 1770 年左右，正餐的时间变成下午 3 点。之后正餐时间就越推越晚，到 1850 年，也就是 100 年之后，那个时候的贵族吃正餐已经是晚上八九点了。

原来市民的生活比较闲散，所以早点儿吃正餐，下午可以懒洋洋地睡一觉或者去散个步，晚上七八点钟，天一黑基本上就睡觉了。在中国改革开放刚开始的时候，很多人也是七八点钟就睡觉了。但是现在的大都市，年轻人一两点钟睡觉很正常。晚餐时间也从 5 点钟向后延迟了，下班之后和朋友吃个饭聊聊天，七八点钟吃饭很正常。

人们的整体作息时间变化，基础设施也就跟着调整。24 小时营业的餐馆很快就在伦敦出现，人们在正餐之后往往会选择和朋友们喝喝咖啡，坐下来聊聊天。于是伦敦出现了很多通宵营业的咖啡馆。市民开始通宵在外面玩，进一步推动了公共设施的建设，在这样的背景下路灯才真正普及，反过来也导致了犯罪率的下降。

照明设施导致犯罪率下降并不是伪科学，在格拉德威尔的代表作《引爆点》这本书里就提过一个类似的例子。纽约在 19 世纪 80 年代犯罪率特别高，而且屡禁不止，新任市长和警察局长高度重视，他们创造性地想出来一个办法：把当时城市里所有画了涂鸦的地方都擦干净，重新刷一层漆，禁止市民再乱写乱画。没想到这么一来，犯罪率竟然真的下降了。如果非要说出个所以然来，是因为清除涂鸦的行为在人们的潜意识里种了一个种子——这里是整洁的公共环境，大家要共同维护，因为大家都是体面的公民。很多喜欢小偷小摸的人内心也被种下了一个善的种子，犯罪率当然就下降了。

贫民窟是有志青年的人生跳板

伦敦的贫民窟问题能够改善，还有一个很重要的原因——人。

英国很多大作家，例如《热爱生命》的作者、短篇小说家杰克·伦敦都觉得贫民窟是完全没有希望的。1889 年的时候，有个叫查尔斯·布斯的人走访了伦敦的大小贫民窟，画出 134 个贫民窟的地图交给了议会。恰恰是因为穷人大量聚集在伦敦，才能引起社会的广泛关注。如果是在农村，他们的悲惨遭遇未必能引起多少人的重视。比如，今天大家可能觉得城市的自杀率应该比农村高，因为生活在城市的人，生活工作压力大，北上广很多高楼的窗户设计都是为了防止跳楼自杀的。

真的是这样吗？这种刻板印象存在的原因是我们经常会看到关于城市自杀的报道，好比富士康跳楼事件非常容易引起大众关注。但如果真的去看一些社会学研究成果，比如北京大学人类学家吴飞先生关于自杀的研究，就会发现农村的自杀率要比城市高出很多。在农村自杀的心理成本比城市要小很多，经常会发生这样的事情——一个妇女可能和丈夫或者公婆一言不合，拿起农药就喝。但很少有人报道。

美国学者格莱泽的作品《城市的胜利》中还有一组数据。纽约虽然是美国自杀率相当高的城市，但是纽约年轻人的自杀率只有全美的一半。美国那些自杀率高的地区，都是阿拉斯加、怀俄明这种落后区域，越是落后的地区，自杀率就越高。怀俄明地区的自杀率是一些发达州的2.5倍。

大城市的人本身对生活质量要求高，他们大部分还受过高等教育，所以特别惜命。

这里举一个例子，也能说明这个道理。

抗战时期，国民政府迁到重庆。由于1941年日本偷袭珍珠港，美国对日本宣战，所有的反法西斯国家抱成一团，于是1942年的时候，中国也加入了盟军。当时罗斯福政府对中国的要求，是在中国建立空军基地，让中国出人为盟军修机场，美国则给中国提供军事援助。

这本来是个皆大欢喜的事情，可直到今天，还是有很多人说中国为这件事赔大发了。好比台湾著名学者黎东方，他认为修机场这件事把中国人坑苦了：因为修机场要从当地征调好多民夫，中国当时技术很落后，民夫只能一锹一镐地在那儿苦苦工作。更重要的是，这些民夫拿到了补贴的工钱，只想到要大吃一顿，把周围的餐馆给带起来了。很多人看见在这里开餐馆能挣钱，呼啦啦都跑到机场周围去开餐馆，还带动了其他服务业。当地的物价快速上涨，产生了一连串连锁反应，给国统区制造了一次小规模的通货膨胀。

虽然笔者到现在也没理解黎先生说的开餐馆为什么会制造通货膨胀，但我们不妨换个角度去重新看待这个事件。站在美国人的角度去看，中国的民夫太惨了，工期很急又没有很先进的方法，只能苦哈哈地硬干。可如果我们站在农民工的角度，他们在农村可能一辈子都没见过这么多钱，更别说去餐馆吃饭，去娱乐场所消费了。如果没有这个工程，他们可能一辈子都要面朝黄土背朝天，最后默默无闻地死去。正是修机场这件苦哈哈的事情改变了他们原本落后的生活。

笔者之所以总是强调要从人的角度重新思考问题，就是换个角度看，我们往往能得到不一样的视角。

今天几乎所有人都认为工业革命时代的工人阶级生活悲惨，他们每天都在上班赚着血汗钱，而且有今天没明天。可真要和过去同时期的农村对比，英国的工人阶级简直就是暴发户。中世纪的工人工资特别低，一个月的工资可能还不够买一个面包。但是工业革命之后，这些工人不仅吃得起面包，还有钱买几身换洗衣服，生活极大地改善了。伦敦的工人阶级是满街挂衣服，不太卫生，可他们在乡下的时候，可能只穿着一件祖传的破衣服。满街挂衣服恰恰说明他们买得起换洗衣服了。

我们必须重新回到人的角度去思考，而不是从上帝视角或是一个道德制高点去俯视穷人。工业革命是人类社会的进步，极大地改善了每一个人的生活，而且这种生活的改变是潜移默化的。工人阶级的生活改善了，他们的生活作息时间改变了，于是就有人看到了需求，提供了大量的服务业，这些服务业又反过来推进了整个社会公共基础设施的改变，导致了犯罪率的下降，贫民窟也越来越少，伦敦整个社会实现了改善。

还是回到人的角度，虽然贫民窟长期存在，但就个体而言，他们进了贫民窟之后不等于一辈子都待在那里。这些乡下人经过奋斗之后，慢慢地积攒起了财富，就可以离开贫民窟了，再由新来的人接替他们，继续奋斗。

贫民窟不是一成不变的，它更应该换个名字——“落脚城市”，它们是乡村精英进入城市的跳板。这样的落脚城市在英国和美国的历史上随处可见。比如说冷战时期被刺杀的美国总统约翰·肯尼迪，他的家族在今天的美国势力依然非常庞大，甚至可以操纵国会选举。可是我们往前推四代，约翰·肯尼迪的祖先帕特里克·肯尼迪其实就是个爱尔兰穷人。他们全家在英国实在活不下去了，只能跋山涉水移民去了美国，刚到波士顿的时候也是毫无希望。约翰·肯尼迪的祖先就和大部分爱尔兰人一样，做了一个制酒桶的工人。虽然在帕特里克那一代并没有成功逆袭，但好歹还是为他的儿子小帕特里克·肯尼迪积累了一些财富。

小帕特里克·肯尼迪最开始是在码头上干苦力，攒了很久的钱终于可以开了个酒馆。小帕特里克·肯尼迪很会做生意，利用爱尔兰的亲戚朋友关系开始进口威士忌在他的酒馆里卖，迅速赚了一大笔钱，变成一个生活相对富裕的人。此后小帕特里克·肯尼迪入选了马萨诸塞州议会的参议员，还成功娶到了市长的女儿，摇身一变成了上层精英。他的儿子，也就是约翰·肯尼迪的父亲在华尔街开银行又发了一笔财，这时整个家族已经非常强大了。

约翰·肯尼迪作为爱尔兰天主教家庭的后裔，在美国能当上总统是很不容易的，因为美国总统都是清一色的 WASP（White Anglo-Saxon Protestant，白人盎格鲁－撒克逊新教徒），但是肯尼迪家族还是通过奋斗最后改变了命运。

这是一个很经典的从贫民窟走出来的成功故事，美国这样的故事太多了。今天在纽约，有 48% 的人口除了会说英语之外，还会另一种语言，也就是他们的母语，这也是大城市的一个特点。大城市比较容易吸引移民，而移民一般都是敢闯敢拼的人，他们在大城市容易找到适合自己的工作机会，迅速地积累经验和财富，从而改变命运。

有人算过，一个大城市的精英需要有六个人为他服务，这六个人包括送快递的、开网约车的或者餐饮服务业的等。这些人一般都是外地人或者是底层出身，他们虽然从事的是底层工作，但是挣的钱比在他们在老家的时候肯定要多很多。当财富积累起来，不仅他自己的命运随之改变，甚至整个家族、整个乡村都能因为他的成功而改变命运。

城市是女权主义的孵化器

城市是妇女权益改变最大的推手。欧洲自古以来基本上都是父权制，妇女没有什么地位，但是一些妇女进入城市之后，生活得到了极大改善。在十七八世纪英国的绝大多数地方，丈夫死了，妻子虽然可以住在他们的房子里，但她没有这栋房子的继承权，产权不归妻子所有。可伦敦不是这样，妻子可以完整地把死去丈夫的房产继承下来。因为大城市的人们都有契约精神，私有财产必须得到保护和尊重。

正是因为这样，很多女性纷纷来到伦敦，想办法在这里扎根。在城市里，女性甚至可以继承丈夫的工作，伦敦的很多妇女在丈夫去世之后就加入了丈夫的行会、公会，确保家族一些非常重要的手艺能够传承下去。这在农村是完全不可想象的，一个妇女绝对不可能继承丈夫的工作。同时，由于很多女性加入了工会和行会，女性的身份地位也提高了，她们自己开始做起生意来，成了杂货铺商店的老板、珠宝商或是香料商人。当时很多奢侈品店的老板都是女性。就像今天那些年度营业额上亿的淘宝店，很多都是女性在经营，因为她在了解女同胞需求这方面，比男性的优势更明显。正是女性带动了英国奢侈品行业的快速发展。

女性是推动伦敦城市化的一支非常重要的力量，正是由于她们身份地位的提高，很多人开始把女儿送去学校接受教育，而当时英国的农村却仍在到处搞猎巫运动。猎巫运动是历史上非常重要的迫害女性的群体现象，很多无辜的农村女性由于各种无厘头的原因就会被当地人滥用私刑，当作女巫活活烧死。但在城市绝对不会发生这样的事情。

城市女性地位的上升在伦敦创造了一个新的现象：女权运动。很多单身女士成群结队到伦敦寻找机会，这其中有人选择一辈子不结婚，例如著名作家简·奥斯汀。因为她们有了自己的财富，根本不打算通过婚姻实现自由。这是女权运动兴起的底层逻辑。最早的女权运动出现在伦敦，由一个叫玛丽·沃斯通克拉夫特的自由女性发起。她和今天一些文艺青年很像，是一个喜欢追求女性基本权利的进步青年。她有一个作家老公葛德温，两个人经常一起上台演讲。玛丽·沃斯通克拉夫特的代表作《为女权辩护》，是今天公认的女权主义诞生的标志。

女性地位的提高，加上女性一般比较有同情心，使得社会上可以有人专职施舍穷人。当时的大多数富人都不愿意给穷人捐钱，觉得他们都是又懒又馋的骗子。反而是中产阶级的新式女性，她们经常从事一些公益活动，使得当时伦敦穷人的生活状况大为改善，进一步推动了贫民窟问题的解决。

— 逆袭心法小贴士—

围堵思维与引爆点思维

以上就是伦敦的前世今生，不知道你是否从中体悟出了人生逆袭的道理？

第一，如果一个问题长期无法解决，我们千万不能把精力全都投在上面，而是应该把围堵思维转换成发展思维。把问题先放一放，做一些新的尝试和改变，当新的事物成长起来之后，迅速解决掉这个问题。

第二，如果一个问题长期无法解决，我们更加不能指望自己设计个一揽子的方案把它解决，反倒不如尝试从不同要点各个击破，到最后我们面前的一座大山会忽然成了一座小桥，带我们通往另外一个彼岸。

第六章

精进的逻辑：适应比变强更重要

对进化论的误解

提到英国就不能不提到达尔文，因为伦敦是达尔文主义的诞生地。

进化思维是每一个正在成长中的你我都应该了解的一种全新的思维方式。但是这种思维方式，直到今天依然被多数人误解、攻击，甚至抹黑。最不可思议的是，这些抹黑之人多数都没读过《物种起源》，对达尔文的理论一知半解，甚至可以说是误解。达尔文从未说过落后就要挨打，更没说过高等人应该消灭低等人。达尔文只是为人类重新提供了一种理解世界的角度——从机械思维转向生物学思维。换句话说，就是从有确定目标的奋斗，转向面对不确定世界的自我成长。

因此，如果你希望完成一件任务，或许你该使用机械思维；如果你追求的是自我成长，就应该重读达尔文。

没有人不渴望自己成为一个强者，但是强者究竟是如何变强的？是没日没夜训练出来的，还是因为做对了什么才变强的？在这一章，我们就从达尔文的世界出发，重新培养一种进化思维。

19 世纪末，有人做过一个民意调研：19 世纪影响力最大、最重要的 10 本书是什么？调研结果虽然有种种不同，但《物种起源》却出现在了所有的书单之中。

达尔文是英国自牛顿以来对人类历史进程改变最大的人，可是达尔文这个人争议也很大。今天有无数的人怀揣着不知道是谁告诉他们的一些理由，认为达尔文宣扬种族主义。甚至有人认为达尔文的思想里面有优胜劣汰，他的思想是错误的，要抵制这种思想。甚至还有人让他对纳粹、种族屠杀这类事情负责。这些都是对达尔文的误解。

在此，我们讲述一个真实的达尔文主义。

通常来说，大众对于进化论的理解主要有这么三个方面：

第一，高级动物是从低级动物进化来的。比如说两栖动物是从鱼进化来的。生物一点一点从低级变高级。

第二，用进废退。动物身上的某些器官，因为被不停地使用，就会越长越快，然后就变得非常强壮，长期不用慢慢就消失了。比如鸵鸟的翅膀不经常用，就已经退化了。食蚁兽经常用舌头去吃蚂蚁，舌头就变得越来越长。人因为经常用打字工具，所以手臂才变得越来越发达，身体越来越前倾。

第三，获得性遗传。长颈鹿伸着脖子去够树上的果子，由于它们长期够果子，所以脖子就越来越长。这种习性再传给下一代，下一代的脖子就越来越长了，于是长颈鹿就长了长长的脖子。

这套理论如果推导到人类社会，就变成所谓的社会进化论。有些人之所以成功，是因为这个人基因好。他是贵族啊，原来祖先的武力就比较强大。有些人比较成功，有些人却很失败，成功的人适应社会规则，理所当然应该成功，那些失败的人因为已经不适合时代，所以就应该被淘汰，被社会抛弃。这就是社会达尔文主义的一个很重要的观点。

今天很多人抵制达尔文主义，或者说抵制进化论，主要就是出于这三个理由。但其实，这三个观点都不是达尔文说的，这是一个来自法国名叫拉马克的人，早在达尔文出版《物种起源》前 60 年就已经提出的观点。拉马克的著作叫《动物学哲学》，出版于 1809 年。这一年，达尔文和林肯同时降生到世间。也就是说，达尔文刚一出生，这套思想就已经成型了。达尔文的进化论和拉马克的思想有本质的区别，否则就不会有那么多人成了达尔文的粉丝，达尔文反倒应该叫拉马克的斗犬了。

达尔文确实受到过拉马克的启发，但他说拉马克的观点仅适用于人类饲养的家畜，或者人类饲养的宠物。达尔文在书里明确地表达过对这套想法的鄙视。他在书里说，用进废退是一个牵强附会的愿望，看起来好像很吸引人，但一定是个空想。鸟儿想去飞翔，它就长出了翅膀，这和他观察到的现象非常矛盾。

拉马克的思想，真的就像书名《动物学哲学》说的是一套哲学，并不是严肃的科学研究。拉马克所处的时代，正是进步论思想在欧洲大行其道的年代。拉马克的进化论是在这套进步论哲学的框架下产生的系统，只是描述的主题从人类换成了动物。

拉马克的《动物学哲学》出版时的法国，大革命进入后期——拿破仑统治时期。当时有一个叫孔多塞的侯爵，写了一套比拉马克主义还宏大的思想，叫作《人类精神进步史表纲要》。这本书系统地论证了人类社会为什么最终一定会通向更加美好的未来，我们为什么会有更加美好的明天，人类是如何从原始社会一点点发展起来的，最终通往一个大同社会。

孔多塞是贵族，在法国大革命期间扮演了很重要的角色。法国大革命是一次贵族发起、废除自我的运动。孔多塞论证人类社会最终会通向美好的明天，也是在为法国大革命摇旗呐喊。在法国大革命过程中，孔多塞最后死于狱中，但他的思想却在欧洲大陆绵延了很长时间。黑格尔、马克思都从这套思想里汲取了很多的营养。

达尔文是一个地道的英国绅士，他对拉马克这套思想完全不感冒，而且历史也证明达尔文这一套确实是对的，拉马克这套思想最后逐渐就被历史给淘汰了。

达尔文没说什么

《物种起源》最重要的核心观点有两个。

第一个，物种是可变的，有些动物是从另外一些动物变异过来的。这点比较好理解，比拉马克主义还要简单一点儿。动物可能从其他物种演变过来，所以这个结论通常被叫作“演化”。

第二个观点是达尔文主义的核心——自然选择。这个自然选择是什么？这就要说到那个很经典的段子了。达尔文上了“小猎犬号”，到了加拉帕戈斯群岛，在岛上看见了当地的云雀。达尔文发现当地的云雀跟其他地区的云雀长得都不一样，原因是和自然环境有关系。由于自然环境不一样，加拉帕戈斯群岛的云雀就长这个样，而其他地方与此地隔离了很久，就变成另外一个物种。大家注意，达尔文讲的不是人从猴子变来，或者说两栖动物是从鱼变来的，他是说由于某些地方的生物生活环境比较特殊，所以变成了另外的物种。

如果必须在陆地上生活，某些鱼就长出了肺。于是慢慢地沿着这条轨迹演化，最后就变成了两栖动物。那些水源丰沛环境里的鱼，可以一直生活在水里，没有这个需求，就还是在水里游泳的鱼。在演化等级上，没有高低贵贱之分，只是沿着不同的道路走了下去。

这个观点在当时看来也不是很新鲜。达尔文生活在大航海大发现的时代，很多欧洲人第一次接触某些原始部落，完全被震惊了。这些原始人居然吃人，居然用人来祭祀，简直匪夷所思。于是很多学者花了毕生时间研究为什么这些原始人会变成这样。比较共识的结论就是：因为他们长期隔离在那种封闭的环境里，社会一直没有发展。但是这个观点不是说我们现代人是从原始人进化来的，我们和澳大利亚食人族其实也没有什么关系，只不过我们由于一些特殊的原因，沿着我们的轨迹行走，变成我们这样的文明。达尔文的演化理论更准确地描述不能叫作进化，而是万物同源。

大自然毫无规律，残酷无情

《物种起源》刚问世的时候，很多宗教分子反对达尔文，认为他宣扬不信上帝理论。但其实万物同源理论特别容易为宗教做辩护。因为人类是上帝挑选出来的，我们正是沿着一条最好的轨迹走下去，所以才变成了最高级的动物。

达尔文主义最主要被攻击的部分是自然选择理论。自然选择是达尔文主义最核心的观点，这个观点在当时的宗教界引起了轩然大波。当然，也是因为争议如此巨大，达尔文才会蜚声全世界，有了今天的地位。

自然选择理论比当时所有进化论思想都往前迈了一步。在达尔文之前，大部分英国人多多少少都会接受一些拉马克的思想。查尔斯·达尔文的父亲伊拉斯谟·达尔文也是一个相信进化论的思想家，他相信动物是从低级到高级发展的，他的思想当时也没引起那么激烈的社会反弹。但是自然选择理论从问世开始，就一直饱受责难。

自然选择讲了一个非常残酷的道理：大自然哪怕只是出现一些微小的变化，都会导致不适应这种变化的生物消失。那些适应的，或者说和环境能比较融洽相处的就可以活下来。最让人难以接受的地方在于，这种自然剪刀毫无高低贵贱之分。小行星撞地球，一些低级生物如真菌、病毒、昆虫之类的动物能活下来，反倒是恐龙这种比较高级的动物却因为不适应环境而灭亡。这里举一个比较极端的例子，假如一个小岛上有100只老鼠，98只是灰的，2只是棕色的。一场火山爆发，所有灰色老鼠因为不适应环境就灭亡了，而那2只棕色老鼠却由于体毛、颜色等原因活下来了。最后，全岛上的所有的老鼠都是棕色的。同样都是老鼠，大家没有高低贵贱之分，只看自然剪刀剪了谁。这是达尔文最颠覆的地方。

自然选择理论至少在三个方面足以摧毁拉马克进化论。

首先，演化的前进方向不一定是在通向成功、通向天国，有可能是在通向地狱。熊猫是个典型的例子。大家可能知道，熊猫原来是食肉动物，在800多万年前熊猫是吃肉的。熊猫的化石显示，熊猫肠子比较短，这是肉食动物的基本特征，食草动物肠子一般都比较长。但是到了200多万年前，由于环境变化，熊猫没有那么多肉食，就改吃素了。这就是为什么今天熊猫会以竹子为主要食物。

熊猫成为素食者，看起来是进化了，更适应四川那种多竹子的环境，但其实可能是在通向灭亡。今天的熊猫就在通往濒临灭亡的道路上，变成国家珍稀保护动物了。因为竹子一旦也消失了，熊猫就再难适应新的环境。

再比如，科学研究发现，在昆虫大量出现后，有些真菌很快适应了环境，变成在昆虫的翅膀上寄生。其实这也是个作死之路，有一天，这些昆虫灭绝了，寄生的真菌肯定也得跟着玩完。真菌本来生活在岩石里，但是非要转移地点，生活在昆虫的翅膀上，这就是在作死。动物发展到高级的时候，很有可能跟当时的环境达成了一致，但当环境变化的时候，它们也很有可能加速灭亡。

由此还能推出一个更可怕的结论：个体该怎么制定生存策略呢？把自己变强可以吗？

恰恰不行，变强往往有可能把自己引向灭亡之路。比如有一些黑猩猩，由于内部竞争激烈，互相之间打成一团，最后谁拳头大谁赢，所有雌猩猩全都是那一个胜者的。竞争来竞争去，只有个头大的猩猩有机会传递基因，但这种猩猩往往是基因突变的产物，它们生育能力不行，整个族群就被这些打赢的黑猩猩拖到灭亡了。突变的动物往往生殖能力都比那些没有突变的动物要差。很多这种猩猩族群是因为这种逆淘汰最后灭亡的。

还有一些动物，因为走了让自己变傻、变笨、变低级的演化路径，反倒活下来了。在今天的墨西哥有一种脂鲤（一种很漂亮的小热带鱼），没有眼睛，因为眼睛是高级器官，比较耗费能量，它们生活在洞穴中，不需要耗费那么多的能量，所以有眼睛的因为耗费能量过多被环境给淘汰了。再比如说海参和海胆，它们原来有大脑，但是由于它们生存的环境不需要智力，而大脑需要很多营养，所以那些有大脑的海参和海胆，生殖能力不如那些没有大脑的，被那些无脑的给淘汰了。

几乎所有人都觉得达尔文太颠覆三观了。当时大文豪萧伯纳批评达尔文：“假如达尔文这套说的是对的，那么这个世界上只有傻子和无赖才能活下来。”因为进化没有规则，更没有规律，就像一把无情的剪子到处乱剪，甚至只有变傻才能生存下来，那大家就去变傻好了。

自然选择的逻辑由此可以推导出第三个结论：人真的有自由意志吗？

我们听了太多努力就能成功的话术，相信科学发现、创新、开拓知识边疆可以让人类社会再向前走一步，我们相信努力可以让社会变得比之前更高级。可是达尔文的理论却告诉我们，别高兴得太早，向前一步未必是好事，那些高级的有可能还不如那些低级的。放弃进步吧，我们对这个世界无可奈何。达尔文的进化论整体上就是在否定进化，他根本就不承认有什么进化。这世界上存在着突变，那些突变生物因为适应了环境就能活下来，至于该怎么突变，这是老天爷决定的事情，与你我、与我们的父母亲都没有关系。

达尔文的大自然像是美剧《权力的游戏》里面的一个场景——小恶魔提里昂·兰尼斯特有个傻子朋友，每天拿石头去砸甲壳虫。而达尔文眼中的大自然，也像是个傻子一样在敲击世界，没人知道下一个被砸的是哪只甲壳虫，有可能砸到的就是我们。人类对于这个世界茫茫然不可知。

达尔文在拉马克的著作发表了五六十年后，带给世界一记重拳，彻底毁掉了人们对于进步、发展、天天向上的幻想。拉马克就像是个成功学大师，他告诉每个人，只要你们英语说得好，并且会管理团队，抓住了时机就可以成为马云。达尔文却在那儿冷冷静静地告诉我们，马云之所以能成为马云，是因为跟他一样的 100 个人里面，99 个被劈死了。他只是那个侥幸没被劈着的而已。想要成为这个没被劈到的人，基本上也没什么办法，完全得靠运气。

达尔文是个反鸡汤的腹黑大师。

引起轩然大波的达尔文

1859 年，《物种起源》一经发表，立即引起了轩然大波，第二年就引发了一场皇家科学院的大辩论。达尔文在社会上的影响也远远超出了一本学术著作的范围。当时有个青年，号称最喜欢两本书，一本“怀疑之书”——马尔萨斯的《人口论》，另一本“绝望之书”——达尔文的《物种起源》。这个青年读完两本书没过多久就自杀了。太让人绝望了。

达尔文对外也承认，他之所以能得出这样一套可怕的理论，就是因为他早年间读了很多马尔萨斯的东西，尤其是《人口论》。《人口论》讲了一个很基本的道理——在土地产量恒定的农业社会，粮食的产量是线性增长，而人口的发展却是几何级数增长。最开始，粮食与人口还能达到一个均衡，但最终人口的增速会远远快过粮食的增速，这就会引起大饥荒，甚至爆发种族群间大规模的战争，迫使人口恢复到自然平衡。如此往复地循环下去。有很多科学家都用马尔萨斯的解释理解东方农业社会。达尔文小时候经常看这些书，觉得马尔萨斯说得太有道理了。

正是因为这点，《物种起源》遭遇的最大一拨攻击，往往不是科学家发出的，恰恰是来自社会各界。当年带着达尔文环球航行的船长，看见《物种起源》之后非常愤怒，把达尔文告上了法庭，说达尔文这个人不道德。辩论过后，这个船长饮弹自杀，他实在无法接受达尔文的自然选择，实在太可怕了。还有人画漫画讽刺达尔文，比如说下半身是一只猴子，这个猴子长了一个大胡子的脑袋，正是达尔文。还有人把他跟蛆画在一起，你看你就是从这个蛆演化过来的。

相比于社会的激烈反弹，科学界倒还算平静。以皇家科学院为代表的科学家其实早在光荣革命的时候就已经形成了一个相对比较确定的“怀疑论”和“不可知论”，看到达尔文的理论倒是不觉得那么震撼。而且达尔文构思《物种起源》前前后后用了 10 多年，只是没落笔，他身边的人对这些观点都还算熟悉。等于说科学圈早在《物种起源》出版之前已经接受了达尔文的思想。

当时的科学界对达尔文的理论不依不饶的人也有，例如开尔文勋爵。中学物理课都会提到，开尔文是一个很重要的热学概念。开尔文勋爵和达尔文主义者主要争论的是一些具体的算法。比如说，地球的岁数到底有多大。如果地球只有 1 亿年的历史，地球的生物不可能进化得那么复杂多样，甚至发展出人眼这么复杂的器官。

开尔文得出 1 亿年的算法是：假设地球温度最开始是 3850 摄氏度，然后用他的热学公式推导，地球逐渐冷却到今天的平均温度 20 摄氏度，大概需要 1 亿年。事实证明，开尔文的算法其实是有问题的，今天我们普遍认为，地球至少有 46 亿年的历史。随着科学发展，开尔文的一套理论逐渐被抛弃了。

很多皇家科学院的科学家其实是有宗教信仰的，他们还比较能接受达尔文。达尔文至少能够证明，人类这一路跑过来，雷劈了所有动物却没劈到人。这也说明我们很伟大，毕竟我们有高度发达的智慧，我们有社会分工，我们还是很了不起的。

不管怎么说，达尔文生前还是享受了各种各样的荣耀。他晚年去世得也很体面，开尔文勋爵和他一起葬在威斯敏斯特教堂，他在科学界的大部分继承者也是沿着他的足迹，丰富他的理论，最后把演化思想发扬光大，形成了今天形形色色的进化论学派。

尤其是基因学说形成之后，达尔文主义得到了进一步发扬和光大，成了今天学术界的共识。

达尔文主义是中产阶级的保护伞

达尔文就像一个大 IP，当他的理论在社会上形成了影响，在一代一代的传递过程中，原作者的观点已经不重要了。假如今天曹雪芹复活，亲手续写后 40 回《红楼梦》，估计很多红迷也未必认可。这不是曹雪芹续得不好，而是每个人心中都有了自己的林黛玉和薛宝钗。

达尔文去世之后，他的徒子徒孙把他的学说包装成了新的内容，甚至和科学没有什么关系，这是进化论后来被搞臭的一个非常重要的原因。

达尔文生活在维多利亚时代的鼎盛时期。《物种起源》出版在 1859 年，维多利亚女王在 1858 年加冕成为印度女皇，大英帝国走向极盛。同时期的伦敦有三位大胡子——狄更斯、马克思和达尔文。这三个人同时生活在维多利亚时代的伦敦。达尔文去世之后，维多利亚时代也出现了新的变化，达尔文主义也跟着物竞天择、适者生存了。

例如，就在维多利亚时代中期，德国统一后变得非常强大。俾斯麦不仅俘虏了法国皇帝拿破仑三世，还逼着法国人交了一大笔赔款。普法战争反过来又让法国人有了变强的心理需求。这两个国家有着非常强的民族自豪感，这时大英帝国又在全世界营造出了一个世界帝国，这种压迫感又让欧洲再次有了非常炽烈的民族情绪。这种情绪在欧洲列强的贵族之间特别强烈。

与此同时，在维多利亚时代，工人阶级形成了。他们不仅有了自己的导师马克思和恩格斯，还有了集体的纲领、集体的诉求，组建了各种社团。工人阶级抱团之后，全欧洲都在爆发起义。在这个大背景之下，有一个群体特别需要达尔文主义做他们的保护伞，而达尔文主义能够发扬光大，也是靠的他们。这个阶级就是中产阶级，也就是在工人阶级里面比较成功的人士。他们不是资本家，是靠出卖劳动力和时间来生存的，他们是高级打工仔，或者叫高级白领。

中产阶级很需要演化论为自己辩护。站在国家层面，他们需要一个强大的国家来保护自己，不让外来低端人口抢自己的工作；站在阶层的角度，他们希望捍卫自己高级白领的生活品质，不希望工人阶级不停地罢工来破坏他们的生活秩序。工人阶级罢工对这些好好上班的中产阶级冲击非常大。比如说电车集团罢工了，他们可能就没法坐电车上班了，领导要扣他们工资，会影响他们正常的收入水平。他们最希望国家不要乱，希望国家变得非常强大。

今天美国获胜的总统候选人特朗普的主要支持者也是这样一批人。这些人其实并不抵制全球化，他们抵制的是那些非法移民抢他们的工作。非法移民没有国籍，相对要求的工资比较低。资本家当然愿意雇那种要钱少但是干活非常卖力的人。

中产阶级自古以来就缺少辩护者。贵族有一套贵族的传统，很多贵族把同情普通民众、愿意对老百姓好挂在嘴边，他们有自己的礼仪，也有自己的理论。工人阶级在农业社会有宗教为他们张目，在现代社会有马克思主义为他们辩护。唯独中产阶级这个夹心层，缺少理论支持。中世纪的欧洲，中产阶级有骑士和教士的理论，但是新型的白领阶层却没有理论为他们辩护。达尔文主义问世之后，中产阶级就把演化论变成自己的理论武器。

有需求就一定有人生产。理科生在学术圈里继续研究着老鼠和蚂蚁，补充和佐证达尔文的演化论；文科生就开始著书立说，为中产阶级辩护，这里的代表就是著名的赫尔伯特·斯宾塞。

斯宾塞是公认的社会学祖师爷，他和达尔文关系不错。严复后来翻译进化论的时候说“物竞天择，适者生存”，这句话最早就是斯宾塞提出来的。斯宾塞的两部代表作《社会静力学》和《社会动力学》，完整地阐释了社会达尔文主义，里面有很多观点今天看来很可笑，比如说穷人之所以是穷人，是因为无法适应竞争激烈的环境，所以这种人就任其死掉好了。大自然不就是这样吗？让雷劈了就该死。优秀的人能适应环境挑战，努力地工作获得体面的收入，他们就该得到社会的奖励。

斯宾塞说的人就是高级白领、年薪百万的企业经理等中产阶级。他们也不是资本家，也没有资本让他们不劳而获，只能靠出卖时间领工资，但是他们确实在残酷的竞争中获胜，成了优胜者。斯宾塞的这套观点现在已经很少有人提了，但是这一套优胜劣汰的说法在中产阶级间非常受欢迎，大家都觉得自己是优胜劣汰的胜者。

斯宾塞的理论和各类社会达尔文主义结合之后，产生了许多非常神奇的东西。和民族主义结合之后，他的理论就变成了种族主义，例如非常邪恶的纳粹、日本的军国主义。那些民族主义者非常疯狂地叫嚣国际竞争、军备竞赛。很多学者都认为，维多利亚百年和平之后，之所以会莫名其妙地爆发第一次世界大战，和民间非常好战有很大关系。

谁搞臭了达尔文主义

斯宾塞这套观点在最初的时候，对达尔文主义杀伤力还不是很大。达尔文主义最后被搞臭，和他的一个亲戚有很大的关系，就是他的表弟：弗朗西斯·高尔顿。

达尔文家族号称“一家10院士”，前后出了10个皇家科学院院士。达尔文有三个儿子：一个是数学家、一个是天文学家，还有一个是从事科学化生产的工程师，叫作霍勒思。达尔文的三个儿子后来都被英国女王授予勋爵，他一辈子做梦都想弄个爵位，他的三个儿子帮他实现了这个愿望。

达尔文的表弟弗朗西斯·高尔顿虽然没那么有名，但是他对达尔文杀伤力极大。先看这个人的标签：人类学家、优生学家、热带探险家、地理学家、发明家、气象学家、统计学家、心理学家、遗传学家。就凭他所有这些标签，这人肯定不靠谱。在那个年代，一个人不可能从事那么多领域的研究工作，因为精力顾不过来。

高尔顿最大的影响就是发明出一套近亲不能结婚的理论，今天中国法律也规定，近亲不能结婚似乎也能追溯到他那儿。人类的历史上哪有什么近亲不能结婚呢？先不说贾宝玉和林黛玉可以结婚，单就说古埃及的法老，不仅是近亲结婚，而且是兄妹结婚。近亲结婚确实容易遗传疾病，但是近亲结婚也容易遗传比较优秀的基因。古埃及人相信王室的人是有优秀基因的，只能近亲结婚，不能让优秀基因外流。

高尔顿为什么一定要研究近亲结婚呢？因为达尔文就是近亲结婚，达尔文有三个孩子都不幸夭折了，他的几个拿了爵位的儿子，也有几个不能生育。高尔顿从小就觉得这家人很奇怪，做了很多调研，研究来研究去发现了很多秘密。比如说，他调查了977个非常优秀的人，包括首相、将军、文学家，发现如果你本身是个优秀的人，你们家族再出现优秀的人概率就会变大，但普通老百姓大概平均每4000人才能出1个牛人，但好比那些艺术家庭，有64%的子女将来在艺术上非常有天分。高尔顿如获至宝，紧接着发明了一套优生学。此后他到处演讲，还在伦敦大学建了一个档案馆，后来又把档案馆发展成了实验室。

高尔顿这套优生学理论，说得直白点，就是“龙生龙，凤生凤，老鼠的儿子会打洞”。你要是出身家庭条件不好，这辈子也成不了什么优秀的人；要是家族遗传好，很有可能你的孩子也很好。

这套理论再推导下去，就变成这个国家的基因好，这个国家的人就优秀；这个民族的基因好，这个民族就优秀。这种趋势再往下走一步就是纳粹。纳粹当年搞的雅利安人理论，就是说雅利安人的人种优秀，是一个征服民族，他们应当征服全世界。这个人种理论的支持者，跑到印度就变成婆罗门族，在中亚就变成薛西斯、大流士这些强悍的亚洲君主。在欧洲，雅利安人就是灭亡古罗马的蛮族。相对来说，像匈牙利人、斯拉夫人这都是低等民族，就不要存在了。说老实话，高尔顿对他们这套理论做出了“卓越”的贡献。

高尔顿理论是1907年出台的，他到处演讲，还会做自媒体，把自己的影响越弄越大。没过几年，美国率先接受了他的优生学。总统、妇女运动先驱、最高法院的法官全都成了这个理论的积极推动者。美国有些州甚至还制定了一部绝育法，规定政府可以把罪犯、残疾人、同性恋抓住之后进行绝育手术，他们认为这些人本身基因就有问题，不适合生孩子。

最奇葩的是，当时有一个村子，有一头母猪生下一头没长眼睛的小猪。当地老百姓都接受了政府的宣传，瞎眼的小猪不是瞎眼的母猪生的，那就一定是村里某一个瞎眼睛的人和猪生下来的。于是这群暴民把村里一个独眼小男孩绞死了。直到今天，这仍然是美国历史上臭名昭著的冤案。

即使在第二次世界大战之后，高尔顿的优生学还非常有影响力。印度的总理英迪拉·甘地上台之后，一度接受美国总统的建议，在全国上下推行优生优育计划。后来因为民间抵制得太厉害，英迪拉·甘地的政府不得不下台。

达尔文这个大 IP，遇上了这样一批同人文作者，不能不说是一个遗憾。今天我们重读达尔文，不是为了给他辩护，只是想说，科学精神是一种难能可贵的精神，也是一个宝贵的工具，但它经不起折腾，一旦用于宣传和为个人炒作，一定贻害无穷。

进化论在中国

达尔文主义到了中国之后，由于中国的土壤和当时的国际形势，它就演化成了一套“中国特色的达尔文主义”。

这里必须提到一个人——严复，中国近代的大翻译家。“信、达、雅”这个概念就是他提出来的。当然，严复对于中国的影响远不止于此。严复是今天中国思想史研究公认的第一个自由主义大师，甚至可以说是中国的自由主义之父。在他之前没有人系统地了解自由主义，在他之后的自由主义者基本上都是受了他的影响。

当然，严复还是公认的最懂英国的中国人。如果非要在英国历史里讲一个中国人，那只能是严复了。我们从严复身上可以看到，英吉利文明在中国的土壤上能结出来什么样的花朵。中国人信成功学，所以很多人看曾国藩和王阳明的立德、立功、立言的书。书写得多，功劳又大的人，说话才有分量。这些人功成名就后，有人把他们说过的话扒出来，他们就成了成功学的代表。就算没有功成身退，如果他生前做了很多大事，他的思想也会变为成功学。

严复没做过什么大事，所以他的思想没能成为成功学，他和曾国藩、王阳明就差在这一点上。

甲午大谜题

时隔 100 多年，今天我们回顾严复和他的中国特色进化论，不禁要问一个问题：为什么进化论在当时能享有那么大的盛誉？这个问题的答案也很简单，因为进化论回答了那个时代的本质问题。严复解决了中国人内心最深层次的焦虑。

这个焦虑就是甲午战争中国的失败。中国莫名其妙地输掉了最关键的一场战争。

为什么说莫名其妙呢？因为在甲午海战之前，所有人都觉得中国必胜。战争结束之后，所有人都不理解中国为什么会输。在中日开战之前，有很多外国人，例如当时海关总税务司英国人赫德，还有很多传教士，都认为日本打不过中国。

日本的国力不如中国，中国开启洋务运动的时间也比日本明治维新早。发起洋务运动的大人物如曾国藩、李鸿章、胡林翼、左宗棠都是当时中国最精英、最开放、视野最前卫的一批人。他们苦心经营了几十年，为什么最后是这样的结果？

战争的结果让所有人愕然，日本占领了辽东半岛和山东半岛，摧毁了一半的北洋舰队，俘获了另一半。李鸿章的淮军在辽东和山东基本上也全军覆没。中国人最接受不了的，就是这么一支顶尖的部队被日本人摧毁了。先看陆军——淮军都是久经沙场的老将，无论是镇压捻军还是镇压太平天国运动，都是身经百战，从来没尿过。这里面有很多老将，在辽东作战非常勇猛，还有不少像左宝贵这样的淮军宿将，义无反顾地为国捐躯。再看海军——甲午战争爆发的时候，李鸿章筹办海防已经有二三十年，大把大把的银子砸在北洋舰队上。北洋舰队的中层官员——大部分舰长都是英国留学生，操着熟练的英语，喝咖啡，抽雪茄，好多人跟日本舰队的高管还是同学，为什么这样一支军队竟然被日本打得全军覆没？

1895 年，清政府签订了《马关条约》，很多士大夫完全不能接受这样的结果，他们的情绪爆发，集中在丁汝昌指挥不力、李鸿章畏敌如虎上。甚至今天很多教材上还在写李鸿章畏敌如虎，北洋舰队的高管贪污腐败，总之，就是参与战争的人有问题。

有的学者站在领导层面去考虑，认为有可能是李鸿章的政敌对他打压得太狠，如翁同龢这些人搞党争，就在排挤李鸿章。所以后来人们把翁同龢骂得非常惨，说他们清流误国。

还有一个大家都熟悉的观点，慈禧太后修园子，挪用海军军费给自己办寿宴。但实际上老佛爷动的那点儿钱，在战争中都退给了军方。战争是综合因素，钱当然要考虑，但是不能作为决定因素。

最后康有为粉墨登场。他的理由更直接，当时的制度不行，人也不行。但是到底哪儿不行了？在这一点上，公说公有理，婆说婆有理。康有为认为应该搞选举制度，成立议会集思广益，众人拾柴火焰高嘛，有了议会，清朝就强大了。其实我们站在100年后的今天看，清朝当时就算是有议会，会更好吗？晚清在最后几年，尤其是载沣上台之后，以拼命的姿态搞了3年预备立宪，朝野上下都成立咨议局（咨议局就是议会，只不过翻译成咨议局）。在中央有个资政院，相当于参议院和众议院。载沣是少壮派，20多岁，实打实地在搞立宪，最后因为搞得太急，把大清都搞黄了也没有搞出什么来，大清实际上还是那副奄奄一息的样子。

清朝在甲午之后基本上已经到了这样的地步——如果不能尽快完成认知升维，不能在整体思想上有一个突破的话，就是再怎么给大清这个破房子添砖加瓦，它也变不成一座豪宅。当时最缺的不是解决办法，而是认知升维。

这次认知升维又是什么呢？整个戊戌变法期间，康、梁一直都没有解决这个问题，真正解决了这个问题的人是严复。

北洋管带严复的泣血之书

严复一辈子没有独立撰写过任何的长篇著作，全部是译著。过去很多人认为他有一本《政治讲义》可能是原创，但经过后来考证那是他抄袭的，只是没有署名。严复一辈子翻译过八部主要著作，再加上《政治讲义》，这些书籍改变了那个时代中国人对一些基本问题的思考，让中国在甲午战争之后的十几年里完成了一次认知升维。

上天注定，这个使命只有严复可以完成。

严复是个什么样的人？我们平时看他戴顶小帽子，梳个小辫儿，跟蔡元培的形象差不多，而且他也是校长，所以大家都以为他是个老派知识分子。其实严复是正儿八经的军人出身，他是北洋舰队里的军官，级别非常高，甚至在一段时间里担任过管带的职务，和邓世昌、萨镇冰这些人是平级的战友。北洋舰队里非常著名的将领如萨镇冰、方伯谦等海外留学生和严复是同学，都是被大清保送到英国读书的。

严复早年间一直在北洋舰队，非常用心和刻苦地工作。后来因为和李鸿章政见不和，在 1890 年，也就是甲午战争的前 5 年离开了北洋舰队，转去做官了，当了一个候补道台。假如他不是在这个时候走，再坚持 5 年的话，很可能今天我们看甲午战争的电影时，带着船撞向“吉野号”沉没的民族英雄就不是邓世昌，而是严复了。

北洋海军全军投降之后，背负了巨大的恶名。提督丁汝昌虽然已经吞鸦片自杀，但还是被穿上了罪衣、罪服，尸体披枷戴锁，棺材也被箍了几道铜箍，押运回老家，世世代代不许下葬。

北洋舰队在投降之后，日本人破例允许一艘康济舰装上殉国将领的尸体，由管带萨镇冰带着这艘船回国，将他们安葬。这个叫萨镇冰的管带就是严复在格林尼治皇家海军学院的同学。萨镇冰回国之后饱受人们责骂，抬不起头做人。其实萨镇冰并不是贪生怕死，他本来可以吞鸦片烟自杀，他忍辱负重回到大清就是一定要把当时的真相告诉所有的中国人。

北洋舰队在甲午战争的最后阶段，作战非常惨烈。日本人已经在陆地上包抄了山东半岛，他们的舰队又封锁了刘公岛海面。北洋舰队被困在了威海卫的军港里面。即使这样，丁汝昌还是带着舰队想尽一切办法突围。但当时的朝廷，自从丁汝昌开始指挥这支舰队的时候，就不停地下严旨申斥、责骂丁汝昌。到最后丁汝昌已经被逼迫到了即使打赢，战争结束之后也要听候朝廷发落的地步。丁汝昌不堪其辱，在战争中哪儿有炮打过来，他就往哪儿站，抱定了必死之心。可想而知，北洋舰队的战士，在如此一个关键时刻，看到这一幕又是什么心情？

萨镇冰忍辱负重回到了大清，为兄弟们申冤，他拼了命也要替北洋舰队讨回公道。这个冤从 1895 年开始申，一直到宣统三年（1911 年）才昭雪。很快，那个逼迫他们的大清也完蛋了。

宣统三年，大清立宪改革，上台的都是 20 多岁的清朝贵族，这些贵族都是见过世面的，好多人环球航行过。这些人里有个非常重要的贵族叫载洵，他当时负责筹建海军。载洵和萨镇冰关系很好，带着萨镇冰一起在全球采购新的军舰，想要重组大清舰队。在这个过程中，萨镇冰跟他痛陈当年北洋舰队是多么委屈，大家打仗勇猛，还有丁汝昌、邓世昌这些将领的感人事迹。说得载洵也非常感动，回国之后他说服了摄政王载沣，给北洋舰队的将士们平反昭雪。

就在萨镇冰到处申冤的时候，严复将他的那 8 本译著在 1909 年之前全部出版。这 8 本书的内容虽然涉猎广博，但全部都是西方最经典的自由主义著作，例如孟德斯鸠《论法的精神》、亚当·斯密《国富论》、斯图亚特·密尔《论自由》，还有介绍社会达尔文主义和达尔文主义的《天演论》，以及两本社会学的书和两本逻辑学的书。严复在每翻译完一大段话的时候，会加一段自己的评论，有点儿像《史记》的“太史公曰”。在这个评论里，严复已经开始回答甲午战争中国为什么没赢的问题，而且他是用北洋海军军官的独特视角来回答这个问题的。

第一个很重要的理由：中国历史观里有停滞和中断之说。

古代儒家的观点，例如朱熹、孟子都是这么想的——“君子之泽，五世而斩；小人之泽，五世而斩”，意思就在于，这个社会好得不行，但是几代以后就堕落了；这代人善道，过了几代以后传统中断了。

这是当年严复最厉害的地方，但包括康有为和孙中山在内的很多人，不同意严复的观点，都觉得老祖宗有一派人是支持进步的，例如《礼运·大同篇》讲到的那个大同社会，不就是相信进步吗？但是在严复看来，这根本就不是什么相信进步，只是文字游戏而已。

严复之所以不相信进步，与他在北洋海军的经历有很大关系。所有北洋舰队的高管都知道为什么大清会战败。北洋舰队管理体系的顶层是丁汝昌，他是淮军的将领，一直是骑兵军官，只是做过一段时间管理战船的工作，根本不是一个能管理现代舰队的人。

为什么任用他去领导北洋舰队呢？难道是李鸿章任人唯亲？其实也不完全这样。因为这个位子太重要了，丁汝昌是李鸿章一手培养出来的，他非常信任丁汝昌。而北洋舰队这些外国留学生，脾气特别大，满脑子洋思想，李鸿章也不知道怎么管理他们。有这么一个亲信在中间协调，相对来说就比较好一点儿。这是李鸿章当时非常精妙的一个安排。

但是在北洋舰队的人看来，这些海军将领本来学习了西方最先进的管理技术，只有他们知道怎么让舰队打胜仗。日本的舰队是伊东祐亨指挥，那是他们的同学，能力还不如他们。可在清朝，这套就玩不转。现在我们翻关于北洋舰队的一些记录，这些留学生对丁汝昌很不尊重，经常当面顶撞他。

严复的进化思想逐渐成了共识。中国人到底该用什么样的态度对待一个新鲜事物？李鸿章任用丁汝昌的办法本质上还是中体西用，以李鸿章为代表的淮军是体，他们这些留洋学生只不过是器物，用一用就行了。但实际上，这就坑害了整个北洋海军，葬送了一支曾经在亚洲无敌的舰队。

第二，严复解释了国家为什么需要强大，国家之间的竞争到底意味着什么。

中国人当时能理解国家必须富强起来，但是不理解什么是国家之间的竞争。严复为什么能有这样的想法呢？因为他知道北洋舰队为什么会败。北洋的惨败绝不是人不给力，也不是战术思想不行，更不是调度不力，就是因为武器不行。

中国的富强不是康、梁提出来的从器物到制度，再到思想的全面革新，而是连器物这第一关都没过去。这一点在清朝没有人能理解他。大清从 1871 年开始就花大笔银子从全世界各地买军舰，说北洋舰队的武器不行，没人能接受，包括光绪和慈禧在内的顶层政治人物。但是北洋舰队的人却深知这其中的奥妙。

1874 年，日本在琉球闹事，于是李鸿章意识到海防很重要。从那个时候开始，他就派人在全世界购买最先进的战舰。当时最先进的战舰叫作蚊子船，后来开始有了一些比较好的巡洋舰。严复当年在海上练兵使用的就是这种蚊子船和巡洋舰。几年之后，李鸿章又在德国买了两艘当时最先进的铁甲舰，一艘叫镇远，另一艘叫定远。这一幕买买买的景象，在大清子民的眼里，就等于宣告世人，大清有了全世界最先进的舰队，称霸东亚是没有任何问题的。

可问题在于当时全世界都在搞军备竞赛。没过几年，巡洋舰就更新换代了。日本人买了个“浪速”，性能要比北洋水师的巡洋舰好很多。这时候李鸿章跟户部关系还不错，又去买了济远舰和经远舰来更新装备，邓世昌撞沉的致远舰也是那个时候买的。此后中国和日本就开始了军备竞赛。不巧的地方在于，就在双方对峙最激烈的时候，1891 年，户部尚书翁同龢把所有购买军舰的钱停掉了，因为大家都觉得北洋舰队现在掌握着最先进的武器，没必要每年再花那么多钱买新船。甚至有人说，李鸿章想从中贪墨一些钱，只要政府给了经费，贪官一定会从中捞一笔。李鸿章后来被说“宰相合肥天下瘦”，跟这个事情有很大关系。

1891 年到 1894 年，虽然只有短短的 3 年，但是在这段时间内，巡洋舰又更新换代了好几次。这时候，各国更新的不只是军舰的型号和一些基本的武器，还迭代了整个战略思想。李鸿章购买两艘巨无霸镇远和定远的时候，那个时候的战略思想叫“做大、做强”，让几艘巨无霸战舰挺立在那儿，前头架设一个特别大的炮，就可以威慑住所有的敌人。1891 年之后，战略思想变了，变成“小而快”，原来那个威慑敌人的架退炮大概 10 分钟能打一发，新的战略思想是把船做小，但是船上装了多架火炮，而且都是速射炮，一分钟能打四发。10 分钟打一发和一分钟打四发，这就好比说一群狼在围攻一只虎，最后谁赢谁输真不一定。

甲午战争最激烈的战役是黄海海战，邓世昌就是在这场战役中殉国的。北洋舰队因为战术不行，吃了大亏。他们还是 20 年前的那套战术，两艘铁甲舰在中间，其他的船根据速度快慢，由大到小，一字排开。由于北洋舰队里面有 30 年前的船，也有新买的船，还有一部分是 10 多年前的船，这些船速度不一样，开着开着舰队就从一字形就变成了人字形。但是日本的舰队由于船速都比较快，所有的战舰形成了三队，一队包抄所有北洋的小舰，一队围住定远和镇远，剩下的一队围攻所有不大不小、不新不旧的巡洋舰，把北洋舰队切割成了三部分。

其实这是个田忌赛马的局面。镇远和定远就算再厉害，被缠住不得脱身，只能眼看着其他军舰被围攻。日本其他的两队在战场上形成了非常大的优势，那些比较老的舰船，例如超勇、扬威很快就被击沉了。邓世昌管理的那些不快不慢的船，由于对方火炮比较厉害，也是身负重伤，有的就没来得及抢修，直接葬身大海。北洋舰队在黄海海战遭受了重创。

归根结底，打败仗的原因是中国人不理解国家竞争的残酷，每一年都可能有新的事物出来，如果这一年不跟着竞赛，很快原来的优势就全都没有了。

这一点，严复比其他人理解得更深刻。

第三，也是最重要的一点，中国人当时分不清个体跟国家之间的关系。这也是很多学者认为严复翻译的《群己权界论》要比《天演论》更重要的原因。

严复在各种书里面反复强调的一个概念是“群”。这个“群”包含了很多意思，既有国家，也有宗族，也包括一些社团，都是群。而“己”，指的是个人。

中国人分不清“群”和“己”之间的关系。所有人面对自己的时候，他不是一个完整的个体，而是被一些概念定义的——他不是王某某，而是安徽人或者东北人，是一个胖子或者瘦子，他是李鸿章的人，我是王麻子村的人。每个人都是由一群概念定义出来的个体，而不是一个有独立人格的个体。

而且他们还分不清群体和群体之间的关系，当这个人深入一个群体的时候，处在了一个模棱两可的状态。比如说，王某某本来是大清的官员，但他非认为自己是李鸿章的人。本来是大清的舰队，但在所有官员看来，北洋舰队是李鸿章个人的，所以在北洋舰队出现过很多笑话。

比如，在包围刘公岛基地的最后阶段，丁汝昌已经吞鸦片自杀，投降的士兵给日本舰队司令伊东祐亨写了封信：“刘公岛里有我们北洋的船，这些船我们都交出来给你。但是有两艘船，是广甲、广乙、广丙这个系列的船，归广东水师管理，我们得给人送回去。”伊东祐亨看了信之后仰天大笑，这封信一时间传为笑谈。直到后来，这封信还一直贴在日本的纪念馆里，用来嘲笑当时的大清有多愚昧。

这只是愚昧的冰山一角。甲午战败的根本原因就是李鸿章以“一人敌一国”。在当时所有人看来，甲午战争是李鸿章打输的，李鸿章不靠谱。因为淮军是他的部属，北洋舰队是李鸿章向朝廷要银子组建的，跟其他人没有关系。甲午战争全部的后勤体系，是李鸿章的亲信盛宣怀主持的。一场两国之间的战争由一个道台做总后勤指挥，这也算是个奇闻。

其实李鸿章也没办法，大清没有总后勤部，只能让亲信上马才放心。在平壤战役前后，有名的“逃跑将军”叶志超，“一夕狂奔三百里，敌军便渡鸭绿江”，他并不是贪生怕死，而是后勤供应不上。盛宣怀的供给迟迟不到，粮饷、弹药全部用完，叶志超作为统帅，他不下令跑路，难道还等着被活捉吗？

丁汝昌之所以被逼迫得那么惨，是因为李鸿章有慈禧撑腰，他们不敢直接攻击，所以所有的攻击全部落在丁汝昌身上，丁汝昌等于是在替李鸿章背黑锅，仗还没怎么看出端倪来，就已经被骂得狗血淋头。

按说中日之间爆发战争，甭管什么南洋、北洋，只要有船就拿来一起打才对。但是当时只有广东水师派了三艘破船，这还是因为两广总督李瀚章是李鸿章的哥哥。而沈葆桢的南洋水师就是按兵不动，假装没看见，自始至终也没派出一兵一卒来。最可恨的是山东巡抚李秉衡。当北洋舰队被堵在刘公岛的时候，山东巡抚手里有兵可以去救，如果他们出兵和日本人决战，说不定还能救出北洋舰队。但是李秉衡就是不出兵，因为他原来是李鸿章的人，但是有一次被人参劾，李鸿章没保他，他就投靠了张之洞。张之洞暗示他，李鸿章的事情不要管，所以李秉衡就硬是按兵不动，眼睁睁看着北洋舰队被憋死在了刘公岛上。

严复见证了这个朝廷是怎么回事之后，他终于意识到，大清还不是一个现代国家，大家连一个基本的国家概念都没有。中日之间爆发战争，大清不是倾举国之力拼死一搏，而是让李鸿章去打，李鸿章如果打败了，正好让他下野，其他人说不定还能上台。这种想法充斥朝野，甲午岂能不败?

所以严复为什么在不停地讲“群”的概念，他是想强调个体首先要有独立的人格，分清“群”和“已”之间的关系。在此基础上，每个人用一种现代的方式，也就是契约的方式，形成一种新型的关系，最后形成一个现代化的国家。

以上三点是严复给中国人最重要的思想冲击，他不仅判断出了中国的病根在哪儿，还开出了三个药方。虽然这几个药方不太实用，但确实帮助中国人在关键的时代完成了一次思想升级。

— 逆袭心法小贴士—

人生是场赌局，要学会不下牌桌

我们跟着达尔文与严复完成了一次进化论的全球旅行。演化思维颠覆的是一种确定性的世界观。确定性认为这个世界是恒定不变的，我们只需要按部就班就可以实现自我完成。可是不确定的世界观告诉我们，这世界上最美好的事物都是生长出来的，而且这种生长有时候残酷无比，我们必须穷尽自己的全部精力奋斗到底。

成长的关键，在于不下牌桌。

演化本身也是一种精进的过程，我们一再面对外部的变迁，又一次次地调整身姿，每一次调整都能让我们从中获益。

我们从演化思维中还可以获得另外一个心法，虽然不那么励志，但非常实用——成长的本质是承受代价。承受的代价越大，成长的速度也就越快。

PART

04

人生进阶的扩展思维

第七章

飞跃的逻辑：从边缘找到人生的突破口

改变总是源于那些不起眼的事件

人生的转折从来都不是步步为营，而是来自一个又一个的突发事件。我们生命中有多少时间浪费在了低效率的努力之中？历史上的大事件、人生的大转折都是源自意外。可能是一次意外的邂逅，也可能是读到一本很有启发的书，还有可能是接到一笔改变一生的订单。

那么问题来了，我们不能把命运当作一场赌局，只是做被动的接受者，假如想要掌控人生，我们该做些什么呢？

这个问题的答案很简单——找到人生的突破口。

那么问题又来了。人生的突破口有很多，为什么有的人就顺利找到了，有些人穷其一生都在碌碌无为呢？

这一章，笔者希望提供另外一个思路。或许过去我们都把注意力放错了地方，努力的方向自己要坚持，可是真正改变我们人生的那些突破口，不是来自我们目标所及的地方，而是来自边缘。在二月河的小说《雍正皇帝》里，年羹尧远征青海，久攻不下，最后甚至把敌人都弄丢了。尽管他一再斩杀敌人手下大将，但对手罗卜藏丹津还是不知所终。这个时候，邬思道来到军中，把一盏灯放在行军地图上，灯光照亮了整个地图，只有一块是黑的，就是灯光底座的一侧。邬思道说："这就是灯下黑。罗卜藏丹津一定在这个地方。"

果然，不久之后年羹尧报捷，大获全胜。

我们人生的突破口往往也是在那些"灯下黑"的地方，而且往往是我们注意力的副产品，并不是出发时能够预想到的。

所以，找到自己的突破口，先从那些副产品开始吧！

为大英帝国辩护的人在想什么

直到今天，在西方世界还有很多坚定的帝国主义分子，这些人还以此为荣。英国著名的史学家塞缪尔·弗格森（《帝国》《罗斯柴尔德家族》的作者），就坚称自己是帝国主义分子。但是他理解的帝国主义不是四处烧杀抢掠，今天听起来，他的理念特别奇葩——大英帝国在殖民全世界的过程中做了很多好事。

一些原来被殖民的国家，比如肯尼亚，他们的后裔过得都很不错。现在在欧美的非裔美国人，他们每天西装革履，说着一口流利的英语，很多人也进入了上层社会，做了律师、医生等。最著名的肯尼亚裔非洲人巴拉克·奥巴马，连任了两届美国总统。如果当时这些非裔美国人的祖先不是被带离了非洲，他们哪能有今天？

他认为大英帝国发明出了一套机制，让这些殖民地的老百姓获得了安全稳定的生活环境，因此有了改善生活条件的可能性。

在英国，为殖民者辩护是个源远流长的历史传统。

100 多年前，有个诗人以赛亚·吉卜林写过一首著名的诗，直到今天还被大量引用，叫作《白人的负担》(*The White Men's Burden*)。这个翻译不太好，burden 这个词，在英文里还有“责任”的含义，所以这首诗准确的翻译叫《白人的责任》。也就是说，白人到这些落后的地方来，是给殖民地的原住民带来了光明。诗里写道：

肩负起白人的重担，
获得那古老的回报，
那些不如你们的人，
他们会责怪你，
那些你们所守护的人，
他们会厌恶你，
但是你却用生命
在保护着他们，
让他们朝着光明呼喊。

轻轻松松，
有人递上皇冠，
简简单单，
不是抱怨，
而是赞美，
来吧，唤起你的男子汉气概，
度过那些得不到感谢的年头，
忍受着寒冷和痛苦的教训，
但你终将得到公允的判断。

这首诗在英国殖民史上非常有名，因为这首诗代表了英国精英的想法。他们对大英帝国向全世界殖民的看法，跟其他国家不一样。他们认为，德国、比利时这些国家的殖民行为，就是赤裸裸的掠夺，抢夺当地的资源，比如钻石、黄金等。但是英国人来到落后地区，他们要承担责任。他们有一种使命感，要让这些落后的文明重获新生。

这就很奇怪了，乍一看，怎么都像是古时候的青楼女子立牌坊！

香料与黄金：帝国主义的最原始动力

帝国主义开始也许只是源于一种赚钱和改变命运的冲动，并没有其他原始动力。至于这个冲动结出了善之果还是恶之花，不是这个发心决定得了的。

我们先回到帝国主义最初诞生的场景。

欧洲人迈出殖民第一步时，最开始只有一个特别简单的想法——能不能去海外找点儿黄金或者一些香料来用。

香料这东西我们中国人很熟悉，如豆蔻、桂皮、丁香、八角、花椒等，都是我们平时做菜时候放的作料。这些东西在中国人眼中稀松平常，但中世纪的欧洲却不出产这些。香料在中世纪的欧洲是非常重要的稀缺品，和今天的钻石、黄金一样稀缺，价格十分昂贵。欧洲当时没有香料，只能从东方进口。一开始，欧洲人没见过这些东西，也不知道怎么用，后来有人发现用香料做菜味道很好，就开始在贵族阶层流行，因为贵族有资本重视饮食水平。平民老百姓接触不到香料。

欧洲进入中世纪之后，生产力水平出现了倒退，肉变得很稀缺，人们只能吃咸鱼。咸鱼作为一种腌制食品，为了保存很长时间，就变得特别硬，加上放了很多的盐，咬着就像嚼胶皮一样，实在吃不下去。有些商贩看到商机，就开始研究商路，在民间传播香料，老百姓也开始依赖上了香料。

在 1493 年，奥斯曼土耳其崛起，攻陷了君士坦丁堡，把原来的贸易通道给阻断了。东方的香料运不到欧洲，但老百姓已经习惯吃香料了。正是这个时候，有人开始把囤积的香料当期货来炒，让本来就稀缺的香料一下子从必需品变成奢侈品。很多人把香料赋予了饮食之外的价值。就像钻石，其实不过就是碳的一种变体，却因为被赋予了爱情的含义，深受女孩子追捧。

在当时的欧洲，香料也被赋予了价值。比如说，教皇给国王加冕的典礼上，都会用香料，香料也就有了神圣的意味。中世纪的国王只有教皇认证才具有合法性，而在加冕为王的典礼上，教皇会给国王的头上涂抹圣油。据《圣经》记载，大卫王之前有一个政绩卓著的王叫扫罗，他在被封为国王的时候，就有人在他头上涂抹圣油，史称“扫罗受膏为王”。至于这个圣油是什么，《圣经》里面没说，也没人知道配方。于是教皇就用香料做圣油，涂抹在国王的头顶，象征国王像扫罗一样被上帝认可。

有人还做了一个统计，香料在价格最高的时候，一磅豆蔻的价格相当于三只羊或半头牛。当时甚至还有一项法律规定，如果有人在香料里掺杂假货，抓住了就要活埋。更可笑的是，当时欧洲人往香料里掺杂的是银屑！有句俗语叫“挂着羊头卖狗肉”，但是现在呢？狗肉比羊肉还贵，谁还挂着羊头卖狗肉？肯定是挂着狗头卖羊肉。当时豆蔻比银子还贵，是奢侈品。

在 19 世纪中期，美国的金门一带发现了金矿之后，整个加利福尼亚州就掀起了一股淘金热，所有人都拥向金门。当时欧洲也有一股淘香料热。有人说过，断头的买卖有人做，赔本的买卖没人做。香料这种进口品越来越稀缺，就一定有人开始打香料的主意。也就是这个时候，开始有人想靠远航出海找香料。再加上《马可·波罗游记》在欧洲已经流传开了，里面描述的东方宫殿都是用黄金做的，路也是用黄金铺的。当时欧洲不仅黄金稀缺，香料也很稀缺，许多人萌生了去遍地黄金的亚洲发一笔横财的想法。

大航海时代就是这么开始的。帝国主义从最开始就是门生意。

欧洲的一些亡命之徒，由国王亲自出面赞助，带着船队驶向东方。香料和黄金是他们出海最重要的目的，只要能解决这个问题，哪怕葬身大海也无所谓。最终，达伽马成功抵达了东印度群岛，也就是今天印度尼西亚一带。成功装了几船香料之后，也算是完成了使命，他带着船队回家了。

很多人说达伽马到东方来是为了黄金，如果是这样，他应该再往北到中国去。当时中国是明朝，虽然有海禁，但是生意还是可以做的。当时东南亚一带的很多华侨都是从明朝逃去做生意的，在那里落地生根，甚至建国了。

达伽马为什么不跟当地人一起到中国来一趟，试试再搞些黄金回去呢？估计他也是算了一笔账，其实拿到这些香料回欧洲就已经能大赚一笔了，香料和黄金的价格是差不多的。再加上达伽马是一个很保守的人，只想发一笔财回到欧洲过好日子，不想冒险跟中国人打交道，于是带着船队回去了。

发现美洲，帝国主义第一个副产品

发现美洲是帝国主义的第一个副产品。

哥伦布和达伽马走了相反的路线。因为达伽马是葡萄牙王室支持的，达伽马的航线被葡萄牙阻断了。哥伦布想从西班牙国王那儿获得财力支持探索新航路，就必须得找到一条新路。哥伦布其实也未必真觉得地球是圆的，所以从西边出发，指望转一圈之后再到东方。他也是没有办法。谁都没想到，他看似走了一个错误的方向，却“一不小心”发现了今天的美洲。

美洲大陆在欧洲人眼里是个完全未知的地方。哥伦布的船意外撞上了一座岛，并不是真正的大陆。但他却从这座岛上带回了一样东西——一点儿金屑。于是他吹牛，说他去的是印度，遍地都是黄金。这个消息一下子在欧洲成了爆炸性新闻。所有人都激动万分，大批探险者和投机者纷纷前往美洲寻找新世界，寻找传说中的金山。

当时的西班牙女王伊莎贝拉也很聪明，她看准了国内有很多哥伦布这样的亡命之徒。他们不像贵族那样畏首畏尾，所谓光脚的不怕穿鞋的，也只有他们敢冒这么大的风险去探险，因为失去的只有锁链，得到的可能是整个新世界。于是伊莎贝拉任命哥伦布为他发现那座岛的总督，并且规定今后岛上获得的利益和他对半分，这直接激励了更多人去开发美洲。几年时间下来，整个美洲的轮廓都被新探险家们弄清楚了。茨威格的名著《人类群星闪耀时》里，提到过第一个从美洲东海岸走到西海岸的人，名叫巴尔博亚，这是欧洲人第一次从太平洋东岸看到太平洋。

很快，西班牙人就发现了南美的两个印第安人大帝国，只要控制了这两个大帝国，整个南美洲就全是西班牙人的了。于是，一个叫科尔特斯的人带着兄弟灭了阿兹特克帝国，一个叫皮萨罗的带着小弟们灭了印加帝国。整个过程很戏剧化，两个几百万人口的大帝国，看见这么几十个白人，竟然吓得呆若木鸡，被轻而易举灭了国，国王也被俘虏杀害了。几十年之后，两个帝国土崩瓦解，西班牙占领了全部拉丁美洲。

其实第一代的殖民者特别草莽，都是些亡命之徒。他们没有全盘规划，到美洲之后只有一个想法：占山为王，开采黄金，带回欧洲发一笔横财。

不过倒霉的是，美洲其实没什么黄金，主要是白银。而且他们开采白银的能力也有限。到最后，他们干脆不自己挖了，直接去抢印第安人的。抢完印第安人的，他们还是不满足，就开始互相抢。西班牙人抢葡萄牙人，葡萄牙人抢西班牙人。这个情况传回欧洲，葡、西两国国王也拉开阵势准备开打了。这个时候，教皇出来做和事佬，在里面和稀泥。教皇当时创造性地想了一个办法——划定一条教皇子午线，子午线西边的地盘归西班牙，东边归葡萄牙。东边这块主要是亚洲，今天的马鲁古群岛一带，这些全都给葡萄牙。西半球的美洲都划给西班牙。

最开始大家还都挺高兴，但是西班牙国王琢磨着不对，觉得自己吃亏了，因为香料也很值钱啊！于是他仗着国力比葡萄牙强，连哄带骗让教皇再划一点儿土地给他。教皇没办法，就把子午线再往西切了一点儿，马鲁古群岛的一部分就划给了西班牙。但其实西班牙赔大了。当时南美洲巴西这个大三角区域还没有被发现，航海家只发现了阿根廷这一带。等巴西被发现之后，西班牙发现吃了大亏，但也没办法，这么大一片土地只能拱手让给葡萄牙了。这就是为什么今天的拉丁美洲只有巴西人是说葡萄牙语的，其他所有国家都说西班牙语。

最早的一批殖民者全都是亡命之徒，甚至是流氓地痞。他们的心态就是抢资源。因为在那个年代，大家疯狂地发现增量，一切都是蓝海。这么多无主的资源，只要得着了就是自己的。

帝国主义之所以如此罪恶滔天，和第一批殖民者出身低微有很大的关系。

在这个疯狂的过程中当然会有碍事的人出现，比如当地原住民。殖民者觉得他们既碍事又没什么用，干脆一杀了事。再加上这些外来人口给这片大陆带来了很多从没有过的疾病，无数原住民染上他们带来的瘟疫，死亡速度就更快了。就这样，几十年里，至少有 1000 万的印第安人惨死在西方殖民者手里。那些强壮的被抓去做奴隶，在种植园里种热带植物、橡胶、椰子等，进行非常辛苦的劳作。

信贷制度：帝国主义第二个副产品

新大陆的资源太多了，除了先到先得的西班牙和葡萄牙，英国、法国和荷兰这些国家也想要分一杯羹。

荷兰当时是西班牙的一个附属国。在大航海时代来临时，刚好尼德兰一带（今天荷兰、比利时和卢森堡）正在闹革命，想要脱离西班牙控制。经过多年异常艰苦的斗争，荷兰终于实现了国家独立，确立了民主制度且建立了议会，由执政官来执政，跟今天美国的体制有点儿像。由于常年在西班牙统治之下，荷兰人很清楚到美洲能发财，只是苦于国家太弱，掺和不进去。

英国也是如此，这时候正是都铎王朝早期，国家正在喘息，很难去和西班牙分一杯羹，只能做些“小买卖”。所谓的“小买卖”其实比西班牙人还要罪恶。当时的美洲，只剩下北美还没有人占据。英国人迅速搭上了末班车。他们到了北美之后，先去找印第安人的粮仓，狠抢一把，还给这些粮仓起了个名字，叫“上帝的发现”。其实哪是什么上帝的发现，那是印第安人的粮食。荷兰人比英国人要聪明一点儿，他们没到美洲，而是绕过美洲去了盛产香料的马鲁古群岛。荷兰人从独立那天开始就形成了一个共识，这个国家资源太贫乏，人口也不多，强邻环伺，唯一的出路就是做生意。

在战胜盘踞马鲁古群岛的葡萄牙人之后，荷兰人抢过整个香料贸易，垄断了丁香和豆蔻的生意。

最开始殖民者都没有经济常识，以为东西越多越好。今天我们每个人都明白，大量的白银和香料进到欧洲之后一定会引起一个后果——贬值。西班牙人抢了一大批白银运到欧洲之后，欧洲的货币贬值得非常厉害，造成了严重的通货膨胀。

香料也是如此，越来越便宜。荷兰人即使很会经商也没什么好办法，就像 1929 年经济大萧条时很多资本家干的事一样，猪肉不是贬值得厉害吗？他们就把很多生猪扔进海里去。当时荷兰也做了很多这样的事。1735 年，荷兰人在阿姆斯特丹市中心堆积了 120 万磅豆蔻，当场焚烧。1760 年，荷兰人又焚烧了价值 1600 多万法郎的桂皮，大火在海事法庭外烧了整整两天两夜。桂皮燃烧的香气在整个荷兰都能闻着。

通过这些手段，荷兰人让香料价格再次暴涨。从他们占领马鲁古群岛算起，之后 100 多年的时间里，香料价格涨了 20 多倍，荷兰的经济一下子爆发了。

著名画家伦勃朗就生活在那个时代，他笔下的荷兰人生活得安静祥和。那幅名画《夜巡》，画的就是一个警察打着灯笼在街上巡逻，街上秩序井然。荷兰市民住上了高雅漂亮的房屋，摆着各种精美的装饰品。贵妇人倒着牛奶，一片欣欣向荣的景象。其实只有在海外发了财的人才能过着这样的生活。荷兰人在东方干的可不是这样的事情。他们为了不让别人染指强占来的金山银山，不得不用强硬的军事手段。

荷兰人占山为王还造成了一个意外的结果——催生了信贷。这是帝国主义的又一个副产品。

信贷在人类历史上曾经出现过，但从来没有制度化，更别说什么股份公司之类的制度了。这个机会落在了荷兰人身上。荷兰因为国家很小，却占领着那么大一片群岛，要维护领地光靠自己的国力和国民是不行的，必须得花钱雇人帮着打仗，但是雇人需要钱。香料贸易是一个长途贸易，从荷兰到马鲁古群岛最少也得半年时间，一路上还有各种海盗、敌国舰队。这么的大风险也没有人能独自承担，于是荷兰人想出了大家一起凑份子的办法，凑着凑着就形成了信贷制度。

信贷制度必然会诞生在荷兰，其他国家都不具备相应的条件。荷兰在欧洲本来就是个奇葩的存在，他们实行的是民主制度。在欧洲其他国家，如果政府想要做什么，主要靠国王出面去借钱。就像亨利八世那样，先是向银行家借钱，后来去借高利贷，有的时候就会赖账不还，这样的事情多了以后，很多银行家觉得国王也没什么信誉，不肯再借钱给他了。

在当时的欧洲即使有钱了也不能闲置着，因为白银大量拥入导致货币贬值，钱要是存着就会越来越不值钱。像荷兰这种国家，既没有国王，也没有国家政权来干预他们，于是大家就开始凑钱从事海洋贸易。结果，他们的生意就越做越大，最后形成了一个链条。后来大家把这样的凑份子的关系进一步结合，变成了股份制公司。

信贷制度是资本主义诞生最重要的环节，可以说没有信贷制度的社会就是一直在低能量里面循环。假如一个面包师从零开始，他只能小规模地做，几代人才能把生意做大。但是有了信贷制度之后，这个面包师可以先借钱租一间大房子，雇几个学徒来做面包，赚来的钱可以用来开分店，这就进入了一个高能量级的循环。在传统社会的低能量循环里，想做大一家面包店可能需要两三代人，有了信贷制度，只需要三五年时间就能把这事做成了。整个社会的运转速度也因此变快。

信贷制度的产生完全是一个意外结果。在大航海时代，荷兰起步已经晚了，所以不得不采取更适合国情的办法。当殖民者满世界抢东西的时候，完全没想到帝国主义会产生这样的结果。帝国主义的内涵是由很多东西共同组成的，在全世界殖民不等于帝国主义。如果殖民是帝国主义最重要的内涵的话，那人类历史上强国到处殖民的情况很多，例如亚历山大征服波斯、蒙古大军横扫整个欧亚大陆等。

但这不是帝国主义，这只是征服。这些历史事件都没有背后的经济逻辑。帝国主义的一整套链条里面，必须有经济逻辑，才真正算得上是帝国主义。

迟到的英国人

荷兰在占领了马鲁古群岛之后，开始担当起“海上马车夫”的角色，为其他国家的殖民者把抢到的东西运回国。荷兰人当时凭借先进的信贷制度，积攒出越来越多的大船，生意也越做越大。

既然西班牙、葡萄牙、荷兰已经把有资源的地区瓜分得差不多了，后来的英国、法国、德国这些国家怎么办呢？当时的德国和意大利都处在四分五裂的状态，忙于内战，没有任何心思卷入世界争霸，就只剩下英国和法国或许还能赶上末班车。

但是海上航道已经被荷兰占领，做正规生意肯定是没有机会了。英国人和法国人最开始想到的办法就是抢。既然西班牙人已经把印第安人和原住民都抢光了，那英国人和法国人干脆直接抢他们算了。英国是全民动员，不论官方还是民间，无数英国人卷入了海盗生意。英国私下派出过很多“官方认可”的海盗，比如著名的德雷克勋爵，受到女王的委派到处抢劫商船。

虽然这些海盗帮女王抢了一些钱，但他们是穷凶极恶之人，后来做出了很多不堪之事，例如到非洲抓壮丁奴隶。除了直接抓人，他们还从当地部落收购奴隶。当时的非洲大陆上散布着很多部落，殖民者会向一些小部落酋长买奴隶。如果这个部落的奴隶卖光了，酋长就会去攻打另外一个部落，把对方部落的人卖去做奴隶。在罪恶的三角贸易中，无数非洲人或是遇难，或是被卖到异国他乡做奴隶。很显然，这一方面是因为殖民者太残忍无耻，另一方面也是非洲人自相残杀的结果。

三角贸易为什么偏偏是英国人做成的呢？倒不是因为什么资源优势，恰恰是资源诅咒。南美洲大片的领土已经被西班牙和葡萄牙占领，荷兰也把最值钱的那些生意给包揽了，英国人只能占着一些小的、不重要的港口。

英国人有时候也会占到便宜，在牙买加、巴巴多斯这些加勒比地区，占了小片的殖民地，这些殖民地能产出一些经济作物。这些小港口想要得到价值最大化，还可以当作贸易中转站，给各路人马提供交易和休息的场所。由于抢不到宝贝，英国人在自家地盘上卖起了黑奴。占领这些港口还有一个好处，就是登陆美洲大陆更方便了。英国人在海上抢完西班牙人，就跑回小岛上再做点儿转手贸易的小生意，把宝贝卖给其他人。这样一来，英国形成了一个转口港帝国主义的经济形态。

英国人因为抢不到什么好的资源，只能通过海盗占领一些港口，很意外地创造出了这样一套生意链，靠着卖奴隶和做一些转手的生意过活。说实话，当时英国上上下下都不觉得倒卖黑奴有什么不当之处。《鲁滨孙漂流记》的作者丹尼尔·笛福就是一个坚定的黑奴贸易倡导者。《鲁滨孙漂流记》这本书本身也代表了那个时代的思维方式——出海去做海盗，发大财。笛福甚至认为驱使黑奴到美洲开发新世界经济效率很高。小说里面所有对鲁滨孙的描写，背后都有着海盗逻辑。

偷种子的人

与海盗相比，到处偷东西的这拨人看起来相对文明一些。因为他们没能力组织大规模的人上岸抢劫，就只能去偷。

荷兰已经控制了整个香料群岛，垄断了海上贸易，很多人就去这些盛产香料的殖民地偷一些种子出来，试着去其他地方种植，一旦种植成功，他们就能大发横财。当时有个叫普瓦福尔的法国人，从小就喜欢惹是生非，经常被抓进监狱。放出来之后洗心革面，不祸害同胞了，他出国折腾去。他先是在中国待了 2 年，没搞出什么名堂来。因为在中国碰了壁，他打算干脆直接从荷兰人手里偷，于是一头扎到了越南，在那里研究种植园。

荷兰人最开始只是专注地做生意，不太注意保卫自己，针对他们的抢劫案越来越多。荷兰人恨透了英国人和法国人，只要逮着就打。后来他们终于想出了办法，把收获来的豆蔻都掺上石灰。豆蔻不像西红柿，西红柿撒上石灰就没法吃了，但豆蔻即使抹上了石灰，洗干净之后还能食用。只不过这种抹了石灰的豆蔻不能再用作种子。荷兰人就靠这种办法防范那些偷种子的人。

普瓦福尔在荷兰人这边又碰了壁，就跑到菲律宾去偷。他在菲律宾一带找到了一些香料植物，觉得自己捡到了大宝贝，就带着这些宝贝跑到了毛里求斯，一个属于法国的殖民地，关起门来开始研究怎么种植香料。

倒霉的是，他看了很多参考书，研究了很久，还是什么也没种出来。结果他被当地殖民者当成了骗子，身败名裂，只好回法国了。由于当时法国的路易十四正在跟荷兰打仗，正是用人之际，哪怕是给荷兰捣点儿乱的人也会大力扶持。普瓦福尔说服路易十四给了他一笔钱，他带着这笔钱又奔向了马鲁古群岛。由于前些年普瓦福尔太出名了，荷兰人下令通缉他，他也不敢直接杀奔荷兰人控制得比较严密的地方，于是奔向了印度尼西亚的一座小岛，看看从这里能不能偷点儿东西出来。

当地人确实种了一些丁香和豆蔻。普瓦福尔刚去的时候这里还没被荷兰人控制。当地人以为荷兰人来了，就和他的人打了起来。打着打着双方之间互相探底，才知道普瓦福尔原来是法国人，是要给荷兰捣乱的，当地原住民自然愿意帮助他，给了他一些香料的种子、树苗等。普瓦福尔大功告成，带走了两万株幼苗。他把这些收获品带到巴黎的那一天，连国王都出来迎接，还给他举行了盛大的欢迎仪式。可见，法国人把他当成了民族英雄。

普瓦福尔这次运气特别好，带回来的幼苗全部成活。几年时间里，法国将香料种到了各大殖民地。路易十四的思路特别清晰，荷兰的经济支柱是香料贸易，只要法国大量产出香料，荷兰的香料就再也不值钱了。果然，荷兰的经济很快遭受了重创，从此一落千丈。与此同时，荷兰在海上和英国连打三场仗，全部失败。英国逼着荷兰签订了《航海条例》，从此英国把原来荷兰的海上贸易全盘接收，进入了飞速发展的轨道。

传教士充当排头兵

香料大盗这样的故事在英、法两国史不绝书。

英国有个皇家科学院，法国也有一个法兰西科学院，培养出了很多大科学家。法国有很多大科学家、艺术家在此期间都被派到了中国。比如御用大画家郎世宁，就是雍正时期来到了中国，因为给雍正画了很多画像而声名大噪。像郎世宁这样的不算是主流画家，主流画家是一些科学家和传教士，他们表面上是来中国做科普工作的，其实更重要的使命是来研究中国产什么植物，以及这些植物有没有什么可利用的经济价值。

这个时期最著名的传教士有张诚、白晋和巴多明，都是大科学家。他们到中国之后研究了很多非常神奇的东西，比如探究伏羲和《圣经》里的大洪水到底有什么关系，中国古代的神话跟《圣经》里的历史能不能一一对上，甚至有一部分人还参与了宫廷政变，事后吹牛说雍正夺嫡成功还有他们一份功劳。

笔者是中国人民大学清史研究所毕业的，在清史研究所里有好几位教授都在研究这个问题。这些传教士在中国做了好多事情，中国今天很多双音节词，比如文明、现代，都是他们发明的。中国古时候都是单音节词，比如“城市”这个词中的“城”和“市”是两个完全不同的概念：城指的是护城河和城墙，被城围在里边的是坊市。

这些传教士在皇帝授意之下，翻译了很多自己国家的著作到中国。到晚清的时候，大翻译家严复等人，也是看了传教士的这些文章之后，直接用了这样的译文和译法。日本在明治维新的时候也看这些传教士的东西。他们翻译西洋书的时候，大量借鉴了传教士的译著。中国到了晚清和民国时期，一方面向西方学，另一方面也向日本学，很多人在学日本的时候，会把日本翻译过的这些书再翻译回国内。

这些传教士在中国影响特别大。中国当时有很多士大夫，比如著名的物理学家徐光启，常年跟这些传教士在一起，后来还被发展成了天主教徒。由于徐光启是大学士，且跟皇室关系也很好，慢慢地把皇室里面的一些人也给发展成了天主教徒。这在天主教历史上是比较神奇的事件，居然在中国成功发展了高层的士大夫信奉天主教，例如永历皇帝的妻子和儿子。其实这些传教士到中国来，无非是两个使命：一方面是来传教，尽可能地发展高层士大夫成为天主教徒；另一方面利用这种便利在中国搜罗宝贝，运回欧洲，顺带还能发一笔财。

在传教士里面最重要的是耶稣会士，他们受过最好的培训，属于当时欧洲的顶级人才。教会对这些耶稣会士要求特别高，必须发三绝誓愿——绝财、绝色、绝意。绝财、绝色好理解，绝意是要求这个人一辈子必须永远侍奉耶稣，不能改信其他教派。在欧洲改宗是很正常的，有的犹太人还能成为天主教徒，但耶稣会士只要宣誓了，就是一辈子的事，永不反悔。

从某种角度来看，这些传教士相当于间谍，他们在华期间窃取了大量的情报，看他们和教皇来往的书信也能得出这个结论。虽说最后没搞出什么名堂来，但在历史上也值得写下一笔。

帝国主义的副产品三：博物学帝国主义

英国的帝国主义到后来搞得有声有色，脱胎换骨催生了一种新的帝国主义形态——博物学帝国主义。可以说，这就是科学与帝国主义的孩子。

博物学其实就是给植物做分类，研究这些植物应该归到哪个科、哪个种等。植物分类学历史上有一个著名的瑞典人林奈，他发明了门、纲、目、科、属、种的分科方法。

当时英国的船队不论走到哪里，都会随船带个画家。因为当时没有摄像技术，所以得靠画家把沿途看见的新物种画下来。当时有这么一拨英国人，他们奔走于全世界，见到什么植物就记录下来，然后把标本带回国，研究这些植物是否适合在他们的领土上生长。如果实验成功，他们就会把这些植物迁移到殖民地，让殖民地开始种这种植物，逐渐形成一个钱生钱的循环。

就这样，在帝国主义的逻辑链条里有了新的一环——科学帝国主义。科学家与帝国主义结盟，合作开发世界。这个过程中出现了很多非常出色的人，例如我们前文提到的,《物种起源》的作者查尔斯·达尔文。达尔文乘坐“小猎犬号”周游世界，记录下当地发现的动植物，也是这些发现让达尔文产生了进化论的灵感。

著名的库克船长也是很典型的例子。他本人很喜欢出海远航，也不是为了去占领什么殖民地，而是想去探索一些还没有被发现的地方，顺带研究一下有没有什么植物适合大面积种植。库克船长到澳大利亚的第一站被命名为植物湾。库克船长在澳大利亚人民心目中的地位很高，但是他死得太凄惨了——被土著人烤了。

有一次，库克船长到夏威夷，碰见了一群土著。这些土著看见他，低头就拜，他们以为看见了神，就跪了下来对神顶礼膜拜。库克没有意识到是怎么回事，还以为白人在这里本来就很有地位，当地人臣服于他们的威严，于是放松了警惕。其实库克船长是赶巧了，当天正是土著祭祀的日子，又正好看见了库克一行人，把他们当作了传说中的白神下凡。

库克被他们迎着去见了当地酋长，酋长看见他也跪了下来，果断献上了他们的珍宝。库克打开一瞅，竟然是人肉。原因是当地土著祭祀白神必须用人肉。

库克船长把这盒人肉扔回给他们，没想到闯了大祸。食人族恍然大悟——你居然不接受，说明你不是白神，于是群起而攻，库克当场被打死，尸体还被这些土著烤了。直到现在，所有纪念库克船长的人，都不知道到哪儿去找他的尸首。

库克船长和达尔文成了思想家，更多人则是去做实业。比如普瓦福尔，他拿着偷到的宝贝，去新的殖民地考察，看能不能大规模种植。甚至有些人还组织专业的先遣队，每当要殖民一个地方，先派科学家进去考察，见到有价值的植物，或者当地的土壤比较好，适合种植某些经济作物，再派后续的人员进驻，大规模开发。之后再组织本国居民也移民过去，征用当地少数民族干活，这片殖民地用不了多久就成了财货的来源。

博物学帝国主义通过种植园，完成了帝国主义新的殖民体系。

北美十三州的南部主要种植棉花。最开始种植园主也想过驱使印第安人干活，只不过印第安人身体条件不是很好，这才不得已用了黑人。

咖啡最早产于埃塞俄比亚地区，后来传到了欧洲，深受欢迎。咖啡去欧洲的路线最开始不是走海运，而是从阿拉伯国家经由陆地传过去。但是大家如果看地图，今天世界上重要的咖啡生产地已经不在非洲了，而是牙买加、哥伦比亚、墨西哥所在的南美洲。尤其是牙买加，那里出产的蓝山咖啡，是在海拔 1800 多米的地方种植出的。这就是博物学帝国主义的神奇之处。

后来人们发现西印度群岛很适合种植甘蔗，就把那里开发成了蔗糖殖民地。其他的橡胶等作物生产基地的产生，都是这样的过程。

经济作物里面最著名的、改变了世界命运的，就是中国的茶叶。

茶叶自古以来只产于中国，其他国家想要品尝中国的茶叶，只能与广东十三行和中国的其他商行做生意。欧洲人到东方之后，也只能到十三行买茶叶。很多商行发现这些老外不仅有钱，而且需求量大，更关键的是，他们对茶叶一窍不通，就往茶叶里掺各种东西。最开始英国人也很无奈，他们只能靠走私鸦片换白银，再用白银从商行手里买茶叶。可以说，鸦片战争的本质不在鸦片，而是茶叶战争。

久而久之，英国人实在厌恶这些奸商的嘴脸，下决心自己种植茶叶。

最开始还是派人到中国去偷。有个叫罗伯特·福钧的人，乔装打扮混进了江浙一带，再经由江浙进入福建，偷出了武夷山的红茶。他带回去的茶种经过多次实验，终于在印度的阿萨姆地区成功种植。现在我们喝的伯爵红茶（Earl Grey）就是阿萨姆产的红茶。而就是因为茶叶，英国人才最后下定决心把整个印度发展成殖民地，他们最初只是想占领一些孟买这样的据点和中国做生意。

当阿萨姆出产红茶之后，英国人就再不和中国做生意了，他们把印度变成世界上最大的种植园。不到100年时间，印度成了几乎所有人都向往的地方，是一个发横财的宝地。因为印度有茶叶，有热带种植园，无数做着发财梦的人不顾一切地奔向印度，印度也因此变成真正的金山银山。

当科学与帝国主义结盟之后，就有无穷大的威力。从中式茶和英式茶的对比就能看出来。英式茶做工非常复杂，是一种经过无数道流程的产品。英国人在茶叶里添加各种各样的作料，如东南亚一带的桂皮，甚至是水果。英式茶的茶种很单一，只有红茶。但是经过复杂的加工流程之后，英式茶有了各种各样的味道。

这点和中餐与西餐的区别恰好相反。中餐比较复杂，煎炒烹炸，还有各大菜系，哪怕是普通的蔬菜也能做出十样甚至上百样的菜品。西餐比较简单，基本上就是肉烤到几成熟，汉堡里是不是多加两块肉，是不是多放点儿盐。但是茶的制作刚好反过来，中式茶的分类基本为红茶、绿茶、乌龙茶和花茶，没有特别多的品种，也不会千奇百怪。虽然绿茶也细分了一些种类，但味道并不会有特别大的区别。但如果去买英式茶，店里可能摆出来100多种，味道都不一样。茶是一种茶，但往里面加的东西让茶的味道相差甚远。

英国人把茶做成了一个有特色的产品，推广到全世界。甚至有人说，茶叶催生了工业革命。工业革命（Industrial Revolution）还可以翻译成勤劳革命，因为industrial这个词有“勤劳”的含义。有了提神的茶叶，英国工人阶级才不用每天酗酒，而是准时准点地上班。

茶叶成为上班族的最爱之后，大量需求涌现，使印度成为英国最重要的殖民地，成为大英帝国王冠上的明珠。特别讽刺的是，当英国不再需要用鸦片换白银，也就不再那么猖獗地从事鸦片贸易了。倒是中国撤销鸦片禁令之后，在几十年时间里，国产土烟的总量超过了进口鸦片，不仅完成了进口替代，还成了晚清很多南方省份的主要财政收入来源。

帝国主义的副产品四：暴行的自我瓦解

正是在科学与帝国主义结盟之后，英国人才真正开始向全世界殖民。

一方面，一些老殖民地的资源已经成为存量，再开发成本巨大。有些地区纷纷爆发了革命，建立了共和国，维稳成本特别高。另一方面，科学确实给帝国主义的扩张提供了非常重要的技术支持。

最早一批殖民者完全没有条件从事大规模的殖民开发。他们除了会像库克船长那样遇到少数民族的进攻，还会遇到很多环境因素的挑战，比如恶劣的气候和肆虐的疾病。大多数人一直都不愿意离开桥头堡。有一个统计，1750年时的英属印度只有1000个英国人，很多人根本不愿意去开发那里，留在孟买、孟加拉一带。

那时候的殖民者绝对不会离开桥头堡超过1.6千米的距离，因为1.6千米之外充斥着各种风险和不确定。比如在没有科学做后盾之前，英国也到过美洲殖民。当时的殖民方式很简单，老百姓谁想去都可以到殖民地去。那时候的印第安部落还很厉害，在1622年的时候，北美殖民地有个酋长，脾气很暴躁，看欧洲人来美洲很不顺眼，和他们打了起来。在这次战斗中，酋长消灭了当地将近四分之一的殖民者。等这消息传回英国，这件事都过去将近半年了。詹姆斯一世听说之后非常愤怒，决定亲自出兵占领这块地方，这里就是今天的弗吉尼亚州。这个地方由国王亲自管辖，是国王直属的殖民地。

科学帝国主义诞生之后的100年里，英国全面扩张，占领了全世界四分之一的领土。

在这个过程中，有一类公司如雨后春笋般地出现——土地拍卖公司。土地拍卖是做什么生意的呢？当时的澳洲有大量荒地可以开垦，这些公司就赶过去把这些荒地先占领，等移民来了再把这块地卖给他们。这种土地公司在新西兰一带很流行，在开发殖民新西兰的那个年代，这一套流程已经变得很文明，不是到处抢黑人，再把黑人卖出去的时代了。

英国殖民者确实用这种相对文明的方法，从毛利人手里买了地。这也是为什么即使到今天，毛利人的生活水平比其他国家的土著居民都高一个档次，并且毛利人和白人殖民者谈判还算拥有相对的平等。

这个时候，帝国主义已经发展到相对比较高的层次，不会再用那么野蛮血腥的办法获取资源，整个过程越来越像是在做生意。由于土地公司的声势非常大，英国政府看见有利可图，在1763年出台了一部法案，规定只有政府有权力与少数民族交易土地，个人或公司均无相关权力。英国用这种方法顺利地在新西兰完成了白人移民，那些血腥和暴力的要素难免有残存，但基本上没有了。

在这个阶段前后，由于奴隶贸易被全社会诟病，而且它的盈利空间也没有过去那么高，英国人主动废除了奴隶制度。帝国主义早年间那种野蛮征服、抢掠，把人不当人的产业链条彻底自我瓦解。以种植园经济为主要生态，科学帝国主义在全世界培养种植园的产业形态冉冉升起，英国人把这种形态叫作有形帝国。

直到铁路出现，蒸汽、电气、石油这些资源变得稀缺的时候，有形帝国的概念才逐渐崩塌。因为这些资源主需要占领一座矿山或者一片油田就可以了，不再需要占领那么大片的土地经营种植园。种植植物需要花时间去经营，需要控制资源，并不合算。到后来，占一座矿山就可以维持帝国的运转。帝国主义最后退出了他们已经占领过的土地，这是极为重要的原因。

— 逆袭心法小贴士—

飞跃常常是代价的副产品

复盘整个的帝国主义发展史，笔者从中看到了另外一番道理。我们人生中的很多事，如果把原因和结果颠倒过来再分析，往往能产生特别不一样的视角，甚至是一次认知上的升级。

比如我们把人类进化史颠倒过来，或许我们就会看见完全不一样的认知角度。通常我们认为，我们的祖先最开始学会了用手，于是我们发明了工具；我们的祖先学会了使用火，于是我们发明了烤制食物，生命得到了延长；我们的祖先因为发明了火，所以慢慢退化了体毛，改成了穿衣服。因为讲究分工协作，所以有了家庭，进而有了文明。这是让我们智人从此与人猿相揖别的道路。好像人类的努力是因，文明是果。

可是在《裸猿》这本书里，给了我们另外一个视角，让我们可以重新审视人类进化史。在非洲的猿类族群里，有一群变异的“裸猿”。他们最开始和猴子没有区别，只不过喜欢站起来行走。后来气候变暖，地面温度升高，其他贴地爬行的猿类都选择了森林，而直立行走的裸猿继续留在了草原上。因为在草原上直立行走，他们慢慢适应了长途奔跑；为了散热，他们的体毛全都退化掉了，成了真正意义上的“裸猿”。

直到此时，他们和猴子的区别只有两个——直立行走和没有体毛。但是这两点却持续衍生出了一个副产品，那就是大脑的进化。当我们的祖先不再用牙齿作为攻击武器，而是改用手的时候，他们的面部开始退化，缩了进去。而相应地，大脑却发达了起来。因为大脑的进化，裸猿又是直立行走，这导致了女性生育变得比其他动物艰难千倍万倍，死亡率奇高，这一支裸猿的孩子往往都是早产。婴儿的早产需要有夫妻二人共同承担子女的抚养责任，于是人类的雌性出现了和其他动物完全不一样的现象，雄性长得土，雌性变得美丽而且相对矮小。这样进化的目的是欺骗雄性来保护她们。由此人类开始走上了以家庭为单位的群聚社会。而这其中还有一群人类，他们由于男性出外打猎，女性在家照顾孩子，这些女性为了鼓舞打猎的丈夫，就喜欢讲各种笑话和八卦，甚至编造故事，这造就了智人和其他人种的区别——编造虚拟的存在。于是人类有了信仰，有了组织，进而有了文明。

这个逻辑和我们通常理解的人类进化史有本质的区别。我们以为的原因其实只是在承受代价，而我们以为的结果其实不过是承受代价带来的副产品。而副产品的出现又进一步让我们承受新的代价，从而需要有新的副产品出来缓解代价。如果我们经常用这种思维方式重新思考我们自己现在的处境，或许我们会打开新的思路，找到新的突破口，很多美好的意外也恰恰是这样发生的。

所以，人生的精进，或许我们不该寄希望于努力做什么开天辟地的大事，而是专注于自己眼下的焦虑和问题，尝试用一些全新的方法去解决它。当你的新方法真的奏效了，或许你会发现，你的世界早已经脱胎换骨。

第八章

扩展秩序的逻辑：拓殖人生的新边疆

高手的秘诀在于拓殖人生的新边疆

我们身边总是潜伏着许多高手，他们每天都能突破自我，总能有些新的发现让我们眼前一亮。像 Facebook 的创始人扎克伯格，他每年都给自己定下一个新目标，尝试一件完全不同的新事业。

有的时候，除了羡慕嫉妒之外，是否还有什么方法或者思维方式让我们也变成这样的高手？

我们依然要从思维底层去寻找新的思路。人类古往今来的思想家，其实思维方式大体上可以分成两种：第一种叫建构思维，第二种叫扩展思维。它们推理出的世界观，也可以归结为建构秩序与扩展秩序。关于二者的区别，在最后一章，笔者会详细说明。在这一章，先要把这两种世界观的由来描绘清楚。简单打一个比方，建构思维追求的是一套确定的世界秩序，从最开始就由天纵英才设计出来；而扩展思维追求的却是一种不确定的世界观，从最开始只有几个散点，最后汇总成一片世界。前一种思维更像是建成一座大厦，后一种思维则是成长为一株参天大树。

经济学家普遍接受一种对于资本主义（或者市场经济）的定义："人

类协作的扩展秩序。”可见资本主义从诞生伊始，就是一种扩展思维下的扩展秩序。我们仔细看资本主义的发展史也确实如此，从最开始的一家店铺，到后面的连锁店，再到跨国企业。资本在流转，但是从来没有总体的设计。每走一步，前面是利润，背后是供应商，走到哪里算哪里。

我们这一代的年轻人，随着互联网创业故事的深入人心，越来越多的人都能接受小步快跑，快速迭代。这本质上也是一种扩展思维。从一个三人团队建成的小而丑的网站发展成为一家纽交所上市公司，靠的不是顶层设计，而是成长。

成长思维的框架里，扩展思维是必不可少的一环。在这一章，笔者以北美独立战争为例，看看扩展思维究竟有何种神奇的威力。

对于美国建国的一般印象

一说起美国独立，大家多少都会有点儿印象。

1776 年，北美 13 州宣布脱离大英帝国，经过 8 年抗战，最终建立了一个全新的国家。美国虽然完全是在一张白纸上设计出来的国家，但在建国之后，一发不可收，不断地在西部开疆拓土，最后演变成今天的超级大国。我们中国的历史教科书里，对美国的历史基本也是按照这个脉络来书写的。

可事实上，这个叙事框架是站在美国人的视角来看的，如果我们站在美洲当时的宗主国英国的角度来看，完全是另一幅景象。

美洲独立是大英帝国历史上非常重大的挫折。在独立之前，北美 13 州是大英帝国最大的一块殖民地，也是最重要的一块殖民地。美洲独立让大英帝国的历史被拦腰斩断。

1781 年，英军主帅康沃利斯在约克镇投降，消息一传到英国，当时的国王乔治三世差点儿脱袍退位，以谢天下。乔治三世在英国历史上变得臭名昭著，直到今天他还有一个外号，叫作“坏国王”。

乔治三世到底坏在哪儿了呢？他之前的两代国王都是德国人，不太懂英语，平时根本不上朝，只是把权杖扔在议会，其他的事全都甩手不管。这其实等于简政放权，议会非常赞许。可乔治三世是个土生土长的英国人，他开始重新跟议会争权，弄得议会鸡飞狗跳。更重要的原因是他把美洲丢掉了。可见，丢失美洲在英国人心里，是非常沉重的一件事。

但是，如果我们把时间放长远，大英帝国经受了这样一次挫折，不但没有一蹶不振，相反却神奇般地再一次崛起，在之后的几十年里变成占有全世界四分之一领土的大帝国。这让人百思不得其解，乍一看，好像是人到中年离婚，房子、车子都给了老婆，净身出户了。但从长远看来，这哥们儿迅速东山再起，娇妻美妾成群。

我们这一代人，尽管很多基本认知和美国人所受的教育不一样，但在书写这段历史的方式上，大家对于美国独立的理解基本上是一样的。不管我们读中国人写的美国独立史，还是美国人写的本国建国史，叙事框架都差不多，都是一部关于反抗的历史——

本来北美 13 州的移民自由自在地生活在自己的家园，过着田园诗般的生活。可是有一天，英国侵略者想要征他们很重的税。美国人不愿意缴重税，双方开始出现小规模的摩擦。最开始，摩擦主要在精英阶层中间，大家在议会上有一些辩论，或是在媒体上有一些争吵。演变到最后，大家只能兵戎相见。这个时候，“坏国王”乔治派来他的屠夫军队，下乡抓捕正义的美国起义军，大家擦枪走火。结果，这仗一打就是8年。经过8年的浴血奋战，美国人民终于在华盛顿将军的领导下，实现了自己的独立。独立之后，建国之父们聚集起一群精英，他们关在小屋子里设计出一套宪法——《1787宪法》。这也是全世界最重要的宪法文本之一，无数第三世界国家甚至原封不动地抄袭使用。

这不只是官方教科书上的观点，民间也这么认为。梅尔·吉布森主演的电影《爱国者》，本质上讲了一样的故事。《爱国者》的男主人公最开始过着田园诗般的生活，有几个子女，妻子也很贤惠。他热爱和平，不喜欢战争，即使英国侵略者已经打到家门口了，他还是不愿意参军。直到他自愿当义勇军的大儿子在他家里被英国侵略者残酷杀害，他才被激发起斗志，誓死保卫家国、保卫自由。经过残酷的战斗，他和同胞们终于赢得了胜利。

可是，如果我们从英国人的角度去看美洲独立事件，会发现是另外一个版本的故事。这个故事不是关于增加税收的，而是关于减税的。英国这边不停地减税示好，但是美国人不依不饶，双方矛盾最后不可调和才引发了独立战争。整个故事就是英国人一步一步退让，美国人一步一步近逼，最后英国人也完全控制不住局面。苦战了8年之后，英国人身心俱疲，不想耗下去了，于是撤走了。

英国人会给我们讲述这样一个故事。

那谁说得对呢？我们读历史，不能偏激。在这种敌对气氛之下，双方为了鼓舞士气，都会有点儿片面的宣传。我们只有真正地还原到具体的细节当中，才会发现谁说得更有道理。

笔者读到的结果是，英国人的这套说法不仅能够自圆其说，而且有足够的证据做支撑。所以我们不妨试着站在英国人的视角下，还原美国独立战争不为人知的面貌。

英国人征税有道理

话说1754年，在一个月黑风高的夜晚，美国的俄亥俄州有一群法裔加拿大人组成一支小分队，正在缓缓地行军。这个时候，忽地听到一声枪响，在一个青年少校的领导下，一群美国的民兵和一些头上插着鸡毛的印第安人忽然向他们发起了冲锋。最后，这支小分队被全歼，法国指挥官也被当场杀死。紧接着，这个青年少校带着所有部下，在当地建起要塞，准备死磕到底。

这个青年少校就是著名的乔治·华盛顿，那一年他才22岁。

驻守在附近的法国军队听到消息，立即出兵，迅速包围了华盛顿驻守的要塞。在数倍于己的法军进攻之下，尽管华盛顿少校浴血奋战，但终因寡不敌众，堡垒被攻陷，华盛顿也被俘虏了。投降的时候，华盛顿少校还签了一份认罪书。

正是这场战役揭开了著名的七年战争的序幕。在当时美国的东部，最东边是英国人建立的13州殖民地，紧挨着的是法国和西班牙控制的一大片地区——路易斯安那，囊括了密西西比河两岸，再往北是加拿大地区，当时加拿大和美国，还不是两个国家，而是两个地区，分布着大小不一的小块殖民地。

加拿大主要是英法后裔混居。前去镇压华盛顿的这支法军，正是从加拿大这一带开过去的。在当时的北美并没有大规模的武装冲突。尽管七年战争已经开始了，但战场主要是在欧洲大陆上。英国出钱，普鲁士出人，双方在欧洲战场上和其他大国血战。因为一共打了七年，所以叫“七年战争”。要不是我们刚才提到的华盛顿少校及时捅了法国人一刀，战火也不会烧到美洲。

乔治·华盛顿看到了英国和法国在欧洲血战，很希望把英军引到美洲殖民地来，保护他们这些殖民者，美洲人也能获得一些利益。正是出于这个目的，他才不宣而战，主动偷袭了一支法国军队。在完全没有宣战的情况下贸然偷袭，华盛顿的行为和日本偷袭珍珠港异曲同工。直到第二年，也就是 1755 年，华盛顿少校才被释放。这个时候，欧洲大陆已经打了一年的仗，正在非常激烈的时候，英国人自然不会管他，因为这不过是殖民地一个妄人挑起的事端，属于小规模的局部冲突。

华盛顿好不容易争取来的大好局面，眼看就要白白失去，于是他很快又组织一群印第安人，再次向法国要塞发起进攻。这一次，华盛顿又打了败仗。虽然华盛顿很郁闷，但他不放弃。他开始联络其他州的精英，安排人去英国议会游说。这一去就是好几年，杳无音信。

1763 年，“七年战争”快要结束的时候，大家已经准备放弃了，这时候英国人派出了一支大军。英国人之前不愿意派兵，是因为欧洲大陆上所有国家抱起团来打普鲁士，他在犹豫要不要去救普鲁士。后来他们终于想明白了，如果派一支陆军援助普鲁士，就变成全欧洲合起来打他们两个。英国人算来算去，还是英国人的命值钱，不能派兵，让普鲁士自己去扛吧。但是他们也不想看着战争进行，毫无作为，于是就打算在法国殖民地挑点儿事。这样一来，好处也捞到了，还没有多大风险。

英国人这笔小账算得多清！只不过这笔账算了七年才算明白。1763 年，英国大军来到了美洲，和殖民地人民联合起来，发动许多印第安酋长参战，终于成功打败法国，把法国的一大块殖民地（路易斯安那州）

收入囊中，并入美洲殖民地。

英国人千算万算，本以为占了便宜，但是摊开账本一看，傻眼了，不仅没有占到多少便宜，而且赔大了。英国因为派出 1 万多的精兵帮殖民地打法国人，让自己背上了 14 亿英镑的国债。这在当时是一笔巨款。有个议员在议会一公开账目，所有的议员都慌了。英国人是一个很精明的民族，他们只算钱，很少计算所谓的荣耀。

这个时候，所有人开动脑筋，想接下来怎么处理钱的问题。有人说，既然我们帮殖民地打仗了，而且占的地盘也划给了美洲人，干脆让他们替我们背这个债。只要把债主的人名一改，英国人就可以不还钱了。

但是有人反对。如果美洲人不同意，肯定要争吵，得想一个万全的借口，否则后患无穷。当时真有人想出了办法——既然英国派过去 1 万多精兵，那就让这些精兵不要再回国，留在美洲好了，就说派他们去保护美洲殖民地，然后让美洲殖民地交钱，不说是帮着还国债，只说是在交军费。这帮军队连吃带住，怎么说也得交点儿税。

“七年战争”正是现代新闻业发端的时代，这个想法在议会里刚被提出来，还没形成法案，殖民地的精英就开始在各大报纸上发表长篇大论。殖民地的精英们理由也很充分——军队是英国的，英国人在全世界都派驻有军队，凭什么只有北美出钱养军队？没有这个道理。

这时候出来一个特别聪明的人：英国首相格伦维尔。格伦维尔是一个智商、情商都很高的英国首相，他跟专家见面开会之后，想出来一个新办法——开征印花税。印花税是人类税收史上一个非常重要的发明，它的好处在于不需要主动派出税吏下乡征税，因此不会引发民众对政府收税的反感情绪。印花税是人民主动找到政府，民间有什么事情需要政府做见证，或者提供保护，由政府来认可公证。因此交税肯定是出于自愿。

格伦维尔的办法聪明归聪明，但不一定有效。《印花税法》在殖民地试行了大概一年之后，格伦维尔突然发现，收不上来多少钱。

“七年战争”期间，英国人一共欠下 14 亿英镑的债务，但是印花税一年也就能征上来 11 万镑。不计算通货膨胀，国债也没有利滚利地翻倍，但就是这个数，还到今天可能也还没还完。更何况英国这 1 万多精兵，每年的花销是 17 万镑，这 11 万镑连军费都顶不上。格伦维尔这才明白，专家们说的只不过是书本上的知识。

更可怕的是，《印花税法》成为美国独立历史上最臭名昭著的奴役象征。在殖民地人看来，《印花税法》完全就是一场压迫。他们是这么算的，美洲从建立第一块殖民地开始，一直都是自下而上来组织政府。先是一个小村有自己的政府，然后一个市镇再联合起来组织州政府。每一级政府都有自己的议会，这些小议会拼起来组成一个更大一级的议会。北美殖民地从来都不是自上而下彼此负责。在今天的美国，州长和总统完全是两套系统，是由不同的人经过不同的程序选举出来的。州长和总统之间没有约束力。英国和殖民地的关系，就有点儿像州长和总统之间的关系。美洲不往英国议会派代表，英国出台的法律对他们也没有什么约束力。

经过《印花税法》之后，美国人终于意识到：原来英国人是处心积虑地想要统治我们。既然我们在议会里面没有代表，他们凭什么向我们征税？这就是著名的“无代表不纳税”。

我们再从另外一个角度去看征税这个问题，英国人难道 200 多年里从来没在殖民地征过税吗？其实英国人在美国是收税的，只不过他们收的是间接税。

英国人在殖民地征税的方法和消费税差不多。比如说，朝阳大妈买一棵白菜，这里面的政府税收，已经通过各种方式体现在菜价里了。当时英国人在所有运往美洲之前的货物出港之前，都会征一笔税。这笔消费税的征收，对于统治殖民地特别有效。在强行征税的情况下，这么征税不仅政府得到了好处，而且不会伤害殖民地的感情。

在这里需要提到英国历史上一个非常重要的人物：埃德蒙·伯克。伯克是今天公认的保守主义之父，今天英国保守党、美国共和党所执行的政策在哲学上都能追溯到他这里。他有一本很重要的著作《美洲三书》，内容是他写给朋友的三封信，讨论殖民地和英国人之间这次小规模的摩擦。

埃德蒙·伯克在书中给英国人从美国征收的间接税起了一个名字，叫“善意的疏忽”。这笔间接税对美国小伙伴来说，眼不见心不烦。对于英国人来说，他实际的利益也得到了。这是个非常好的发明，可因为格伦维尔和议会上上下下想从殖民地抠出钱来，出台了这个实际上也没得到什么好处的印花税，彻底败坏了两地之间的关系。

一心想火的纨绔子弟

电影《劳拉快跑》讲了一个道理：一步错，步步都会错。如果一步对了，可能步步都对。这个费力不讨好的《印花税法》，不是单纯地取消就可以，它会引发一连串的连锁反应。

随着《印花税法》成为公共话题，北美殖民地自己也分成了两派。有一派人是后来加拿大人的祖先，他们忠于国王，认为国王要征税可以交。大家摊开英国人的账本一看，人家征也是有道理的。这一派人叫作“效忠派”（loyalist）。后来他们这些人成为英裔加拿大人里面最重要的一部分。

其实，如果当时有人挨个问美洲人，估计99%的人都是认可“效忠派”的。大家都在忙着工作生产，哪有时间琢磨这些和自己没关系的东西。可是偏偏有一些非主流人群不肯善罢甘休。这些人中，很多是律师和记者，他们在公共领域有自己的话语权。这一群人中间逐渐涌现出一群领袖——位于波士顿，尤其是亚当斯家族的人。美国第二任总统约翰·亚当斯就是出自这个亚当斯家族。

这个家族有一个大大的别墅，后来被称作“美国独立的摇篮”，里面不仅出过两任美国总统约翰·亚当斯和约翰·昆西·亚当斯，还出现了很多虽然没当上总统，但特别有名的人。这里就包括今天故事的主角——塞缪尔·亚当斯，总统约翰·亚当斯的堂兄。

亚当斯家族是美国最有代表的WASP家庭：白人盎格鲁－撒克逊新教徒。他们到美洲之后，从做鞋匠开始，后来出过牧师、农户，逐渐积累了一些财富。等到塞缪尔·亚当斯和约翰·亚当斯这一辈的时候，有一些人可以不用赚钱，专注地炒作自己。塞缪尔·亚当斯就把炒作自己当成了毕生的职业规划。

最开始，塞缪尔的父亲想让他从商，希望他继续发扬光大家族的财富。他父亲找了一家理财公司让他去上班，塞缪尔·亚当斯心思完全不在这上面，上了几天班就被老板开除了。而且这个老板辞退的理由非常奇葩，他跟塞缪尔的父亲说：“我们需要干活的人，需要工人和商人，但不需要一个政治家。”可见塞缪尔上班的时候都在做些什么——跟老板讲道理、辩论，说得老板毫无还口之力，只能把他赶走。

老亚当斯一看这孩子不适合上班，于是给了他1000英镑让他做生意。很快，这笔钱让塞缪尔赔了个精光。之后他开始到处浪荡，过了一段时间。老亚当斯看这个孩子再这样下去人都废了，把自己三分之一的房产拿出来开了个酒厂，希望他好好经营。可是塞缪尔还是不好好工作，到处去演讲。这个酒厂也没有经营好，最后破产了。

可怜天下父母心。老亚当斯觉得塞缪尔既不能打工又不能经商，干脆让他当公务员，至少这辈子可以饿不死。塞缪尔找了个税官的工作，但他上班之后也不好好记账，还是到处演讲，检查工作时被人发现做错了好几千英镑的账。最后公务员也没有当成。塞缪尔·亚当斯特别像今天中国的一群年轻人，他们的梦想就只有一个——一夜爆红，上班不乐意，经商也不会，心思全部用在怎么把自己折腾出名上。塞缪尔·亚当斯就类似我们这个时代的小网红。

塞缪尔·亚当斯虽然有诸多不靠谱，但有一点是靠谱的——他是哈佛正儿八经的硕士生。他本身就是波士顿人，哈佛就在他家旁边，他学的专业是法律和哲学——两个最有思辨性的专业。如果能把这两个专业学好了，肯定会有非常强的辩论能力。塞缪尔·亚当斯把这两个专业学得特别好。他从上大学开始参加辩论队，而且他的硕士论文研究的问题也是英国人到底有没有权力在美国征税。他后来不只在大学里演讲，只要让他讲的地方，他都会去。讲来讲去，还真把自己讲火了，成了波士顿很多青年的带头大哥。塞缪尔·亚当斯很清楚，做自媒体光靠演讲不行，还得搞社群；只搞社群不行，还得搞点儿事件出来。这时候天上掉下一个《印花税法》，他如获至宝——制造公共性事件的机会来了。

如果大家今天看美国的教科书，里面会有一幅插图——一群美洲青年抓住英国税吏，在他们身上贴鸡毛。这幅画的原型行动，就是塞缪尔·亚当斯领导的。他带着一群小弟怒砸印花税官的办公室，之后还同一群学生袭击了收税官员的家。

塞缪尔·亚当斯自己就当过税官，他不仅熟悉这些人的行踪，而且因为被开除了，对那些公务员充满了仇恨。一顿打砸抢之后，他带着一群小弟满大街抓公务员，往他们身上贴鸡毛。这次贴鸡毛事件不是整个北美 13 州的公共事件，只是波士顿地区一个小范围的群体性事件。所幸，那个税官当天没在家。等他回到家之后发现家被抄了，非常愤怒，三天之后愤而辞职。

在出名这件事上，塞缪尔·亚当斯获得了巨大的成功，历史上终于有了他的一笔。但是影响力这个东西，如果不维护很快就会掉下来。抗税事件结束之后，塞缪尔·亚当斯已经开始酝酿下一个重大事件了。既然已经在波士顿博得大名，他下一阶段的目标是在整个马萨诸塞州弄出点儿动静来。

塞缪尔·亚当斯到处跟人说，《印花税法》不是英国议会的主意，而是现在的麻省总督说的。他四处煽动，马萨诸塞地区很多老百姓还真以为《印花税法》是总督的主意。1765 年的一个夜里，塞缪尔·亚当斯带着一群人冲进了总督家里。总督其实早就听说波士顿出事了，对此有所防范，一看势头不对已经先跑了。塞缪尔·亚当斯带着小弟在总督家里翻箱倒柜找了一遍，看看有没有他参与制定《印花税法》的证据。

第二天，麻省总督把能叫到的人都召集起来，开了一个发布会，指着《圣经》发誓，自己绝对和《印花税法》没有任何关系。但是塞缪尔·亚当斯也有准备，说昨晚在总督家里找到证据了。双方就开始辩论，最后不了了之。直到今天也没有人看到他到底找到了什么证据。

这个事件虽然不了了之，但塞缪尔·亚当斯如愿以偿得到了自己想要的东西。他不仅在整个麻省出了名，还让 13 州的殖民地都知道有他这么一号人物。很快，他被选进了马萨诸塞州议会，终于圆了当政治家的梦想。

暴风雨中的平静

波士顿抗税的事件越搞越大，英国也开始有所反应。议会形成了有三派意见。

一派认为，这是美洲地区的局部事件。一群小孩到处打砸抢，还冲进了总督家里，分明就是恐怖行动，应该迅速镇压，甚至血腥镇压，绝不能助长他们的气焰。只要把塞缪尔·亚当斯好好打压一下，问题就解决了。这属于强硬派的观点。

另一派是妥协派，他们多多少少是同情殖民地人民的。他们认为，这就是以塞缪尔·亚当斯为代表的一群人在乱搞，不代表殖民地人民的立场。这一派代表是亚当·斯密，他当时正在写《国富论》的初稿。他认为，不如把殖民地要求的代表权给他们，哪怕英国议会里只有两个美洲的代表，咱们也完全有理由向他们征税。两个人又起不到多大作用，这何乐而不为?

但是斯密这个说法一提出来，就被人攻讦和嘲笑。他们觉得斯密先生是个单纯的知识分子，脑子里只有道义。给美洲代表权不难，但是给了他们之后，其他殖民地伸手要代表权怎么办?印度要代表权，加拿大也要，牙买加也要，那大英帝国议会今后就和咱们没关系了！到那时，议会里都是各种酋长、土邦王公，这成何体统?甚至还有人拿着《罗马帝国衰亡史》给大家看。当年古罗马共和国的元老院何其荣耀?但从恺撒时代开始，皇帝乱发公民权，使得元老院里出现了很多蛮族，操着各种语言，五花八门。这是罗马帝国灭亡的导火索。难道你希望大英帝国土崩瓦解吗？

亚当·斯密一看他的话没人听，气鼓鼓地回家写书去了

第三派是和稀泥派，代表人物是埃德蒙·伯克。埃德蒙·伯克的办法更简单，从此不再向殖民地收税不就完了吗？事有凑巧，当时美洲殖民地也派到伦敦一个请愿团，由著名的本杰明·富兰克林带队。富兰克林是个能说会道的人，他跟埃德蒙·伯克见面之后相谈甚欢。第二天他们决定分头行动，挨个说服议员。当时有很多议员在美洲有生意，由于波士顿是一个很重要的港口，因为一直有事，很多生意都做不了了。商人都爱算账，富兰克林自己也是个做生意的人，他是开报馆的。议员们有点儿被两个人说动了。

随着时间推演，议会里和稀泥派的声音变得越来越大。大家觉得既然印花税也收不上来多少，付出的代价却太惨重，不如尽早息事宁人。最后，富兰克林和国王、议会商量出一个各让一步的方案。英国放弃印花税，但要保留一个权力——今后英国依然有权征税。

简单来说，这个结果在英国人看来是：我作为父亲得保留谴责子女的权力。既然殖民地是子女，我可以不要赡养费，你们可以不用每年寄钱，但道理得说清楚，我永远是老子。在富兰克林的请愿团来看，这算是得到了最好的结果。于是他们高高兴兴地回殖民地去了。

无可奈何花落去

乍一看，波士顿的事情平息了下去，双方都得到了满意的结果，印花税也被废除，英国人也在名义上占到了便宜。但是塞缪尔·亚当斯却

成了最大的输家。如果历史从此归于平静，那塞缪尔·亚当斯的存在就没有意义了。塞缪尔·亚当斯不可能停止他的步伐。此时的他已经开始筹划下一个事件。他带着自己的小伙伴，给老百姓做普法教育，告诉他们消费税是怎么回事，还在宣传的时候夹带私货。

不怕贼偷，就怕被贼惦记着。普通老百姓哪知道消费税是怎么回事？反正他们买的白菜就是那个价。但亚当斯的团队不停地添油加醋——英国人凭什么征我们殖民地的税呀？我们在英国又没有代表。本来这个时候，说什么都会显得苍白无力，因为事件已经平息了，他也该黯然退场。但是老天保佑他，这个时候英国政府里跑出了一个聪明人。

这个人是英国的财政部部长汤申。汤申因为常年从事财政工作，有着非常丰富的捞钱经验。在他看来，既然英国只能征消费税，那就不如把消费税征够、征足。在富兰克林走后一两年，他出台了一个《汤申法案》。而且他还说："我这是拔鹅毛，还不让鹅叫出来。"这句话在税收史上非常有名，很多人把它当作一生的格言，怎么才能从老百姓身上刮出钱来，而且让老百姓感觉不到。

《汤申法案》出台后很长一段时间，老百姓确实没感觉到什么。但是塞缪尔·亚当斯却得了机会。他又开始出来讲。老百姓发现，原来他这几年说得还挺有道理，如果让英国人一直这么征下去，他们的经济迟早会崩溃。

事也凑巧，塞缪尔·亚当斯有个小伙伴叫约翰·汉考克。那几天他的一艘走私船在波士顿海关被当地警察扣下了。这一扣下不要紧，塞缪尔·亚当斯觉得机会又来了，开始各种宣传，说英国人压迫他们。他还让小兄弟化装成老百姓，跑到海关门口去闹：凭什么扣押我的船？我们这是合法船只！

波士顿的海关担心维持不住局面，就派了军队过来。

历史往往就这样，当双方剑拔弩张的时候，任何一方的一个举动都只会让局面更加恶化。这个时候，英国人做什么都不对了，这支维持秩序的军队并没有任何错误，因为确实有一群暴徒在政府门口抗议，他们扣下的也确实是走私船只。塞缪尔·亚当斯作为一个老辣的自媒体人，有各种办法宣传。他利用当时的信息差，造谣说英国人看波士顿一直在抗税，决定派兵来镇压他们，甚至有可能会屠城。老百姓不明真相，也不知道富兰克林已经谈判归来了，以为英国人真的要对殖民地痛下杀手呢。

塞缪尔·亚当斯是一个会玩战略的人，他每做一步，都能左右对方做出他想要的反应。他派人去政府门口闹事，就已经考虑到政府会派兵。一旦有兵来，他们就可以更换宣传口径，不谈税收和走私的事，而是专注在为什么英国人派兵来镇压他们。废话，你组织人在那儿闹事，可不是得有人派军队来维持秩序。

这时，塞缪尔·亚当斯已经让兄弟们在波士顿街头发传单了。“英国人派兵镇压殖民地人民”“我们遭遇了暴君的统治”。这个时候市民们正在街上，拿到了这样的传单，加上又不明真相，不知道扣押的是走私船，所以情绪也开始不理智。这些市民一起往市中心走，像滚雪球一样聚成了特别庞大的队伍。在路上，他们撞见了一大队英国士兵，这些英国士兵也不明真相，以为是起义队伍，于是双方在街上吵起来了，还互扔东西，场面简直是一片混乱。

英军本来就瞧不起殖民地的人。他们把美洲人叫 Yankee，意思就是乡巴佬、土老帽。美国人现在还很自豪地称自己 Yankee，就是因为美国人在独立战争的时候，有人写了首歌《扬基曲》(*Yankee Doodle*),

靠丑化自己，歌颂美国人民的朴实。这些大头兵对市民不是很客气，甚至有人掏出枪来，当场打死了几个市民。当事情发展到流血的地步，就真的一发不可收拾了。

我们这位塞缪尔·亚当斯立即跑回家，写出一篇文章——《波士顿惨案》。一旦出现这样题目的文章，离革命就不远了。塞缪尔·亚当斯早就和各大媒体打过招呼，让他们发表这篇文章，在大街小巷散发。与此同时，那几个开枪的士兵也被带回去审判。这些士兵是在完全没有准备的情况下开枪的，忽然被拉到法庭上，一时间就有点儿语无伦次，说不清楚发生了什么。可是如果你仔细读历史细节，有个市民却看得一清二楚，把所有细节全都说清楚了。谁开的第一枪，为什么开枪，都有谁开了枪，说得一清二楚。

这个人叫保罗·韦瑞，后来有人考证，他是塞缪尔·亚当斯的一个小弟。他之所以在现场，正是塞缪尔·亚当斯安排的。他们希望有这么一个人把整个事件记下来，作为呈堂证供。在这样的精心设计下，英国士兵百口莫辩，法官也不知道该怎么办。

这个时候，塞缪尔·亚当斯正在州议会上慷慨陈词。他血泪控诉，这么多年来英国是如何一步步压迫他们，到现在已经彻底放弃底线，开枪杀人了。总督也被亚当斯设好的局困住。他没有办法，只得在一片谩骂声中命令部队撤到威廉斯堡，退出波士顿。这样一来，波士顿也就进入了无政府状态。

每次读到这段历史的时候，笔者都非常佩服塞缪尔·亚当斯。通常一个人取得了这么辉煌的胜利，可能从此隐退，或者颐养天年，要么就是到一个更大的城市寻找下一次发展机会。当年富兰克林就是这么干的，当他的老家承载不下他的野心的时候，他就到纽约去寻找机会。

塞缪尔·亚当斯和他的那些小兄弟并没有离开过波士顿，而是开始组建民兵。他已经算好，英国人肯定会来对付他。如果他手里有民兵，只要和英国人发生正面冲突，整个事件就会升级。美洲的事件也会从枪杀市民的群体性事件上升为战争行为。

谁是幕后黑手

这里有一个巨大的疑问，难道美国独立仅仅是波士顿一小撮人煽动出来的吗？

事实上，不只是波士顿有一小撮人，弗吉尼亚州也有一群人。弗吉尼亚州的代表是乔治·华盛顿。正是他当年率先发起了对法国人的进攻，把“七年战争”的战火引向美洲，触发了一连串连锁反应，让殖民地像多米诺骨牌一样走到了今天这样的局面。波士顿正在热火朝天闹事的时候，华盛顿正在老家鞭打黑奴，让他们从事非常辛苦的劳作。此外，他身边也聚集了一帮兄弟，其中很多人后来成为美国的建国之父，例如第三任总统杰斐逊、第四任总统麦迪逊，他们两个人还一起组建了民主共和党，这个党和汉密尔顿的联邦党共同塑造了美国两党制的雏形。

华盛顿还有一个好朋友帕特里克·亨利，“不自由毋宁死”这句名言就是出自此人之口。这个时候，亨利也在弗吉尼亚州的议会里激情澎湃地演讲——我们一定要跟英国人对抗到底，我们决不妥协。

还有一个当时没有加入他们，但是后来也很有名的美国第五任总统——门罗。门罗此时还太年轻，独立战争爆发之后，他才加入革命队伍。

还有一个是美国第六任总统约翰·昆西·亚当斯，这样看来，美国的前六任总统有四个人是弗尼吉亚出身，两个是亚当斯家族的。可见这两个地方真是火药桶。

其实这两派人并不能代表民意。13 州里，其他几个州是在战争爆发后逐渐被裹挟进来的，好比本杰明·富兰克林所在的宾夕法尼亚州。宾州当时根本就没想独立，富兰克林的儿子威廉当时还是新泽西州的总督，是为英国国王办差的。他对这个事反应非常激烈，即使富兰克林倒向革命阵营时，威廉也还是个坚定的效忠派，甚至与父亲绝交，父子二人死生不复相见。

人类历史上大规模的冲突，尤其是内战，往往就是一小撮人始终在制造事件，擦枪走火之后点燃了火药桶，整个社会被拖进了绞肉机。这样的例子在历史上屡见不鲜。第一次世界大战，其实就是威廉二世脑子不太清楚，虽然他手底下有一些军人想要扩张，但他们制订的施里芬计划最开始是本着人不犯我、我不犯人的精神，并没有想要征服世界。但是为什么后来擦枪走火，导致欧洲爆发了那么惨烈的一场战争呢？

第一次世界大战让欧洲三分之一的男人死亡，三分之一的男人受伤，战后多数国家在相当长时期内萎靡不振。导火索竟然是萨拉热窝发生了一件和这些国家都没有关系的事件。塞尔维亚的一个爱国青年想要争取民族独立，打死了奥匈帝国的王储。他的行为点燃了长期盘根错节的国际局势，整个欧洲就像多米诺骨牌一样，滑向了战争的深渊。

美国后来爆发的南北战争也是这样，最开始是一小撮废奴主义者从一些奴隶主手中偷走奴隶，释放他们。万万没想到，这些废奴主义者的一个带头大哥约翰·布朗被处决，随之引发了链式反应，点燃了一个炸药桶。

处死约翰·布朗只是冰山一角，南北战争真正的炸药桶是西进运动，虽然和废奴也有关系，但没那么大。在西进过程中，一些新的州建立起来了。到底这些州是建立废奴州还是自由州才是问题的本质。例如新发现的加利福尼亚有一些重要的矿藏，如果这些矿藏被一些南方人占领了，北方人会有很大损失。这里面牵扯的利益太大，所以双方僵持得非常厉害。

这就是为什么一个非常中庸，但擅长处理复杂人际关系的政客——林肯上台之后，南方会随之独立。南方在争夺自由州和废奴州这件事上已经完败，他们只能表示不跟北方继续保持统一，大家分家各过各的，他们以后守着南方，维护自己的利益圈。

我们回到波士顿，塞缪尔·亚当斯背后也有一个利益集团，这个集团今天还在，只不过已经改头换面，名称是茶党。今天的茶党和两三百年前的那个茶党毫无关系。今天的茶党非常排外，要美国人自己做主，不希望任何人来干涉。塞缪尔·亚当斯所领导的这拨人就是最早的老茶党，是今天茶党的老祖宗。茶党这个名字就是因他们这些人来的，来自著名的“波士顿倾茶事件”。

波士顿的茶党就是一批走私犯。大英帝国在印度的东印度公司主要从事的贸易是从中国购买茶叶，加工后运回到各大殖民地销售。茶叶贸易是个暴利行业，被东印度公司垄断。本来大家也就眼馋而已，但是随着工业革命，茶叶作为一个非常好的提神产品，在全世界的销量越来越大，不仅行销欧洲，甚至扩展到全世界。

俗话说，赔本的买卖没人做，断头的买卖有人做。由于茶叶利润的诱惑越来越大，所有人都想要去分一杯羹。当时的美洲人中有一些胆大的人开始走私茶叶，从东印度公司虎口夺食。他们从一些渠道买来便宜的茶叶，再走私到美国，让美国人也能喝到很便宜的茶叶，这帮走私贩子同时还能挣到一笔钱。

在波士顿追随塞缪尔闹事的人绝大部分都和走私犯有关联。他们有强烈的动机希望美洲独立，这样他们就可以光明正大地做生意了。在大英帝国的统治之下，私人茶叶生意是非法的，谁不愿意光明正大地挣钱呢？那个被扣押走私船的汉考克也希望做个体面的商人，只不过他们在议会里没有代表，没人听他们的话。

弗吉尼亚这些人为什么闹得厉害呢？说出来更让人难过。英国在1807年彻底废除了黑奴贸易，宣布奴隶贩子一旦被抓到，立即送回国审判。1807年距离这时候大概还有40年。但在这40年里，威尔伯福斯和他的拥趸在英国议会里反反复复地讲，黑人奴隶贸易是多么不道德，是罪大恶极的行为，一定要把它废除掉。他们的呼声已经在欧洲传开了，这就像买不起车的人听说买车要摇号一样，自己做不了主，但是也不希望自己的利益受到损失，只能想办法派人上访。

弗吉尼亚作为蓄奴州，他们希望能够便宜地买到奴隶，威尔伯福斯这些英国绅士跟他们黑奴利益没有任何关系，他们讲的是道德，动的却是弗吉尼亚奴隶主们的钱袋子。如果他们不能在议会里发出自己的声音，真有可能被一群陌生人断掉财路。所以美洲独立背后的原因，其实并不算光明正大。只不过宣传家们把它包装成非常光明正大的理由，无代表不纳税，不自由毋宁死，显得无比正义。

橄榄枝变成导火索

此时的英国人太傲慢，也确实因为没有涉及经济利益。在他们眼里，波士顿和弗吉尼亚的这些闹事行为必须把首犯弹压住，否则后果不堪设想。

英国这时候的首相叫诺思，他和格伦维尔刚好相反。诺思是一个慈眉善目的老先生。他平时跟大家和和气气的，特别相信和气生财这一套。他就像太白金星，发现孙猴子闹得厉害，干脆派个人前去招安算了，大不了封他个齐天大圣。

诺思思来想去，想出了一个一举三得的办法。

当时东印度公司正好有个代表在伦敦，他在议会里提到一件事：1729 年的时候，乾隆开始封锁跟东印度公司的贸易，必须用白银交换。东印度公司手里刚好囤积了一大批陈茶，急需清库存，迫切需要尽快周转资金换白银去中国购买新茶。由于茶党这么一闹，他们清库存的问题就更严峻了。为这事，东印度公司多次派代表来跟英国议会讲情，让他们也不要再跟波士顿胡闹了，他们需要波士顿人买茶叶。

诺思当然也希望能够安抚英国议会的议员们，毕竟大家好不容易和美洲请愿团谈出来一个保留征税权。这个征税权最后落实在某件具体的事上不能只是个口号，过了这个村，后面再征税就更难了。征什么税呢？诺思想来想去，想到了征茶税这个方式。而且东印度公司的茶叶急需周转，不如降价卖给美洲殖民地，顺带抽个税，税率低到几乎没有，相当于是免税了。这样就神不知鬼不觉地坐实了征税权。

按照诺思的想法，三方都获益。殖民地买到了便宜茶，肯定高兴；大英帝国保留了茶税权，算是一个交代；东印度公司这批库存也顺利清出去了，可以换来白银买新茶。

老头想出这主意之后，自己都觉得高兴，于是出台了一个《救济东印度公司条例》，规定今后东印度公司再有大量茶叶销售不出去，就可以对这批茶叶免税，运到美洲卖给当地人民。这办法看起来一举三得，但是老爷子忘了一点，东印度公司的这批低价免税的茶叶运到了美国之后，损失最大的是那些茶党走私贩子。他们花了高价钱走私茶叶，指望着囤积居奇赚笔大钱，一旦东印度公司的便宜茶到了殖民地，波士顿这些茶党会瞬间破产。

后果可想而知。当东印度公司的三艘大船开到波士顿港的时候，塞缪尔·亚当斯带着所有的小伙伴在岸上抵制，坚决不让他们进来。东印度公司派来的船长不明真相，眼看快要上岸了，被一群实枪荷弹的人拦在港口外，把他吓坏了，想要掉头回英国。这三艘船自始至终没有进港。

当时的英国换了新总督，派来一位历史学家，叫托马斯·帕金森，此人思维缜密，著述等身，在思想史上可以写上一笔。帕金森虽然是土生土长的波士顿人，不过连他都看不下去了，觉得茶党们闹得实在是太过分。他跑到船上对东印度公司的船长说：“你不用担心，有我在呢。他们不敢把你怎么样。我手里有枪，如果你敢回英国的话，我立即将你逮捕，就说你叛国。我一定会审判你的。”

历史学家是一个讲道理的职业，塞缪尔·亚当斯这种律师也是，两伙讲道理的人遇到一起，后面就不可调和了。甚至很多人说，假如不是帕金森在当总督，或许美国就不会独立了。

塞缪尔·亚当斯听说总督已经上船跟船长谈判了，怕局面超出自己的控制范围，于是他在 1773 年 12 月 15 日的晚上，跟自己的小兄弟们化装成印第安人，登上三艘东印度公司的茶船，把船推翻，342 箱茶叶全部被倒进了海里。

这就是著名的波士顿倾茶事件。到了这一步，塞缪尔·亚当斯精心设计的局面就算成了。

当时有人对塞缪尔·亚当斯说："要是我们的子孙后代知道我们现在起义的原因是英国人对我们示好，把茶税从一个先令降低到了三个便士，你不觉得这是一件很丢脸的事情吗？"不管怎么说，殖民地都不占理。

英国议会听说波士顿倾茶事件之后，整个沸腾了。殖民地太不像话了，给他们橄榄枝，他们居然给扔在了地上，还踩了两脚。那好，既然软的不行，那就来硬的吧。英国议会吵成了一团，而塞缪尔·亚当斯已经开始筹划下一步了。他代表马萨诸塞州发动全国性的大陆会议，到 1775 年 9 月，大陆会议组织成功。

独立吧，终于等到这一天了！

大陆会议正在如火如荼地召开，英国人的军队也赶到了波士顿，准备在马萨诸塞州逮捕这些所谓的"爱国者"。可这恰恰是塞缪尔·亚当斯精心谋划的最后一步——引导波士顿的民兵和英军擦枪走火，使整个事件演变成国家之间的战争，让局面更加难以收拾。

英军司令叫盖奇，他听说塞缪尔·亚当斯在康科德镇有一个军火库，想把这个军火库抄走，逼塞缪尔·亚当斯和他的小伙伴就范。但是亚当斯和他的小伙伴们早就听说了这个消息，他让小伙伴星夜赶上他亲手组建的民兵团，告诉民兵英军马上就来了。当盖奇的军队走到列克星敦村的时候，这些民兵一拥而上，跟他们打了起来。史料表明，第一枪是民兵先开的。双方僵持了一段时间之后，英军指挥官忍无可忍，下令向民兵开火，当场打死八个民兵。

美国独立战争的序幕就此揭开。

仗一打就是8年。这8年期间，美国节节败退。华盛顿带着他的民兵东躲西藏，保持主力没有被歼灭，坚持越久越好。最后在法国人的夹击之下，英国人不得不放弃了美洲殖民地。

手足相残为哪般

人类历史上的所有战争，在刚爆发的时候，大家内心里都激情满满，各自有各自的正义，但是随着战争的发展，所有人都发现自己是输家。美国独立战争也是如此。8年战争结束之后，所有人回想起整个过程，都觉得这是一场完全没有必要的战争。

首先，英国人和殖民地手足相残。虽然大家作为一家人的时候偶尔会互相看不起，但真到了打起仗来的时候，大家才发现这是在残杀自己的同胞。在这8年间，英军总司令有好几次差点儿俘虏了华盛顿，但都让华盛顿给跑了。其实这就是网开一面，不愿下狠手对自己的兄弟。

华盛顿打英国人，也不是往死里打。在整个独立战争中，华盛顿始终不放弃。自始至终，他都没有组织过和英军的决战。在华盛顿看来，只要这支民兵不被打垮，早晚有一天大家还会在谈判桌上结束战争，英国会让美洲重新回到自己的怀抱，甚至可能拖到英国人打不动了。

如果说英美之间作为战场上的敌手，还讲点儿绅士风度，那美国人祸害自己人的历史，可真是罄竹难书了。

今天的美国教科书上都不怎么描写这段历史，倒是在加拿大历史教科书上偶尔会提到。那些效忠派如英国国教圣公会的人，这些人有10万左右，他们早年宣过誓，要一辈子效忠国王不能背叛，按理说这是他们的宗教信仰，本无可厚非。在战争过程中，他们的家产都被没收充公了。既然这些人还效忠于国王，那就是敌人，要当美奸来办。很多人本来是一个村里的老乡，还有富兰克林这样的情况，儿子是效忠派，父亲不是效忠派的。最后大家老死不相往来。

这些效忠派在反抗美国的时候打出来的旗号也是诸如生命权、自由、追求幸福的权利神圣不可侵犯，和《独立宣言》上写得一模一样。战争结束之后，他们搬到了加拿大地区，在那里组织议会、选代表、写法律，宪法和其他法律的内容与美国法律差不多一样。在老皮特首相的帮助下，英国政府发给他们一些钱，补偿了他们在战争中被美国人抢走的财产，让他们在加拿大买房子置地，开始了新生活。

最惨的是大英帝国。英军最后投降的时候，老好人诺思连尊严都不顾了，高喊着“上帝呀，英国全完了！”当时的奥地利国王——著名的改革派约瑟夫二世甚至说，英国从此变成二流国家。

的确，大英帝国的历史从此被拦腰截断，最大的一块殖民地从此丢失了。

改变历史的《美洲三书》

独立战争代价如此惨重，于是很多思想家反思整个过程：为什么会走到这样的地步？这些在战争中产生的思想，后来成了大英帝国从旧帝国发展到新帝国的思想基础，奠定了大英帝国此后100年的辉煌。

这里面最重要的就是埃德蒙·伯克的《美洲三书》。别看这只是三封信，但意义非常重大。

《美洲三书》的第一封信叫“论课税”，写在波士顿倾茶事件之后，得出了如下两个结论：

第一个结论，事情走到这一步，是因为双方都抓着道理不放，丝毫不考虑利益的结果。英国抓着征税权不放，那些打着善良旗号的改革家脑子里只有道义，不考虑殖民地的诉求。殖民地有自己的经济利益，他们蓄黑奴也好，走私茶叶也罢，都是生计所迫。议会里这些老爷，他们在殖民地没有代表的情况下抱着是非不放，终于让对方打出来另一个更大的道义——无代表不纳税。双方坚持自己的立场不改，持续争论下去只会越搞越僵，走到不可调和的地步。

第二个结论，则是埃德蒙·伯克这个真正了解内情的人才能讲出来的。他看出来，只要大家纠缠道理，就一定会有人抓着道理不放，把道理变成蛊惑人心的工具，最终形成一股自己的势力。人类历史无数次验证过这一点，放在这件事上也是如此。

《美洲三书》的第二篇叫“论与美洲和解”，写在列克星敦枪声发生之后。此时英国决定派重兵镇压茶党。这篇文章道理虽然简单，但蕴含了特别深邃的思想。伯克的意思是，如果英国派兵去镇压，结果会完全不在自己掌控范围之内，进而引发一连串链式反应。他在这篇文章里所描述的链式反应完全应验，就是此后独立战争的主要历程，例如法国人卷入进来，殖民地人民坚持不妥协，大英帝国土崩瓦解，等等。伯克完全是一个大预言家。

《美洲三书》的第三篇文章叫“致布里斯托尔的行政长官”。这封信奠定了保守主义一个非常重要的原则，也是大英帝国重建的重要原则——美洲可以不要，他们愿意独立就独立去吧。用武力压服一个国家，逼迫他们屈服，就算最后打赢了也无法统治。但是如果有共同的利益在，一方独立之后，大家反倒可以迅速恢复生意，回到一张桌上谈判。两者相比，后者利益更大。

《美洲三书》因为成功预测和远见卓识，成了大英帝国的思想基础。美国建国，华盛顿当选总统之后做的第一件事就是和英国恢复邦交，重新建立新的特殊外交关系。

后来美国和英国又爆发了“第二次独立战争”。这次战争完全是美国人挑起的，他们想派兵占领加拿大。但这次英国人不愿意让步了。这一仗美国大败，英军长驱直入，连白宫都被一把火烧掉了。不过战争之后，英国人再也没有派军队压服美国，更没有想把美国再次纳入自己的殖民范围之内，而是换了个姿态——大家继续做生意，你们要独立就独立去，想回来，我们还不一定要你们。

英国历史上后来的白人殖民地，如加拿大、澳大利亚、新西兰、南非等，一旦想要独立，英国就让他们独立了。大家只要还在外交上保持特殊关系就好。

今天我们去看大英帝国的白人自治领，会发现这些国家的政体是君主立宪制。可澳大利亚怎么可能是君主立宪制呢？他们哪有君主啊？因为他们的国家元首是英国女王，但是英国女王跟这些国家从来都没有什么统治关系。只要是议会通过的法案，递给女王，她一律都同意，从来都没有反驳过，甚至否决权都没有行使过，是一种松散的关系。

埃德蒙·伯克在《美洲三书》里讲了一个非常简单的道理——关系越复杂、越模糊越好，例如大英帝国之前那种“善意的疏忽”最好。如果大家都靠这种方式来统治，关系纽带会更牢固。从此之后，大英帝国建立殖民地就有一个原则——如果需要派兵去帮忙维持秩序，那就要交税；如果你不交税，想独立也可以。

此后 100 年里，大英帝国开始了真正的野蛮生长。每个新的殖民地都有完全不一样的政体。这里面有什么半自治领、自治领、国王自治领、特许公司自治领等。甚至有学者研究过，英国的殖民地没有任何两个政体完全一样，全部因地制宜、因时制宜，长成什么样算什么样。

亚当·斯密重出江湖

另一个帝国设计师是亚当·斯密。之前说到，波士顿闹独立的时候，亚当·斯密对议会说，应该给他们代表权，被大家嘲笑，愤而回家写书去了。

1776 年，美国真要闹独立的时候，亚当·斯密的书出版了——影响到未来整个经济学架构的《国富论》终于面世了。这里我们只讲亚当·斯密对于大英帝国的全球秩序重建所做的贡献。

《国富论》下卷的第四篇，章节名是“论政治经济学”。这里说的“政治经济学”是研究国家怎样统治。这篇文章就是论述母国和殖民地的关系。这是一套完整的、对于未来 100 年甚至更长时间里，大英帝国如何建立殖民地的构想。他在这篇文章里找到了整个事件的病根——英国现行关于殖民地的制度体系基本是错的。

亚当·斯密能得出这样的结论，和波士顿倾茶事件有很大关系。他从中发现了大英帝国一个重大缺陷，那就是东印度公司。这种受特权保护的公司，在最初创立的时候有特殊意义，因为在新世界刚出现的时候，需要有人去探索新的领域，这时候需要一些胆大的人组建一个公司，政府给他们一些特权，让他们放心大胆地干。

可是，当大英帝国已经运行两三百年之后，特许公司反倒成了一个沉重的负担。东印度公司为什么会惹出来一个波士顿倾茶事件？乍一看好像所有人都对，错在塞缪尔·亚当斯为首的茶党，他们这些人不老实。可他们难道真的有错吗？他们也是一些正经的生意人啊。暴利的生意不让他们做，只能靠极端的手段来解决问题。东印度公司才是英国丢失美洲的根本原因。

随着特许公司越长越大，它最后变成一个行政机构。当时的东印度公司还养了一支军队，董事会大权独揽，和议会一样有权发动战争。这不就是一个国中之国吗？当时但凡是行政机构，就没有不腐败的。东印度公司养肥了一些大家族，出现了一大批富人，可实际上并没有起到藏富于民的作用，所以这样的垄断必须废除。

更可怕的一点在于，这种有国家机关性质的机构，一边行政一边做生意，它肯定没有什么动力创新了。后来人们查出，运到波士顿的那些陈茶，是因为东印度公司经营不善，而不是因为乾隆皇帝禁海。

1833 年，英国废除了东印度公司的贸易特权。从此之后，英国涌现出一大批真正的创新者。比如上一章提到的“茶叶大盗”罗伯特·福钧。他偷渡到中国内地，一路从上海走到江西，再走到福建，在中国找了各式各样的茶种，试着把这些茶种到印度。经历好几次失败之后，茶树终于在喜马拉雅山另一侧长了出来。

英式帝国主义的“四个一工程”

大英帝国从此浴火重生了，他们放下了所有的妄念，专注在做生意上。随着时间一分一秒地过去，大英帝国发明出了一套和其他所有帝国主义国家都不一样的帝国策略，简要地说就是“一个条约、一条铁路、一个银行、一个教堂”。

其他的国家，无论德国、比利时，还是法国，是靠赤裸裸地奴役当地人民，参与各种敲诈勒索，洗劫资源。他们与其叫帝国，还不如叫征服者。只有英国的帝国策略成了独一无二的帝国模式。

一个条约，像《中英南京条约》《中英北京条约》，先确立合作关系，两国人民可以自由地经商、游历，确保可以互通有无。

一条铁路，可以把当地最稀缺的资源，用最快的方式运输到大英帝国需要的地方。在需要的地方深加工之后，变成整个帝国的工业产品或工业资源，让帝国整个运转起来。

一个银行，指的是所有到殖民地创业的小公司，也就是那些真正胆大的、不怕死的、愿意做第一个吃螃蟹的人，政府提供一笔贷款，让他们轻松地创业。当财富积累到一定程度之后，创业者也可以把钱存进银行，用财富进行其他投资。在一个有特许公司的国家，这种事情不可能出现。东印度公司是绝对不会允许任何小创新者存在的，一定会用垄断资源把它们全部扑杀。

最后的一个教堂，作用更是明显。

传教士一般都是知识分子，他们到一个新地方会先考察一下，把这个地方的各个特点弄清楚，比如环境适不适合生存、有什么矿产资源、有哪些重要的动植物资源等，方便后来的人跟进。英国最后征服非洲的2C计划，就是一个叫利文斯顿的传教士带头完成的。他在非洲到处考察，从东到西穿越了死亡地带的原始丛林。凭借精神力量，利文斯顿一个人完成了伟大的事业。

传教士还有一个很重要的功能，一旦创业者来到了陌生的地区，他们需要征发当地劳工。这些传教士可以给劳工灌输精神鸦片。如果这些劳工想造反，传教士就给他们讲上帝。如果这些劳工生活很困苦，传教士还可以帮他们组织互助团体，给他们发福利。

大英帝国的新帝国模式还有一个更重要的好处——国家政权变得更稳定了。

大英帝国与其他国家在平等的基础上维系生意，两个国家的商人阶层彼此之间的认同会超过国家认同。在这种情况下，两国之间是你中有我，我中有你，彼此的纽带往往更紧密。

大家思维方式一样，从事的经济活动也一样，基本价值观一样。这些公司都在同一家保险公司买了保险，在同一家银行存了钱，甚至你投资我，我也投资你，形成了一个共同利益链条。大家这样联系在一起，关系其实是更紧密的。

我们再换个思路，假如你是国王，你和谁的关系最紧密？你出事谁最希望你活着？是国内的贵族吗？他们恨不得把你推翻了，自己去做国王。你的儿子也希望你赶紧死了，他好继承王位。只有那些借过你钱，或者你借过钱的人，他们最盼着你好。十月革命的时候，欧洲列强组成一个大联盟，一起杀到俄国想要扑灭十月革命。他们为什么这么做呢？是因为意识形态吗？才不是！是因为法国是个放高利贷的国家，沙皇尼古拉二世欠了法国人好多钱。如果尼古拉二世的皇室财产被布尔什维克没收了，法国人放出去的高利贷就收不回来了。尼古拉二世真出了事，法国和英国那是真帮忙，一定想保住他。

所以，经济上的纽带，比所有宗教上的意识形态，甚至是血缘关系还要紧密。

当英国人想明白这个道理之后，他们就放弃了原来所谓的重商主义，给了自己一个无痛安乐死。也正是如此，大英帝国才能从废墟中重建起来，浴火重生，有了更强大的经济版图，在百年时间里成了世界上最强大的国家。

— 逆袭心法小贴士—

在扩展思维里寻找人生的新边疆

不知道你是否从中有所体悟？扩展思维的威力不仅在于强大的变形能力和前期的低成本优势。更关键的是，扩展思维建立起的扩展秩序稳固性特别强，总能立于不败之地。中国的投资人总喜欢逼问创业者：你的计划书设计了一个什么样的世界？其实任何商业大佬心里都明白，能自称预测出未来3年的创业者要么是骗子，要么就是狂人。

大环境如此，面对一个不确定的世界，我们必须学会让自己的世界生长，而不是从小就给自己设计出一个红彤彤的新世界，按部就班地过每一天。我们需要的是从每一个点开始，精准地打开新世界的闸门，让这些点彼此迭代，最终形成一个在无序中存在稳定秩序的新世界。

PART

05

不确定时代的成长心法

第九章

逆袭的逻辑：从不确定中获益

在本书最后一章，笔者不仅会对扩展思维的世界观做总结，还会提炼这一世界观，用于我们这个时代的成长心法——超循环。

扩展思维并不是空穴来风，而是一种绵延已久的思想传统，这种思想传统在中国的代表是老子的《道德经》，在西方的代表是不可知论。尽管扩展思维的信奉者一直都是异端，被排挤被迫害，但是历史总是证明他们的想法是对的。

下面就让我们先从20世纪两位大神——哈耶克与凯恩斯——开始，一层一层揭开这种思维方式神秘的面纱。

出租车司机老哈和基金经理小凯

今天的世界归根结底，是哈耶克的世界和凯恩斯的世界在作战。

哈耶克是经济学里的异端，后来在英国践行了自己的思想，成为里根—撒切尔改革的思想导师，因此蜚声全球。哈耶克一生著作等身，其中著名的就能列出一大串儿，如《自由宪章》《致命的自负》《科学的反革命》《通往奴役之路》等。

凯恩斯是地道的英国人，他最重要的著作是1936年出版的《就业、利息与货币通论》，还有《货币论》。让他一夜成名的是《〈凡尔赛条约〉的后果》这篇文章，里面有一段著名的话："《凡尔赛条约》是一个残忍的胜利者在文明史上所干出的最凶暴的行为之一。"

为了解释哈耶克与凯恩斯两个人的思想，笔者先举一个例子，理解了这个例子，这两人的核心思想也就容易明白了。

现在有一个出租车司机老哈和一个金融街的基金经理小凯，两个人手里都有100万准备买房。老哈用100万买了一个郊区的房子，实际价值100万；小凯把这100万拆成了两份，买了两套房子，总共贷款100万。这两个房子现在不值200万，小凯把这两套房子抵押给贷款平台，拿到120万，再找朋友借了30万，然后用这150万又买了三套房子，再贷款150万。

这样一来，老哈只有一套郊区的房子，价值100万，没有负债；小凯有5套房子，身价500万，其中400万是债务，总共要归还本息800万。

从这一刻开始，凯恩斯和哈耶克两条道路的争论就开始了。

第一，按照凯恩斯的逻辑，当然是基金经理小凯做得对了。假如房价像北京过去10年这么猛涨，哪怕5年房价翻一倍，小凯的房子就能从500万涨到1000万，虽然本息要还800万，但是他还净赚了200万。如果像2016年那样，房价2年翻一番，他2年就能赚500万，瞬间实现财务自由，这还不包括他房子出租赚回的租金。当一个人有了五套房的时候，他如果急需用钱还可以把这些房子抵押出去，弄到一笔抵押款。

更重要的是，如果北京市民都像小凯这样，那北京的楼市 GDP 实际上不就扩大了 5 倍吗？更关键的是，小凯的 5 套房子自己住一套，还能租给 4 个家庭，这样一来，能容纳更多人到北京工作和居住，当他们赚了钱再买房，北京吸纳的人口多了，买房的人也多了，进一步推动了财富大爆发。这笔账，基金经理小凯作为一个金融精英，当然算得过来。

反过来，出租车司机老哈有没有道理呢？当然也有他的道理。首先，小凯买房子只是预见到了房子会涨，那假如房价像日本那样跌了，可怎么办？就算是房价不跌，房价只要不涨，银行每天还是要找小凯催债，小凯每天在还利息，等他还完利息实际上白给了银行 400 万。小凯实际上借了 400 万，加上利息要还 800 万，只要房价一跌，他没法周转，这就成了坏账，这笔坏账最后就会落在银行头上，银行系统不就崩溃了吗？大家看美国的次贷危机不就是这么发生的吗？

第二，小凯这个年轻人其实不值这个身价，他本金只有 100 万，不就是一个金融界的金融民工吗？这样的人绝对不能信任他，假如有一天他失业了还不上钱，不管北京房价是涨还是跌，他都没有还款能力，债务只能出现逾期，出现了坏账还是得落在银行身上。所以，银行之前给他贷款的行为，在经济学上就叫“纾困”，把钱借给一个经济能力不行的人，搬起石头砸自己的脚。

更重要的是第三点，小凯这种人炒高了北京的楼市。房子这种东西，有一套居住就够了，其他的房子不能吃也不能用，只能倒手卖给接盘侠变现。这样击鼓传花传下去，传到最后一环很有可能出现金融崩溃，引起整个经济的连锁反应。

最可怕的是第四点，小凯的钱是从哪儿来的？银行借的。银行的钱是从哪儿来的？是国家多发钞票发出来的。国家多印钞票，钞票一多，房价又涨，结果肯定是通货膨胀。钱贬值得厉害，人民的实际购买力就会下降，那些没有房的人永远都买不起房子，生活水平逐年下挫。这需要更多高薪的工作，但是企业生存如此困难，哪有那么多的高薪工作？就算是给了他们高薪工作，这些企业肯定也活不下去。

如果我们把“房子”这两个字换成“企业”，基本上就是哈耶克与凯恩斯两个人争论的核心。

按照凯恩斯的理论，政府在经济萧条的时候，应该借助货币政策印钱，贷款给企业，降低存贷款利息，让个人少存钱多花钱，让企业多借钱，再用财政政策给企业减税，让企业尽可能多雇人，解决员工的就业问题，员工有了钱就可以买买买，这样就可以养活更多的企业。整个过程不仅每个人都赚了钱，而且养活了很多企业，促进经济繁荣了，这不是两全其美吗？所以他把这个过程的结果叫“两难自解”。

以哈耶克为代表的奥地利学派则持有相反的观点，政府不停地放款会让那些本来就该淘汰的企业死不了，如果他们不死，好企业也不会胜出。人类的资源是有限的，这个过程就是逆淘汰。那些老而不死的企业都是政府用钱制造出来的虚假繁荣，就像基金经理小凯，他只有 100 万，根本就不值 500 万身价。长期来看，这些企业最终还是会死的，死了之后只会把坏账留给政府，最后还得政府买单。

凯恩斯这一派所谓解决就业其实是把工资摊薄给更多人。一家公司利润不变，原本一共有 50 个员工，每个人平均月薪 2 万，现在雇用 500 个员工，每个人月薪就贬值到 2000 了。这算什么解决就业？今天大部分经济学家不管用什么模型，基本都是在争论怎么刺激经济更有效，只有哈耶克这一派不一样，他们主张的是不能刺激经济。

财富爆发的两种路径

今天的世界，凯恩斯徒子徒孙遍布全球，无论货币学派、供给学派还是需求学派，基本上都是凯恩斯的信徒。经济学教授们也基本上每天都在忙着发论文、造模型，用模型来证明怎么刺激流动性更合理。哈耶克这派的理论基本上都是哲学，绝大部分核心思想都围绕着不能干这个、不能干那个，最好什么都不要做，所以支持者比较少。

客观地说，两个人的理论没有绝对的谁对谁错，因为经济沿着波浪式前进，是有周期的。经济跌到谷底，马上就要反弹，接下来一路看涨，此时凯恩斯的理论当然是对的。作为个人，听说政府要去库存，当然应该赶紧去贷款买房，利用金融杠杆为自己创造更多的财富。

金融杠杆是最重要的创富工具。今天所有号称已经财务自由的人，如果不是富二代，肯定也不是靠打工赚钱实现的。他们即使不是利用创业融资上市，用 VC/PE 的钱做金融杠杆，也都是用贷款买房、买股票做金融杠杆。过去 30 多年，中国经济一路看涨，几乎没有出现过大规模的震荡，这些上杠杆、借钱炒房、融资上市的人全都发了财。只不过，如果细看他们的真实账本，能够支配的钱大部分都是银行的钱，或者是来历不明的钱。

前段时间，宝能系大佬挤对上市公司高管，在万科控股这件事上闹得沸沸扬扬，看起来好像土豪来了。可如果我们真去研究宝能系钱的来路，那是他们自己账户里的钱吗？显然不是。他们是靠卖万能保险融来一大笔保费，再把这笔保费反复抵押，经过一系列连环抵押之后，用 20 倍的杠杆撬动了万科的股权。其实，只要万科 A 这只股票的行情看跌，甚至只是不增长，宝能系大佬们晚上肯定睡不着觉，因为他们每天要还 20 倍的利息，还有承诺的万能险保费需要也刚性兑付，这些利息都会把他逼到破产。

站在这个逻辑上看，当然哈耶克是对的。所以但凡什么人说自己已经财务自由了，先别着急，不妨问问他，多少钱不是负债，多少钱是到处挪用借来的，杠杆倍数是多少，这个人就会对你哑然一笑："亲，你懂行！"

可想而知，哈耶克与凯恩斯这两大理论体系，当然是凯恩斯更有市场了。谁愿意像出租车司机老哈那样一辈子苦哈哈地活着呢？有个段子讲，中国老太太省吃俭用存了一辈子钱，终于买得起房了，那时候她也快死了；美国老太太从年轻的时候就贷款，等贷款还完了，老太太已经住了一辈子房，幸福地过完了一生。更何况现在年轻人都重视享受，有钱了就先花，正所谓投资自己。用银行的信用卡买买买，让自己的身价变得更高，他们也不会选择出租车司机老哈的活法。

站在政府的角度，凯恩斯就更受欢迎了。凯恩斯的理论是在大萧条时期提出来的。而政客的选票是从老百姓那儿来的。经济萧条，老百姓找不到工作，都快饿死了，政府总得做点儿什么，否则怎么对得起老百姓的选票。凯恩斯把具体可操作的办法都摆在了桌面上——降低利率，促进货币流动，借钱给个人，贷款给企业，社会的总需求增加，自然就实现了财富爆发。这就是所谓的乘数效应。

再看看哈耶克，他写了那么多书，让我们看看书名——《致命的自负》《通往奴役之路》《科学的反革命》……都是在批评别人。他的理论是一套哲学，就算执政者是个坚定的哈耶克粉丝，也不知道接下来该做点儿什么，总不能在家里睡觉吧？更何况，发行货币，政府占便宜，他们当然愿意多印钱。所以，哈耶克在民间和政府两头不受欢迎，在相当长一段时间里，处在没人搭理的状态，在经济学界也算是个异端。从20世纪中期开始，也就是大萧条之后的几十年，西方国家基本上全都采纳了凯恩斯的主张，让我们生活在一个负利率时代，直到今天依然如此。

在负利率的大环境下，就算有人想做哈耶克的信徒，也根本把持不住，把钱存到银行里利率太低，赶不上通货膨胀的速度。10年下来，钱会贬值到只剩一半的购买力。反过来，如果某人一直是借钱花，当他要还钱的时候，他要还的钱已经贬值了一半，等于赚到了。

就算我们老实本分，我们身边也总有人胆大，炒好多套房的大有人在，这些人表面上看都已经财务自由了，客观上也反衬着我们有多寒碜。

怎样利用哈耶克的思想实现财务自由

难道哈耶克就真的没有市场吗？也不一定，在某些情况下，哈耶克的思想非常有市场。有两类人借助哈耶克的思想发家致富，最后成为财务自由的人。这两类人的成功很值得我们学习。

第一类人叫作大空头。2016年有部电影叫《大空头》，故事的几位主人公提前几年就看出次贷危机的存在，并且预言次贷危机一定会发生。他们买了好多的保险。保险是金融界一朵奇葩，尽管也是金融产品，但和其他金融衍生产的逻辑不太一样。保险是个概率算法，赌的是小概率事件。投资人只要不出事，每年交保费肯定赔了。可一旦真要是出了事，不论是不是不幸事件，保险投资人肯定赚了。今天很多人骂保险销售员，说他们卖的保险都是坑人的产品。例如某大妈20年前买了一份3000元的保险，那时候相当于她两年的工资，20年后，保险公司居然还是返还她3000元，还不到月薪的一半，这不是骗人吗？但其实这个账不能这么算。假设某大妈买完保险之后两年就出事了，只交了300元保费，保险公司要赔给她3000元甚至3万元，这就赚到很多钱了。买什么股票能有10倍的回报率呢？

大空头这些人赌的是次贷危机爆发，他们交了好几年的保费，最后次贷危机终于爆发。本来美国哀鸿遍野，他们却赚得盆满钵满，从保险公司得到了好多钱。

利用保险为自己获益的人并不少，很多经常出差的人每年靠买航空延误险都能得到一笔不菲的收入。所以说，出租车司机老哈假如当年买了几份保险，赌北京的房价会跌，说不定也赚了钱。正因为房价跌是个小概率事件，所以他也不会交很多保费，每个月估计几百元钱。假如北京的房子真的跌了，小凯会负债好几百万元，无力偿还，可能自杀。而老哈手里拿着保险公司赔付的200万元，一下买好几套房子，等两年之后房价涨起来，他也能发财了，而且没有负债。

还有一类人，被称作“股神”，也是哈耶克的信徒。著名的畅销书《黑天鹅》的作者塔勒布就是其中一位，他就是靠哈耶克一派的思想炒股发财的。

为什么股神会信哈耶克？因为股票的本质是抄底，低价买进，高价卖出。塔勒布的两本畅销书《黑天鹅》和《反脆弱》都在讲述一个基本的道理，经济周期不一定是坏事，关键是你能不能判断出股市暴跌的底在哪儿。如果我们在股价暴跌到底的时候买进，过一阵等它再涨回来，我们就发财了。反之，为什么很多大妈炒股会赔钱？因为她们往往是在股票已经到高位的时候买进，等股票暴跌的时候，就被套牢了。

塔勒布还强调，不管我们如何判断股价涨跌，一定不能借钱炒股，因为一旦出现危机，我们根本承受不了。在这点上，和出租车司机老哈那种不负债的人生哲学很类似。

《黑天鹅》与《反脆弱》都是哲学书，这一派的人都是哲学家，他们都是靠哲学思想指导经济行为的。这类投资者不相信任何模型算法，也不相信宏观趋势和预测，他们只相信自己的经验和判断，这种判断只能靠哲学修行。很多股神写的书其实就是他们的心路历程，没有那么多技法。反倒是那些技术流的人，很喜欢借钱炒股，最后沦为经济危机爆发的牺牲品，成了被迫跳楼自杀的大赌徒。

有没有哪类政府是依靠哈耶克的思想成功实现经济繁荣的呢?

当然有。一种情况是流通性过剩，最后导致经济崩溃的时候。美国总统奥巴马上台时，正是次贷危机最严重的时候，在他执政期间，美国很多人发现了哈耶克的价值。再比如里根—撒切尔时期，也就是 20 世纪 70 年代后期的大改革，就是以哈耶克思想为指导的。这也是本章重点要讲的内容。

19 世纪 20 年代，哈耶克已经在经济学圈内小有名气，但是此后他备受冷落。因为凯恩斯也是英国人，他在经济学圈大红大紫，反衬着哈耶克的不得志。凯恩斯又是一个大股神，他在经济萧条的时候炒股还能实现 10 倍的回报，在民间也有了大批拥趸，这更反衬出哈耶克像一个怪咖。

20 世纪 70 年代后期，英国的经济在左派的领导下走到了崩溃边缘，美国则因为过度量化宽松，加上石油危机，经济出现了滞胀——经济停滞的同时还有通货膨胀，继续刺激经济，通货膨胀就会更严重；抑制通货膨胀，必然也会同时抑制经济增长，让经济更加低迷。直到这个时候，人们才发现哈耶克的价值，尤其是美国总统里根和英国首相撒切尔夫人，他们把哈耶克请出来，作为改革的指导思想家。

之后哈耶克在 1974 年获得诺贝尔经济学奖，奥地利学派从此走到了历史舞台的中央。1984 年，玛格丽特·撒切尔还亲自向英国女王伊丽莎白二世推荐，授予哈耶克名誉勋爵，以表彰他指导改革所做出的杰出贡献。

里根—撒切尔改革用的就是出租车司机老哈的逻辑，政府不再加速放款，抑制住通货膨胀的势头，不再制造虚假繁荣。同时，让优秀的企业在充分的竞争中能够胜出。撒切尔夫人就经常说，自己是小店主的女儿，她既不救市，也不搞国企，就是让这些小企业在充分的竞争中发展起来，不给它们输血，该被淘汰的企业就让它们自然死掉。经过撒切尔夫人的一番改革，英国崛起了一批新的小富豪，他们对企业经营有方，顺利地实现了财务自由。

撒切尔也不相信任何设计出来的东西。比如说欧元，她认为那是法国人和德国人设计出来的，一切设计出来的货币，一概不能相信，所以她一直坚持英国必须使用英镑。

总之，在 20 世纪的英国历史上，最重要的政治家名单里，除了丘吉尔，就是撒切尔夫人，其他人要么是碌碌无为之辈，要么是因为他们的政策导致了各种失误，最后被历史抛弃。

为什么我们这个时代需要哈耶克

不管怎么说，今天的世界又重新回归到了凯恩斯时代，不管我们乐意接受与否，凯恩斯主义已经成为主流思想，我们确实就生活在这样一个负利率的时代。尤其是最近 20 年的中国，基本上也是以负利率为主导，正因为这样，今天的中国最需要的也是哈耶克这一派保守主义思想。虽然作为一套哲学体系不太好理解，但是这一派思想值得作为我们的人生指导思想。

接下来，我会梳理人类在 20 世纪为什么会产生奥地利学派，以及这一思想的传承脉络。

奥地利学派的基础假设是：人类的知识总体上是分散的，世界不可能被总体认知。其背后的哲学根源是本书反复强调的不可知论。不可知论是英国土生土长的哲学思维方式，虽然其他国家也有类似的思想家，但是不可知论就是以英国为代表，即使今天的美国也不能算是不可知论的代表。

在不可知论的世界观里，上帝是存在的，但是人类没有能力认知和理解上帝。抽离出宗教的因素，这一派的观点就变成知识总体上是分散的，知识是掌握在每一个人手里，个体根据自己的经济利益决策和计算，做出最理性的分析和判断。没有人有设计出一套总体方案让所有人幸福的能力。

无论是反对计划经济和国有企业，还是反对依靠货币手段进行经济调控，哈耶克的思想本质上就是在讲这样一个道理——任何政府，或是哪个无比聪明的天纵英才，都不可能通过经济手段或宏观调控实现经济的改善。因为知识总体上是分散的，掌握在每一个人手里，没有人可以全盘掌握。想了解大蒜的价格，可以问炒期货的人，也可以问菜市场卖大蒜的大爷，甚至可以敲开一个老大爷家，问问他今天大蒜涨价没。但是政府无法掌握全国大蒜的价格，政府也无法通过一套算法，或者什么程序、体制能让大蒜价格完全掌握在政府控制之下。

不可知论者的人生可怕吗

当我们刚开始接触不可知论的时候，总会产生一种莫名的恐惧感。世界都不能认知，所以也就不存在规律。既然不存在规律，也就不能对未来做出预测。那么，无论灾难还是好事都无法预测，因此只能对世界束手无策。我们像达尔文笔下的大恐龙，不知道什么时候火星撞地球，我们瞬间随之灭亡了。上帝永远冷冷地看着我们，完全不关心我们的未来是什么样。

在不可知论哲学体系里，有一个中流砥柱的思想家，就是笔者第二章提到的亚当·斯密的好朋友休谟。休谟说过这么一段话："我们被放在一个如同戏院的世界上，每个事件的起因我们完全无从得知，我们既没有足够的智慧预测未来，也没有能力防止那些让我们受伤害的不幸事件发生。我们被悬挂在永恒的怀疑和恐惧之中。"

好像确实是这样的感觉。因为这段话，休谟的哲学思想被总结为"怀疑论"。我们再看刚才讲的那几个人——哥德尔患上了严重的精神病；维特根斯坦虽然不是精神病病人，但他做事风格很像个躁郁症患者。休谟也是一个精神病患者，他的代表作《人性论》就是在得了精神病之后写出来的。

休谟 20 多岁时，有一天忽然想研究哲学，结果研究不到一年就精神分裂了。当时有很多大夫觉得休谟好歹算个小哲学家，这样疯了太可惜，于是给他开了各种药。那个时候的医学和巫医差不多，不是现代临床医学，医生给他开了很多红葡萄酒，让他练习骑马，据说骑马可以治疗精神病，但一直也不见好。后来家里人也劝他，这孩子一定是读书把脑子读坏了，既然咱们休谟家族也颇有家私，不如干脆让他做生意。

休谟觉得他们都不理解自己，他并不是精神病患者。为了证明这点，他躲到了法国，一边到处溜达，一边开始琢磨《人性论》这本书。据他自己回忆，他这次生病对这本书的创作非常重要，因为他悟出了一个道理——这个世界不存在什么理性，人的认知都是源自感觉，人都是被情绪支配和控制的，所以根本不存在什么理性。一切的理性都是迷信。

休谟生活的时代被称为启蒙时代，无数法国思想家如伏尔泰、卢梭、爱尔维修都是理性信仰者，他们坚定地认为牛顿的理论既可以用在自然科学上，也可以运用在其他科学上。他们呼吁用理性的光芒驱赶黑暗，结果突然跑出来这么一哥们儿，让大家完全摸不着头脑，于是只能说他是精神病患者。

休谟临死时躺在床上奄奄一息，伏尔泰等人想派个人去他们家看看，想知道这个一辈子反对理性，认为世界不可认知的人到底怕不怕死。伏尔泰他们觉得休谟临死时一定会有巨大的恐惧，但是看到的人都说休谟死得非常安详，毫无恐惧，甚至愉快到无以复加。

无独有偶，那个把大自然描述成无情杀手的达尔文死的时候也很安详。他临死前对妻子说："我一生过得很幸福，我们相爱了一辈子，子女也孝顺，国家也给了我很多荣誉。"说罢，安详地离开了世界，真是让人羡慕！

这到底是为什么？

拥抱不确定的人生

这一派人有一个独到的心法或者独门秘籍，能够让他们在一个充满了恐惧的世界里活得身心健康，充满自信。这套独门秘籍，说得简单一些，那就是既然无法抗拒，那就选择接受。既然这个世界充满了不确定，那唯一的办法就是拥抱不确定，努力让自己在这个不确定的世界里获益。这也是本书从头到尾都在传递的心法。

人类有一种本能，就是追求确定性。追求确定性是老祖宗传下来的一套心理机制。人类的祖先在丛林中遇到过各种天敌，在漫长的历史里，人类的大脑进化出了一种机制——遇到未知的、不确定的东西，第一个反应就是掉头就跑，因为如果不跑，马上就会被抓住吃掉。确实，那些跑得慢的原始人真的被野兽吃掉了，他们的基因没有传下来，我们这一支智人是遇到危险掉头就跑之人的后代。

但是人类和动物不一样。在人类的历史发展过程中，人类发明了一种对抗危险的心理机制——宗教。宗教的心理机制和看见危险就跑的心理机制正好是相反的，宗教总是强调我们受到了 ×× 感召，所以能一往无前。于是宗教信仰者会故意忽视风险，只看见积极阳光的一面。今天我们看到的宗教与哲学体系里讲人性善的那些内容，都是在帮助人们确立这种机制。他们会描述一个美丽新世界，认为自己是神的选民，有能力创造出一个大同社会。

希伯来的《旧约·圣经》里到处都是这样的故事。只要犹太人遭了天灾，被其他民族征服了，或出现了一个暴君，社会动荡不安，这个时候先知会站出来，给这些无妄之灾提供一种解释，让人们获得一种巨大的确定感。比如说，社会动荡是因为你们不够虔诚，你们好久没去上帝那里朝拜了，你们还拜异教的巴利神，太堕落了。只要你们不再堕落，今后就不会遭灾。假如依然还是遭灾了，那还是因为不够虔诚，应该更加虔诚。

一切企图建立确定性的话语体系背后都有宗教因素，首先描述一个对不确定性事件的合理解释，从中总结出某种规律，理解了这种规律，按照这个规律办，就不会再遇到不确定事件了。

我们人类的老祖宗创造出来的这两套机制，实际上就会诱导我们对风险和不确定性走向两种极端的认识：一种是看见风险就回避；另外一种是看见风险假装没看见，用一套自我说服的解释，假装风险不存在。这两套机制本质上都是让我们厌恶不确定性。

关于确定性，人类有各种各样的解释体系，甚至研发出各种各样的伟大设计、哲学思想，但是关于不确定性，我们唯一能够获得人生智慧的地方，只能通过前面这一小撮人得到。人类的历史（包括我们每个人的个人历史）一再证明这个世界就是不确定的。越是看起来完美的系统，越容易爆发黑天鹅事件。危险往往出现在集合里的漏洞上，一个漏洞不可控制的时候，整个系统可能全部崩溃。

反倒是那些看起来拼拼凑凑、缝缝补补、乱七八糟的系统，坚固程度超出想象。19 世纪，很多德国人嘲笑大英帝国，认为他们没有两块制度一模一样的殖民地——有白人自治领，还有非白人自治领，有国王自治领，还有半自治领，而且连宪法也没有，只有《大宪章》《权利法案》这些堆起来的法律文件，还有一大堆判例，最后一定会崩溃。可是第一次世界大战打下来，大英帝国没有崩溃，德国却率先完蛋了。

大航海时代，欧洲和美洲两大文明遭遇的时候，几十个西班牙人摧毁了两个百万人口的大帝国，这是怎么发生的？因为印第安人长期隔离在美洲大陆，与外界没有往来，一场天花就可以使 70% 的人死亡。

英国著名生物学思想家理查德·道金斯在其著作《自私的基因》中

也提过类似的观点。生物处于简单的形态时，依靠分裂繁殖。之所以会出现雌雄交配繁殖，是为了交换基因，丰富基因的多样性，有了多样性之后，物种被病菌和天敌灭亡的概率才会极大降低。

选择拥抱不确定性的人才是最后的赢家，拥抱确定性的往往是输家。那些拥抱确定性的人像是一只火鸡，农夫给它喂了 48 天食物，它以为自己活在安全的环境里，结果在第 49 天的时候感恩节到来，农夫拿出了一把菜刀。

我们千万不要把自己活成那只火鸡！

不确定时代的生存法则

人类历史的发展进步往往来自不确定事件。地球诞生至今已有 46 亿年，在这漫长的时间里，物种保持了非常久的单一性，直到距今 6 亿年前寒武纪物种大爆发，出现了大批脊椎动物。无论当时发生了什么，这一定是个意外事件。

在 1492 年哥伦布发现新大陆之前，欧洲一直都是封闭落后的状态，丝毫看不到改变的可能。但哥伦布意外地发现了美洲，催生了文艺复兴、大航海时代，让欧洲走向了征服者的道路，欧洲之后的全部历史都因为这次意外而改变了轨迹。

所以与其逃避、无视、抗拒不确定性，不如主动拥抱不确定性，让自己能够在不确定中获益。具体到每个人的人生选择，塔勒布在《反脆弱》一书中讲到的“杠铃策略”，很值得我们每个人借鉴。

塔勒布的人生很传奇，他是个大股神，有着很传奇的童年经历。他从小生活在叙利亚，父亲是叙利亚高官。叙利亚在过去几十年里一直都是中东的火药桶，塔勒布从小就活在巨大的不确定当中。有一天早晨起来，他目睹阿萨德活埋了几千人。他还经常看到父亲被劫持，生命安全一直受到威胁。在这样的环境里，他总结出了一套拥抱不确定性的心法，比如塔勒布认为学术体系就是一个封闭系统（脆弱系统），一定会崩溃。所以他不信医学，很少吃药，他也不相信经济学家对于这个世界的宏观预测。他只相信自己炒股积累下来的经验。

杠铃策略教会我们如何在确定性与不确定性之间寻找平衡——让自己在百分之七八十的时间里处于极其确定的环境下，留出百分之二三十的时间，让自己尽情地拥抱不确定性，因为不确定性往往能给人带来巨大收益。这样我们既不会让自己活成一只火鸡，也避免了在巨大不确定性到来时承接不住。

有一个著名的人类学调查。在某一个原始人部落，人类学家去采访当地妇女，问她们想嫁给谁。当地有两种男人：一种是种地的农民，一种是荒野里的猎人。前者粗笨，但是收益稳定；后者聪明健壮，但是容易受伤。绝大部分当地妇女都说自己的丈夫是猎人，因为猎人跑得快又聪明。但如果真去调查，她们最后都嫁给了那些粗笨的农民。这是典型的杠铃策略。

再比如，为什么欧洲作家比美国作家更容易创作先锋派作品？美国作家中划时代的文豪远不如英国多，到底是为什么？这是因为美国的作家一般都会找个记者、编辑这样的职业，他们每天必须按照别人的要求写稿子，时间一长把自己磨炼成了只会按要求写稿子的人。而欧洲的作家比较现实，他们会找类似于公务员或者保险公司销售员的职业，这种职业与创作毫无关系，但这种工作能给他们创造巨大的安全感，能让他们有闲暇时间琢磨自己的书稿。极大的安全感加上完全的自由度，这种情况下往往能创作出好的作品。

这种例子太多了，推而广之确实能让人深受启发。塔勒布一般会用两年的时间做一些投机和冒险的事情，比如投资、炒股，然后留出一年时间在大学里闲逛，什么事都不干，只是坐下来思考、写书。等这套书总结成心法之后，再继续进行之前投机和冒险的事情。每次他找一份新工作，会先把辞职信写好，扔到抽屉里。可能他自始至终都不会用到这封信，但这封信可以给他巨大的心理暗示——我不怕碰见失业。这也是杠铃策略。

时至今日，我们不妨尝试一下不确定的人生，或许真能让我们受益无穷。

超循环：从不确定中获得成长

总而言之，我们这一代人应该学会拥抱不确定性，学会面对这个世界的不完美。正是这种不完美能够创造出巨大的力量，让我们从中获益。

我们需要的人生可以借助德国生物学家艾肯的超循环理论做一总结。

超循环论是研究一个自然界中简单系统演化成复杂系统的自组织原理。超循环组织一般有如下一些重要性质：

第一，内部循环联系，所有组织稳定共存，允许它们增长，并与不属于此循环的单元竞争。

第二，组织可以放大或缩小，只要具备环境选择的优势。

第三,一旦出现便可稳定地保持下去。

我们的人生也该有这样的自我学习系统，让自己不断地完成一次次的飞跃，从而实现人生不同阶段的进阶。

不要停下个人发展的脚步

所谓的精英，都是在正确的时间做正确的事情，一步步积累而成的。如果能少走弯路，你就已经比别人领先一步。

在这里，有一群人，他们走过你正在走的路，经历过你此时此刻的心境，有你不曾有过的经验、不曾达到的视野。他们是各行各业的精英，他们不能替你规划你的人生，但能给你提供持续成长的方法，让你看得更高，走得更远。

——个人发展学会

时代正在剧变，技术日新月异，企业渴求的人才早已发生变化，即将到来的人工智能浪潮已经开始淹没人类的工作岗位……

未来，只属于持续的成长者。

我们每时每刻都能感受到成长的压力与焦虑，每个人都希望能跟上时代发展的脉搏，不被时代的骇浪所打倒，于是每个人拼命地学习，听大量的课程，接受海量的信息，最后却迷失在知识的海洋里。

这个时代，人与人之间比拼的不是学与不学，不是学多与学少，而是认知的效率和水平。只有在正确的道路上，努力才是有意义的。

个人发展课堂：让认知水平更高的过来人陪你升级

有的人高喊着“努力！奋斗”的励志口号，埋头苦学，但是根本摸不着门道，深受“知识焦虑”的困扰。

如何挑选适合自己学习的内容？
如何更快地获得最有价值的知识？
如何与优秀者的大脑一起“联机进化”？
如何将学到的知识变成自己的能力，改善自己处境？
如何快速成长、持续精进？
这些是我们想帮你解决的问题。

成功的学习者，都是能够抓住本质的聪明人。他们在学之前就已想明白学什么、怎么学、有什么用和如何实现价值、提升自己的认知效率。将时间和精力投入在最值得投入的内容上，从而得以享受时代红利，激发个体爆发式的成长。

未来如此精彩，我们当然不能置身局外。

愿你在这个不确定的世界，加速自己的个人发展，建立自己的确定性，活得精彩！

个人发展课堂
微信小程序玩转指南

个人发展课堂结构图：

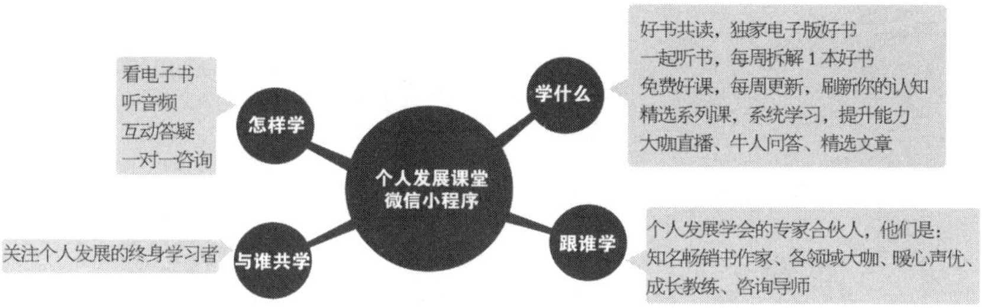

三步玩转个人发展课堂：

第一步：关注个人发展学会微信公众账号

扫此码即可关注：

点击左下角 发展课堂

第二步：进入个人发展课堂小程序